弄潮儿向涛头立

万惠霖传

林梦海 黄宗实 郭晓音 ◎ 著

1951年	1981年	1984年	1991年	2000年
毕业于厦门大学化学系	获国家自然科学奖一等奖	任厦门大学化学系系主任	当选为中国科学院院士	获中国高校自然科学奖一等奖

老科学家学术成长资料采集工程
中国科学院院士传记 丛书

弄潮儿向涛头立

张乾二传

林梦海 黄宗实 郭晓音 ◎ 著

中国科学技术出版社
上海交通大学出版社

图书在版编目（CIP）数据

弄潮儿向涛头立：张乾二传／林梦海，黄宗实，郭晓音著．—北京：中国科学技术出版社，2017.5

（老科学家学术成长资料采集工程丛书；中国科学院院士传记丛书）

ISBN 978-7-5046-7525-5

Ⅰ.①弄… Ⅱ.①林… ②黄… ③郭… Ⅲ.①张乾二－传记 Ⅳ.① K826.13

中国版本图书馆 CIP 数据核字（2017）第 102443 号

责任编辑	余　君
责任印制	张建农
版式设计	中文天地

出　　版	中国科学技术出版社　上海交通大学出版社
发　　行	中国科学技术出版社发行部
地　　址	北京市海淀区中关村南大街 16 号
邮　　编	100081
发行电话	010-62173865
传　　真	010-62173081
网　　址	http://www.cspbooks.com.cn

开　　本	787mm×1092mm　1/16
字　　数	330 千字
印　　张	21.75
彩　　插	2
版　　次	2017 年 5 月第 1 版
印　　次	2017 年 5 月第 1 次印刷
印　　刷	北京华联印刷有限公司
书　　号	ISBN 978-7-5046-7525-5／K・225
定　　价	80.00 元

（凡购买本社图书，如有缺页、倒页、脱页者，本社发行部负责调换）

老科学家学术成长资料采集工程
领导小组专家委员会

主　任：杜祥琬
委　员：（以姓氏拼音为序）
　　　　巴德年　陈佳洱　胡启恒　李振声
　　　　齐　让　王礼恒　王春法

老科学家学术成长资料采集工程
丛书组织机构

特邀顾问（以姓氏拼音为序）
　　　　樊洪业　方　新　谢克昌

编委会
主　编：王春法　张　藜
编　委：（以姓氏拼音为序）
　　　　艾素珍　崔宇红　定宜庄　董庆九　郭　哲
　　　　韩建民　何素兴　胡化凯　胡宗刚　刘晓勘
　　　　罗　晖　吕瑞花　秦德继　王　挺　王扬宗
　　　　熊卫民　姚　力　张大庆　张　剑　周德进

编委会办公室
主　任：孟令耘　张利洁
副主任：许　慧　刘佩英
成　员：（以姓氏拼音为序）
　　　　董亚峥　冯　勤　高文静　韩　颖　李　梅
　　　　刘如溪　罗兴波　沈林苣　田　田　王传超
　　　　余　君　张海新　张佳静

老科学家学术成长资料采集工程简介

老科学家学术成长资料采集工程（以下简称"采集工程"）是根据国务院领导同志的指示精神，由国家科教领导小组于2010年正式启动，中国科协牵头，联合中组部、教育部、科技部、工信部、财政部、文化部、国资委、解放军总政治部、中国科学院、中国工程院、国家自然科学基金委员会等11部委共同实施的一项抢救性工程，旨在通过实物采集、口述访谈、录音录像等方法，把反映老科学家学术成长历程的关键事件、重要节点、师承关系等各方面的资料保存下来，为深入研究科技人才成长规律，宣传优秀科技人物提供第一手资料和原始素材。

采集工程是一项开创性工作。为确保采集工作规范科学，启动之初即成立了由中国科协主要领导任组长、12个部委分管领导任成员的领导小组，负责采集工程的宏观指导和重要政策措施制定，同时成立领导小组专家委员会负责采集原则确定、采集名单审定和学术咨询，委托科学史学者承担学术指导与组织工作，建立专门的馆藏基地确保采集资料的永久性收藏和提供使用，并研究制定了《采集工作流程》《采集工作规范》等一系列基础文件，作为采集人员的工作指南。截至2016年6月，已启动400多位老科学家的学术成长资料采集工作，获得手稿、书信等实物原件资料73968件，数字化资料178326件，视频资料4037小时，音频资料4963小时，具有重要的史料价值。

采集工程的成果目前主要有三种体现形式，一是建设"中国科学家博物馆网络版"，提供学术研究和弘扬科学精神、宣传科学家之用；二是编辑制作科学家专题资料片系列，以视频形式播出；三是研究撰写客观反映老科学家学术成长经历的研究报告，以学术传记的形式，与中国科学院、中国工程院联合出版。随着采集工程的不断拓展和深入，将有更多形式的采集成果问世，为社会公众了解老科学家的感人事迹，探索科技人才成长规律，研究中国科技事业的发展历程提供客观翔实的史料支撑。

总序一

中国科学技术协会主席 韩启德

老科学家是共和国建设的重要参与者，也是新中国科技发展历史的亲历者和见证者，他们的学术成长历程生动反映了近现代中国科技事业与科技教育的进展，本身就是新中国科技发展历史的重要组成部分。针对近年来老科学家相继辞世、学术成长资料大量散失的突出问题，中国科协于2009年向国务院提出抢救老科学家学术成长资料的建议，受到国务院领导同志的高度重视和充分肯定，并明确责成中国科协牵头，联合相关部门共同组织实施。根据国务院批复的《老科学家学术成长资料采集工程实施方案》，中国科协联合中组部、教育部、科技部、工业和信息化部、财政部、文化部、国资委、解放军总政治部、中国科学院、中国工程院、国家自然科学基金委员会等11部委共同组成领导小组，从2010年开始组织实施老科学家学术成长资料采集工程。

老科学家学术成长资料采集是一项系统工程，通过文献与口述资料的搜集和整理、录音录像、实物采集等形式，把反映老科学家求学历程、师承关系、科研活动、学术成就等学术成长中关键节点和重要事件的口述资料、实物资料和音像资料完整系统地保存下来，对于充实新中国科技发展的历史文献，理清我国科技界学术传承脉络，探索我国科技发展规律和科技人才成长规律，弘扬我国科技工作者求真务实、无私奉献的精神，在全社会营造爱科学、学科学、用科学的良好氛围，是一件很有意义的事情。采集工程把重点放在年龄在 80 岁以上、学术成长经历丰富的两院院士，以及虽然不是两院院士、但在我国科技事业发展中作出突出贡献的老科技工作者，充分体现了党和国家对老科学家的关心和爱护。

自 2010 年启动实施以来，采集工程以对历史负责、对国家负责、对科技事业负责的精神，开展了一系列工作，获得大量反映老科学家学术成长历程的文字资料、实物资料和音视频资料，其中有一些资料具有很高的史料价值和学术价值，弥足珍贵。

以传记丛书的形式把采集工程的成果展现给社会公众，是采集工程的目标之一，也是社会各界的共同期待。在我看来，这些传记丛书大都是在充分挖掘档案和书信等各种文献资料、与口述访谈相互印证校核、严密考证的基础之上形成的，内中还有许多很有价值的照片、手稿影印件等珍贵图片，基本做到了图文并茂，语言生动，既体现了历史的鲜活，又立体化地刻画了人物，较好地实现了真实性、专业性、可读性的有机统一。通过这套传记丛书，学者能够获得更加丰富扎实的文献依据，公众能够更加系统深入地了解老一辈科学家的成就、贡献、经历和品格，青少年可以更真实地了解科学家、了解科技活动，进而充分激发对科学家职业的浓厚兴趣。

借此机会，向所有接受采集的老科学家及其亲属朋友，向参与采集工程的工作人员和单位，表示衷心感谢。真诚希望这套丛书能够得到学术界的认可和读者的喜爱，希望采集工程能够得到更广泛的关注和支持。我期待并相信，随着时间的流逝，采集工程的成果将以更加丰富多样的形式呈现给社会公众，采集工程的意义也将越来越彰显于天下。

是为序。

总序二

中国科学院院长　白春礼

由国家科教领导小组直接启动，中国科学技术协会和中国科学院等12个部门和单位共同组织实施的老科学家学术成长资料采集工程，是国务院交办的一项重要任务，也是中国科技界的一件大事。值此采集工程传记丛书出版之际，我向采集工程的顺利实施表示热烈祝贺，向参与采集工程的老科学家和工作人员表示衷心感谢！

按照国务院批准实施的《老科学家学术成长资料采集工程实施方案》，开展这一工作的主要目的就是要通过录音录像、实物采集等多种方式，把反映老科学家学术成长历史的重要资料保存下来，丰富新中国科技发展的历史资料，推动形成新中国的学术传统，激发科技工作者的创新热情和创造活力，在全社会营造爱科学、学科学、用科学的良好氛围。通过实施采集工程，系统搜集、整理反映这些老科学家学术成长历程的关键事件、重要节点、学术传承关系等的各类文献、实物和音视频资料，并结合不同时期的社会发展和国际相关学科领域的发展背景加以梳理和研究，不仅有利于深入了解新中国科学发展的进程特别是老科学家所在学科的发展脉络，而且有利于发现老科学家成长成才中的关键人物、关键事件、关键因素，探索和把握高层次人才培养规律和创新人才成长规律，更有利于理清我国科技界学术传承脉络，深入了解我国科学传统的形成过程，在全社会范围内宣传弘扬老科学家的科学思想、卓越贡献和高尚品质,推动社会主义科学文化和创新文化建设。从这个意义上说,采集工程不仅是一项文化工程,更是一项严肃认真的学术建设工作。

中国科学院是科技事业的国家队,也是凝聚和团结广大院士的大家庭。早在 1955 年,中国科学院选举产生了第一批学部委员,1993 年国务院决定中国科学院学部委员改称中国科学院院士。半个多世纪以来,从学部委员到院士,经历了一个艰难的制度化进程,在我国科学事业发展史上书写了浓墨重彩的一笔。在目前已接受采集的老科学家中,有很大一部分即是上个世纪 80、90 年代当选的中国科学院学部委员、院士,其中既有学科领域的奠基人和开拓者,也有作出过重大科学成就的著名科学家,更有毕生在专门学科领域默默耕耘的一流学者。作为声誉卓著的学术带头人,他们以发展科技、服务国家、造福人民为己任,求真务实、开拓创新,为我国经济建设、社会发展、科技进步和国家安全作出了重要贡献;作为杰出的科学教育家,他们着力培养、大力提携青年人才,在弘扬科学精神、倡树科学理念方面书写了可歌可泣的光辉篇章。他们的学术成就和成长经历既是新中国科技发展的一个缩影,也是国家和社会的宝贵财富。通过采集工程为老科学家树碑立传,不仅对老科学家们的成就和贡献是一份肯定和安慰,也使我们多年的夙愿得偿!

鲁迅说过,"跨过那站着的前人"。过去的辉煌历史是老一辈科学家铸就的,新的历史篇章需要我们来谱写。衷心希望广大科技工作者能够通过"采集工程"的这套老科学家传记丛书和院士丛书等类似著作,深入具体地了解和学习老一辈科学家学术成长历程中的感人事迹和优秀品质;继承和弘扬老一辈科学家求真务实、勇于创新的科学精神,不畏艰险、勇攀高峰的探索精神,团结协作、淡泊名利的团队精神,报效祖国、服务社会的奉献精神,在推动科技发展和创新型国家建设的广阔道路上取得更辉煌的成绩。

总序三

中国工程院院长　周　济

由中国科协联合相关部门共同组织实施的老科学家学术成长资料采集工程，是一项经国务院批准开展的弘扬老一辈科技专家崇高精神、加强科学道德建设的重要工作，也是我国科技界的共同责任。中国工程院作为采集工程领导小组的成员单位，能够直接参与此项工作，深感责任重大、意义非凡。

在新的历史时期，科学技术作为第一生产力，已经日益成为经济社会发展的主要驱动力。科技工作者作为先进生产力的开拓者和先进文化的传播者，在推动科学技术进步和科技事业发展方面发挥着关键的决定的作用。

新中国成立以来，特别是改革开放30多年来，我们国家的工程科技取得了伟大的历史性成就，为祖国的现代化事业作出了巨大的历史性贡献。两弹一星、三峡工程、高速铁路、载人航天、杂交水稻、载人深潜、超级计算机……一项项重大工程为社会主义事业的蓬勃发展和祖国富强书写了浓墨重彩的篇章。

这些伟大的重大工程成就，凝聚和倾注了以钱学森、朱光亚、周光召、侯祥麟、袁隆平等为代表的一代又一代科技专家们的心血和智慧。他们克服重重困难，攻克无数技术难关，潜心开展科技研究，致力推动创新发展，为实现我国工程科技水平大幅提升和国家综合实力显著增强作出了杰出贡献。他们热爱祖国，忠于人民，自觉把个人事业融入到国家建设大局之中，为实现国家富强而不断奋斗；他们求真务实，勇于创新，用科技为中华民族的伟大复兴铸就了辉煌；他们治学严谨，鞠躬尽瘁，具有崇高的科学精神和科学道德，是我们后代学习的楷模。科学家们的一生是一本珍贵的教科书，他们坚定的理想信念和淡泊名利的崇高品格是中华民族自强不息精神的宝贵财富，永远值得后人铭记和敬仰。

通过实施采集工程，把反映老科学家学术成长经历的重要文字资料、实物资料和音像资料保存下来，把他们卓越的技术成就和可贵的精神品质记录下来，并编辑出版他们的学术传记，对于进一步宣传他们为我国科技发展和民族进步作出的不朽功勋，引导青年科技工作者学习继承他们的可贵精神和优秀品质，不断攀登世界科技高峰，推动在全社会弘扬科学精神，营造爱科学、讲科学、学科学、用科学的良好氛围，无疑有着十分重要的意义。

中国工程院是我国工程科技界的最高荣誉性、咨询性学术机构，集中了一大批成就卓著、德高望重的老科技专家。以各种形式把他们的学术成长经历留存下来，为后人提供启迪，为社会提供借鉴，为共和国的科技发展留下一份珍贵资料。这是我们的愿望和责任，也是科技界和全社会的共同期待。

周济

张乾二

采集小组访谈厦门大学理论组退休教授
（2012年10月24日，厦门大学卢嘉锡楼会议室。左起：黄宗实、王南钦、王银桂、林连堂、林梦海）

采集小组与张乾二合影
（前排坐者：张乾二；后排左起：郭晓音、黄宗实、林梦海、秦海妹）

序

2012年5月，得知自己入选了这批中国科协组织的"老科学家学术成长资料采集工程"，我深感荣幸，同时又感到惶恐。我只是一个普通的学术工作者，并没有做出什么特别的事，一生只力求探索自然规律和追求科学真理，不管教学上还是科研上，都根据这样的基本思想来进行工作而已。国家与人民给我这样的重视与荣誉，我真是受之有愧！

我特别强调教学的重要性，尤其是高校中的教授，更是要以上好课、培养好学生作为首要任务。真正要做好教学，讲好一门课是很不容易的，教师不能照本宣科，应该要不断提高自己的业务水平，充实自己的知识面，形成自己的系统。如果教授只是单纯做科研而不管教学，那他的科研也难以系统、深入，概括面也会太窄。教学与科研存在着互动关系，如果教学搞好了，能使科研更深入；同时科研上得到的成果，如果能回馈到教学中，就能很好地拓展学生知识的深度和广度。我力求以教学为主，科研为基，争取做到教学与科研相长。

回顾我自己的研究工作，主要在以下三方面作出了点成果：第一是在角动量理论应用于多面体分子轨道上，具有我们自己的特色；第二是置换群理论，包括后来的价键理论，以及共振论在化学上的应用等方面；第三是休克尔矩阵的图形方法，根据分子的几何构型可直接写出分子轨道系数。这些工作都是和研究生们一起互动研究，慢慢发展起来的。很遗憾的是，由于自己的数理基础不够，很多工作没有深入研究下去，没能再做出一些更多的发展。

科学上的创新常常来源于对传统理论的挑战，以及对现实实践的"反叛"。我们做理论研究的，更是要沉得住气，耐得住寂寞，可能还要承受许多不解与质疑。基础理论研究和实际科学技术的应用往往存在着一定的距离，一个只注重眼前利益的人，是成就不了学问的。从事基础研究，你绝不可能知道它将来会带来多大的经济利益，也不可能知道它会给你带来多少的功名。你只有对研究有兴趣、爱它、迷它、淡泊名利，才能无怨无悔地为它献身。

我很以自己的教师职业为荣，尽力做好本职教学与科研工作，希望能为现在的年轻人留下一两样有用的工作，这样我就已经很满意了。

参与我这次采集工程的人员主要有：林梦海、黄宗实、郭晓音、秦海妹等。其中，林梦海是我的第一届研究生，和我一起工作了三十多年，对我的学术发展、性格特点都很了解，而且她的专业基础深厚，写作经验丰富。由她负责我这次学术成长资料采集工作，我感到很放心。她工作认真负责，查阅档案、资料、参考书，联络相关人员进行访谈，负责撰写研究报告的大部分内容，这一年多来为了采集工作经常加班加点。

另一位撰稿人黄宗实是中文系出身，为了克服专业上的障碍，他做了很大的努力。他还多次前往人事处、档案馆查阅各类档案，采访更是每场必到。在通读了各类资料的基础上，他在项目启动初期就制定出年表大纲，并随着采集采访的进行不断地修改与完善。他的文稿都用手写，在修改过程中常要补充、誊抄，往往工作到深夜，手写稿达数百页。在初稿完成后，他更是发挥他的专业优势，填补历史背景空缺及遗漏。

我的助理郭晓音和助理工程师秦海妹负责本次资料的采集与数字化、编目，包括各类手稿、书信、证书、著作、档案、传记、报道等。我的资料没有进行过系统的归类与整理，她们从办公室几十年来堆积的各类文档中，仔细翻阅、寻找挑选有价值的部分，再进一步复制、归档、装袋、编号。这些都是非常细致繁杂的工作，她们要在完成课题组日常行政工作外，挤出时间来做这些工作。所有访谈录音共计三十几个小时，文字整理稿多达三十七万余字，这也是个费时费力的部分，都由郭晓音独立完成。

  我和采集小组的几个成员相处都非常融洽，他们遇到问题及时向我询问，研究报告与年表数易其稿，每完成一章后就送给我修改。由于我年纪大了，对往事的许多细节经常回想不起来，这给采集小组增加了很多的工作量。他们只能通过查阅档案、采访相关人员进行补充，共访谈了三十余次，还多次到福州中国科学院福建物质结构研究所补充资料。采集到的资料，访谈到的线索，又常能激起我的回忆，这样互相补充完善，循序渐进，工作进展得非常顺利。

  目前，研究报告已接近完稿，我感到非常高兴。报告中比较系统详细地叙述了我的家庭背景、求学经历、教学与科研工作等内容。在此，我对所有参与这次工程的相关人员的付出与辛苦表示衷心的感谢！希望我的工作能给后人带来一点启发，也相信年轻人能走自己的路，创造出更好的业绩！

张乾二
2013 年 11 月

目 录

老科学家学术成长资料采集工程简介

总序一 ································· 韩启德

总序二 ································· 白春礼

总序三 ································· 周　济

序 ·································· 张乾二

导　言 ···································· 1

第一章　从崇武少年到集美学生 ················ 7

　　崇武古城与"霞田张" ····················· 7
　　"永源居"宗祠 ························· 8
　　童年与启蒙教育 ························ 10
　　小学教育 ···························· 14
　　辗转跋涉　求学集美 ···················· 16

第二章	就读厦门大学 ······ 24

升学志愿的选择 ······ 24
紧张而充实的大学生活 ······ 25
参加学生爱国运动与兼职中学教员 ······ 30
大学毕业 ······ 33
师从卢嘉锡 ······ 37
言传身教　潜移默化 ······ 39

第三章	走上高校讲台 ······ 44

留校任教　走上讲台 ······ 44
研制 X 射线衍射仪 ······ 47
海防前线大学的教学 ······ 51
尝试在水溶液中培养晶体 ······ 53
独当一面挑大梁 ······ 58
指导年轻教师讲授"物质结构" ······ 61
参加"共振论"学术讨论 ······ 64
编写"物质结构"讲义 ······ 68
建立温馨小家庭 ······ 74

第四章	赴长春进修 ······ 76

赴吉林大学听唐敖庆讲"群论" ······ 76
课程学习与科研并重 ······ 81
科研找到突破口　师生竞相推导公式 ······ 83
集中攻关"配位场理论" ······ 86
讨论班既出成果又出人才 ······ 89

第五章	历尽劫难志犹坚 ······ 95

厦大的"文化大革命"风暴 ······ 95

大难临头　妻亡子散……………………………………… 98
　　为工农兵学员上课 ………………………………………… 102
　　《初等数学》讲义精益求精 ……………………………… 105
　　业余时间偷搞科研 ………………………………………… 109
　　再次组织家庭 ……………………………………………… 113

第六章 | 喜迎改革春风 …………………………………… 116

　　拨乱反正　冤案获平反 …………………………………… 116
　　开始招收研究生 …………………………………………… 120
　　赴日美考察 ………………………………………………… 125
　　"多面体分子轨道"研究 …………………………………… 128
　　名师带高徒 ………………………………………………… 131
　　进行国际学术交流 ………………………………………… 134

第七章 | 两重担一肩挑 …………………………………… 136

　　主持化学系　培养年轻学术带头人 ……………………… 136
　　勇担科研重担 ……………………………………………… 142
　　兼任中科院物构所所长 …………………………………… 144
　　加强重点学科建设 ………………………………………… 146
　　组建物理化学国家重点实验室 …………………………… 149
　　配合国家建设需要成立化工系 …………………………… 153
　　键表酉群方法研究 ………………………………………… 154

第八章 | 在物构所大显身手 ……………………………… 160

　　努力建设结构化学实验室 ………………………………… 160
　　参加原子簇化合物的科研 ………………………………… 162
　　非线性光学晶体材料的研制 ……………………………… 166
　　在物构所招研究生 ………………………………………… 171
　　物构所坚持三结合 ………………………………………… 173

目　录　**III**

赴德科学考察 ································· 176
　　候选中科院院士 ································· 178

第九章 | 为保护知识产权而战 ················· 181

　　物构所成立福晶科技公司 ······················· 181
　　为保护知识产权而不懈斗争 ····················· 183
　　担任政协委员积极参政议政 ····················· 190

第十章 | 专攻科研难题 ·························· 194

　　为"211"工程出力 ······························· 194
　　与学生"比赛"搞科研 ··························· 196
　　再谈《共振论》································· 198
　　既抓科研又抓教学 ······························ 201
　　建设重点学科　加强薄弱学科 ·················· 204
　　开展国内、国际学术交流 ······················· 208
　　用对不变式方法简化 N! 难题 ··················· 214
　　在家中被劫匪刺伤 ······························ 217
　　价键理论新方法获奖 ···························· 219

第十一章 | 新世纪　新挑战 ···················· 222

　　研究"低维纳米体系" ··························· 222
　　整合福建研究力量　探索国际前沿课题 ········ 228
　　邀请专家来厦讲学 ······························ 232
　　因材施教　注重人才培养 ······················· 235
　　因公遭遇车祸　大伤元气 ······················· 237
　　海峡两岸学术交流 ······························ 239
　　获福建省科技重大贡献奖 ······················· 243

| 第十二章 | 老骥伏枥　志在千里 ·· 246

　　关注学风　呼吁净化社会风气 ·· 246
　　庆祝从教六十周年 ··· 249
　　家庭和睦　子女长成 ·· 251
　　饮水思源　怀念恩师 ·· 253
　　循循善诱　诲人不倦 ·· 257
　　学术传承　新人辈出 ·· 261

结　语 ··· 265

附录一　张乾二年表 ··· 269

附录二　张乾二主要论著目录 ··· 298

参考文献 ··· 318

后　记 ··· 321

图片目录

图 1-1　崇武古城东门城楼···7
图 1-2　张氏宗祠"永源居"正门及匾额·································9
图 1-3　张乾二与堂叔张述合影···11
图 1-4　张乾二旧居"永和居"匾额·····································12
图 1-5　采访张乾二小学同学李敲生·····································13
图 1-6　张乾二初中入学证件照···16
图 1-7　张乾二集美初中毕业成绩单·····································20
图 1-8　张乾二高中入学证件照···21
图 1-9　张乾二集美高中毕业成绩单·····································23
图 2-1　卢嘉锡与何恩典等人合影·······································27
图 2-2　张乾二证件照··34
图 2-3　张乾二应届毕业生成绩表··35
图 2-4　张乾二等制作的分子、晶体模型·······························38
图 2-5　欢送张帆赴苏深造···40
图 2-6　欢送厦大化学研究所毕业同学留影···························43
图 3-1　卢嘉锡在晶体衍射实验室中讲解·······························49
图 3-2　回摆照相机转动晶体装置示意图·······························49
图 3-3　磷酸二氢钾晶胞··55
图 3-4　56级化学系物构专业师生合影·································59
图 3-5　厦大化学系新建的物构组··62
图 4-1　唐敖庆与讨论班正式成员··77
图 4-2　唐敖庆为讨论班成员上课··80
图 4-3　张乾二在吉林大学···84
图 4-4　《配位场理论方法》扉页··92
图 4-5　国家自然科学一等奖奖状··93

图 4-6	讨论班成员再重逢	94
图 5-1	洪香玲与张洵	100
图 5-2	张乾二编写的《初等数学》讲义副本	108
图 5-3	化学模拟生物固氮讨论会部分代表合影	110
图 5-4	化学系燃化部中专师资培训班结业留念	112
图 6-1	张乾二与林连堂、王南钦讨论问题	118
图 6-2	张乾二多次"群论"课教案	122
图 6-3	张乾二、林连堂与研究生在一起	123
图 6-4	考察团在日本合影	125
图 6-5	张乾二在京都大学	126
图 6-6	在麻省理工学院	127
图 6-7	张乾二在物构组政治学习会上	129
图 6-8	化学系85届硕士研究生毕业合影	133
图 6-9	赴加拿大出席第五届国际量子化学研讨会	135
图 7-1	80年代刚回国的郑兰荪	140
图 7-2	张乾二与游效曾合影	143
图 7-3	张乾二住在物构所简陋的招待所	145
图 7-4	张乾二使用计算机处理数据	147
图 7-5	张乾二与老教师林硕田、林连堂在厦大化学楼前合影	148
图 7-6	课题组讨论表面模型相关课题	151
图 7-7	固体表面物理化学国际重点实验室学术委员会合影	152
图 8-1	卢嘉锡、张乾二听取科研工作汇报	161
图 8-2	张乾二与卢嘉锡讨论原子簇化合物	163
图 8-3	中科院物构所研制的大口径KDP晶体	167
图 8-4	$BaB_2O_4-Na_2B_2O_4$赝二元体系相图	168
图 8-5	熔体提拉法晶体生长示意图	169
图 8-6	早年研究晶体培养的部分主要人员	169
图 8-7	张乾二指导博士生董振超	172
图 8-8	张乾二在福建物构所30周年所庆大会主席台上	175
图 8-9	在德国大学访问	176
图 8-10	考察团在柏林金色女神柱前合影	177
图 8-11	参加中科院第七次院士大会部分厦门大学校友合影	180
图 9-1	张乾二在物构所阅读科技资料	182

图 9-2	出席全国政协九次会议期间合影	191
图 10-1	课题组成员讨论	197
图 10-2	接待美国天主教大学教授丘应楠	199
图 10-3	张乾二为年轻教师、研究生讲课	201
图 10-4	讨论晶体结构	202
图 10-5	张乾二在办公室	205
图 10-6	唐敖庆和弟子们	208
图 10-7	老同学相聚在厦门	209
图 10-8	在第二届中日理论化学会	210
图 10-9	张乾二在第三届中日理论化学研讨会上	211
图 10-10	赴台交流	213
图 10-11	价键课题组主要成员	221
图 11-1	张乾二在办公室	224
图 11-2	厦门大学理论化学研究中心主要成员	229
图 11-3	张乾二与福州大学院士魏可镁	230
图 11-4	与林圣贤、鄢国森同游南靖土楼	233
图 11-5	理论化学研究中心的研究生们	233
图 11-6	张乾二指导研究生夏飞、许雪飞	236
图 11-7	参加第一届海峡两岸理论化学会议	242
图 11-8	张乾二与林圣贤讨论海峡会议	243
图 11-9	第五届海峡两岸理论化学与计算会议合影	244
图 12-1	张乾二在第十届全国量化会上致开幕词	247
图 12-2	在张乾二从教六十周年庆祝会上	249
图 12-3	张乾二与家人	252
图 12-4	张乾二与女儿张影、外孙女合影	252
图 12-5	张乾二与家人合影	253
图 12-6	在卢嘉锡学术思想研讨会暨卢嘉锡科学教育基金颁奖仪式上致辞	254
图 12-7	参加第五届量化会议	255
图 12-8	张乾二参加"名师下午茶"访谈	257
图 12-9	张乾二与中青年教师合影	258
图 12-10	张乾二与吴玮、曹泽星、吕鑫	261

导　言

在人类发展的历史长河中，科学家作为一个特定的社会角色，为人类知识的积累与社会科技的进步，做出重要贡献。按照"老科学家学术成长资料采集工程"要求，我们全面系统地收集张乾二院士所处的历史环境、家庭背景、教育经历、科研目标、研究思维、学术创新及团队建设等各个方面，真实记录张乾二院士学术成长经历与成果，以供后人研究与探讨。国内老一代科学家大都在国内接受本科教育，到国外完成研究生教育。张乾二属第二代科学家，本科与研究生教育均在国内进行。

1928年8月，张乾二出生于福建省惠安崇武古城，抗战时期就读厦门集美中学，1951年厦门大学化学系本科毕业，后师从卢嘉锡，攻读化学系研究生，1954年毕业留校任教至今。先后为化学系本科生开设"高等数学"、"统计热力学"、"半导体化学"，多次讲授"物质结构"、"高等物理化学"等课程；还为物理系、生物系开设过"普通化学"；为化学系研究生开设"量子化学"、"分子光谱"、"群论"、"原子结构与角动量理论"和"配位场理论"等多门课程。1978年被聘为教授，1984年任化学系主任，1991年任化学化工学院院长。1987—1991年兼任中国科学院福建物质结构研究所所长，1991年当选中国科学院院士（学部委员）。曾任第十、十一、十二届农工民主党中央常委；第七届全国政协委员，第八、九届政协全国委员会常委。

20世纪50年代的大跃进时期，张乾二与张炳楷带领青年学生，摸索进行水溶液中晶体培养，率先培养出磷酸二氢铵等晶体，开创了国内人工晶体培养先河。后又培养出磷酸二氢钾、氯化钠、氯化钾等功能材料晶体。这一技术被带到中科院福建物质结构研究所、山东大学，两单位后来成为国内外知名的晶体培养基地。

60年代，张乾二参加了吉林大学唐敖庆举办的"物质结构讨论班"。在学习"群论"与从事配位场理论研究中，张乾二与研究集体将原子结构的研究成果推广到分子体系。提出的"配位场理论"在1982年获国家自然科学一等奖。唐敖庆带领的研究集体成为国际理论化学界瞩目的"中国学派"。

70年代后期到80年代，张乾二开展的"休克尔矩阵图形方法研究"，根据共轭分子的几何构型，用三角函数先确定分子中原子轨道系数，并同时获得轨道能量本征值。该成果获福建省高教厅科技成果奖一等奖，现成为化学系本科课程《结构化学》中的重要一节。

从80年代中期至今，张乾二先后主持了国家自然科学基金从"七五"到"十五"期间的重大课题子课题、福建省自然科学基金多项重大课题。科研主要包括以下几个方面：①从角动量理论推导出多面体分子轨道性格，以群论双陪集推导出旋转群到点群耦合系数的闭合式，从群链变化系数判断多面体轨道成键性质；②置换群与价键理论结合，建立键表酉群方法，由酉群生成元简化哈密顿矩阵元计算，进而处理组态相互作用等多体问题；③带领研究生将对称群矩阵约化、解决双粒子矩阵元计算，寻找到"对不变式"方法改善价键理论N！计算问题，从而领导研究团队，编写出国际通用价键程序XIAMEN99，供中国、以色列、美国、法国、德国、瑞典等多国理论化学家使用；④领导课题组应用金属态基组，簇模型方法研究固体表面吸附问题，协助本系催化、电化科研人员解释实验现象……张乾二课题组于1989年获国家自然科学奖二等奖，1991年获中国科学院自然科学奖二等奖，1994年获国家科技进步奖二等奖，2001年获教育部高校自然科学奖一等奖等。张乾二于1989年被教育部评为全国劳模，2001

年获何梁何利科技进步奖，2006年获福建省科技重大贡献奖。

张乾二任厦门大学化学系主任及化学化工学院院长时，非常重视中青年学者的培养，创造各种条件使留学回国人员"进得来，留得下"。90年代的厦大化学系成为国内杰出青年基金获得者最多的单位之一。张乾二还十分重视学科平衡，多方引进人才，使化学系分析、无机等专业迅速成长起来。兼任物构所所长时，则重视物构所科研成果的产业化发展与知识产权的保护。

自2012年7月"老科学家学术成长资料采集工程"张乾二小组成立以来，本组重视各类文本材料的采集。先后到张乾二院士初、高中求学时期就读的集美中学档案馆、校友会搜集资料。他就读与工作六十多年的厦门大学，更是本次采集的重点，采集小组先后到厦大档案馆、人事处、科技处、图书馆、学院、课题组、院士办公室等处，采集有关的教学、科研、人事等各项档案；还到其曾任所长的中科院福建物质结构研究所搜集相关资料。共搜集到传记类30件、证书证章类49件、往来信件类92件、手稿类36件、著作类412件（包括专著9本、译著1本）、报道类93件、学术评价类5件、档案类144件，其他类77件。其中，课题组提供了历年来多个国家自然科学基金重大课题的申请书、任务书、年度进展报告、结题报告等。教研室提供了从1978年至今张乾二院士指导的历届硕士生、博士生的学位论文原件。手稿中特别珍贵的是张院士从上世纪80年代至今的手写教学讲义、讲稿22份，共计279页；以及到外地讲学、开会时使用的手写幻灯片薄膜15份，共210页。

音视频采集方面，本小组尽可能多方面、多角度地采访与张院士相关的同学、同事、亲友、学生、同行等，共计37人次，录音时间共约1800分钟，共整理文字稿37万余字。其中张乾二本人口述约9小时，视频录制8小时。此外，在厦门大学新闻中心、厦门电视台、武汉电视台等单位搜集旧有的视频材料。音频类资料中特别珍贵的是张院士90年代的上课录音磁带24盒，原音重现，能很好地展现其上课特点和教学特色。

张院士自己保存的照片不多，采集组通过各种渠道搜集照片，如从档案、书籍上扫描复制，从档案馆、学院资料中收集，还从学生、朋友处征集，共采集到各个时期的照片324件。此外，采集组还搜集到张院士上世纪50年代制作的木质分子结构和晶体结构模型17件。

张院士已有的传记类资料大多集中在期刊杂志、人物丛书中的单篇人物简介之中，如《中国科学院院士画册》、《中国科学与学部委员》、《福建科学家小传》、《当代福建科技名人》等，均是较为简单的介绍，至今尚未专门出版过其个人传记。较为系统、全面的是发表在《厦门大学报》2008年8月13日"庆祝张乾二院士从教六十周年专刊"上的传记式综合资料。

本书正文部分共计15万余字。"弄潮儿向涛头立"的副书名体现了张乾二的成长、生活的地理环境，更表现他同样具有弄潮儿与大自然奋力搏斗的大无畏精神，在科研上不畏困难，迎难而上。在学术传记的结构安排上，以时间为纵线，以其学术成长阶段为节点，进行章节的划分。在采集过程中，采集组得到了张乾二院士充分信任与协助，本书的每个章节都经过了他的审阅、补充。

本传记前三章分别为："从崇武少年到集美学生"，介绍张乾二家庭背景与少年求学生活；"就读厦门大学"，记录其大学与研究生阶段的学习情况；"走上高校讲台"，描述其毕业留校后讲课及开展科研，特别是开始水溶液中培养晶体。

第四章"赴长春进修"描述张乾二在唐敖庆举办的讨论班中，开展量子化学研究，开始一个新的研究领域；第五章"历尽劫难志犹坚"记录他在"文化大革命"中被关入"牛棚"，妻子难产失救，用研究来忘却悲痛。

本书中间最主要几个篇章中，"喜迎改革春风"介绍张乾二平反后，晋升教授、招研究生，科研成果《休克尔图形理论》专著出版；"两重担一肩挑"描述他出任化学系主任，大力培养中青年教师，并兼任中科院物构所所长；"在物构所大显身手"讲述其任物构所所长时，科研、行政、培养人才及候选中科院院士的情况；"为保护知识产权而战"介绍张乾二在物构所大力推行科研成果产业化，并为维护物构所知识产权与外资等各种势力作斗争；"专攻科研难题"，介绍90年代他带领研究生与年青教师攻克价键理论的N!难题与开展国内外学术交流情况。

最后两章中，"新世纪、新挑战"主要描述张乾二整合海峡两岸理论化学力量，开展海峡两岸学术交流；"老骥伏枥、志在千里"介绍他遭遇车祸后退居二线，仍关心学术风气，呼吁净化社会环境。

  本书历经一年半的酝酿、写作，现已完成。采集小组与写作人员已尽己所能刻画出张院士的风采。但由于水平有限，一定还有不足之处，请方家指正。

第一章
从崇武少年到集美学生

崇武古城与"霞田张"

1928年,张乾二出生于福建省惠安县崇武镇海门乡。

崇武,崇尚武备之意,崇武古城因此得名。崇武位于福建省惠安县东南海滨,突出部分三面环海,西连陆地,东临台湾海峡。崇武半岛上明朝时期建造的丁字形石头城墙,至今仍屹立在海边。城墙环海,有12处半月形沙湾,湾域岩石缀布,地形复杂,易守难攻。宋代初就设有巡检司,明洪武二十年(1387年),建城设置千户所,

图 1-1 崇武古城东门城楼(资料来源:《魅力崇武》2015 年 14 期)

派驻军队,成为防备海盗和倭寇的海边重镇。崇武城因此成为福建沿海建造的13座城中规模最大的一座,明清两代先后进行过18次修葺增建。明朝倭寇之乱时,民族英雄戚继光率兵于崇武古城临危而战,击溃来袭之敌;明末,崇武是郑成功的军队重要的兵饷供应地;清代乾嘉年间,东南沿海海盗风盛,崇武又是清朝官兵的守地。

崇武历史上不仅是一个崇尚武备的兵家必争之地,而且还是一座文风甚盛、人才辈出、被誉为"海滨邹鲁"的文化古城。明代嘉靖年间,崇武文坛就出现了一位诗人、文学家黄吾野[①]。近现代以来,崇武的文苑诗坛先后出现了旅居台湾的医师兼诗人、雕塑家张世昌,张乾二的堂兄、旅台学者、诗人张福星,以及画家、诗人、张乾二的舅父赵复纡[②]等。此外,张氏后人还在崇武成立了"海社"、"初社"等一批文学社团组织。

因土地少且多为沙质地,这里很难进行农业耕耘,只能在沙质地上种植地瓜等耐旱作物。所以,这里的居民以海为田,以渔业为主,少数经营航运业。不管春夏秋冬或风晴雨露,日夜尽在风浪中,与大海搏斗,求得生存与发展。

"永源居"宗祠

崇武霞田的张氏祖祠名为"永源居",位于崇武城南灯塔下,是一座具有闽南建筑风格的三进结构的红砖大厝,始建于明嘉靖年间,至今四百多年,是张氏后代祭祀祖先、宗亲联谊、培养人才和传播传统文化的重要场所。数百年来,祠堂历尽风雨,几经修葺。2004年张氏族人又予以重修,其房屋坐向、外形、结构等皆保留旧时形式,大门外象征张氏书香门第

[①] 黄吾野(1524—1590),名克晦,字孔昭,号吾野,福建惠安崇武人。明代著名文学家、诗人,著有《金陵稿》、《匡庐集》、《西山唱和集》等。

[②] 赵复纡(1911—2000),名宽,字复纡,福建惠安崇武人。早年毕业于苏州美专,师从徐悲鸿。20世纪三四十年代在厦门时,诗书画均负盛名,五十年代移居台北。擅长写意花卉鸟禽,著有诗作《倚目楼诗存》。

的旗杆夹和厅砼等古石也予保留。祖祠的匾额"霞田张氏宗祠"系霞田张氏第十六世裔孙张乾二的手书原迹。紧邻"永源居"左侧的一幢名为"永和居"的三进结构红砖厝，是"永源居"的同宗支张氏十四世四兄弟共建的居屋。张乾二的祖父就在此成家立业，繁衍后代。

图1-2 张氏宗祠"永源居"正门及匾额（郭晓音摄于2013年3月）

霞田张氏开基祖张寿，字孟知，号芥庵，原籍漳州府平和县小溪乡，系铁崖公之五世孙。明洪武二十年（1387年）入崇武抗倭，几经砺战，功成名就。后娶妻林氏，择霞田而居，故以"霞田"为开基灯号。芥庵公在崇武兴田致业，惠掖遐迩，庇荫后世，功德无量。其子孙繁衍六百余年，至今凡二十一代。世代诗礼传芳，懿德远播。人称此祖祠是"谊亲之圣地，传学之簧府，励才之殿堂"[①]。

"永和居宅古城边，荟萃人才代代然"[②]，数百年来，从"永源居"与"永和居"中走出了一批曾经对当时的社会经济、政治、文化、教育做出过历史贡献的人才。诸如，明代"霞田张"三世祖张得山是当时的文坛名流，与崇武籍著名学者、布衣诗人黄吾野齐名，他鄙视官场，有诗文之才而不仕宦，惠安张氏族人2000年内部编印的题为《闽台张氏宗祠文化博览》一书刊载了他的史迹、书诗作品和为崇武文化所作的贡献，他为霞田张氏族谱所写的"自序"被黄氏称为"堪与韩（愈）苏（轼）雄文并美"；张乾二的堂叔张灿从民国二十五年（1936年）起历任福建霞浦、邵武、龙岩、长乐和惠安等五个县的县长，为官清廉，颇孚众望；张乾二的堂叔、

[①] 《崇武霞田张氏宗祠重修志》，2004年。
[②] 蔡永哲：奉和孟嘉世叔八十自寿原玉。见:《蔡永哲诗词选》。福州：海峡文艺出版社，2004年，第19页。

学者、诗人张述（1909—2000），字孟嘉，1934年毕业于厦门大学，后赴南洋执教于陈嘉庚创办的华中、道南学校，致力于华文教育。新中国成立后毅然回国到张家口市，从事中等教育工作，1983年回厦门担任厦门市致公党主委、致公党福建省委常委和市政协委员。张乾二的二堂叔张侃（张述之胞弟），字志豪，中医世家出身，是泉州市中医院著名老中医。生前曾带头筹款并主持创建了崇武东南角的灯塔（现已成为国际航标灯），同时创办崇武图书馆并任首任馆长。这些都是从"永和居"走出来的人才。在当代，除院士张乾二外，还有一批霞田张氏族裔散居台、港地区和美、加等国的具有教授、博士等头衔的高级人才，他们为当代中国的科学、教育文化的发展，以及所在国家、地区的科技文化做出了贡献。"永源居"祖祠的文化传承由此可见一斑。

童年与启蒙教育

"永和居"是崇武霞田张氏宗族支系的祖居，也是一座三进的砖木结构闽南大厝，位于霞田张氏宗祠"永源居"左侧。

大门顶部的匾额"永和居"三字因年久失修，油漆脱落，字迹已模糊。据族人介绍，上面"永和居"三字用白色粉笔勾出，是"文化大革命"后由张乾二堂叔张述亲手描写出来的。这座古民居已有一百多年的历史，因无人居住，现已破败不堪，有的房间屋顶已坍塌，成为废墟；有的房间木质隔墙也已毁损。张述20世纪80年代回乡探望亲友，面对残垣颓瓦，感慨万千，写了一首《永和居故宅》[①]：

入门忍泪独彷徨，不见黄花老圃香。

翘首虚堂空燕垒，争光振翮竞高翔。

---

① 张述：《孟嘉诗文存稿》。厦门：厦门大学出版社，2009年，第260页。

作者在诗后还加注了一段话："宅边老圃被人侵占，三径无踪。到家无人相识，窘甚。家中已有十多个子孙在欧美留学"。这首诗寄托了作者对祖居的怀念与感伤之情，"文化大革命"中，居屋后面的花园被人侵占作为宅基，盖了房子，住房到后花园的道路也从此消失，怎不令人感慨万千？但令后人聊以安慰的是，张氏子孙弘扬祖德、继承文化、后继有人，燕子"高翻"一句就是用来表达张氏后代人才辈出的欣慰之情。

当年住在"永和居"的"霞田张"第十四世嫡孙子欣、子善、子静和子敬，是张乾二的祖父辈。按当地俗称为大房、二房、三房和四房。四位兄弟都受到系统的旧式教育。长大成人后，四兄弟都继承家学渊源，学习中医，学成后即以行医和开药店为业，其店号即为"源记"。张乾二曾经回忆道："祖父有四个兄弟，都学中医，经营中药，维持一家人的生活"[①]。

图 1-3　张乾二与堂叔张述合影（20 世纪 90 年代，张乾二提供）

张乾二的祖父张子静，在四兄弟中排行第三，育有一男二女。他从事中医，悬壶济世，颇孚众望，又热心公益，把自己积攒的一些钱财捐出，为家乡修路挖井，兴办学校。晚年他到泉州承天寺出家，皈依佛门。家庭生活和养育子女的重担就落在了他的儿子张国琛身上。

张乾二的父亲张国琛，少年时入旧式学堂书塾接受教育，后升入泉州中学读书，一年后转入泉州医院研究社学习中医，毕业后行医。他医术高明，医德高尚，当地人称他为"国仙"。据乡民说，凡是贫苦老百姓上门

---

① 张乾二访谈，2012 年 11 月 26 日，厦门。资料存于采集工程数据库。

图1-4 张乾二旧居"永和居"匾额（郭晓音摄于2013年3月）

求医，他常给予免费诊病。当他19岁时，曾独自到厦门行医。后因其父离家到泉州出家，家庭经济负担只好由他担当。回家乡后，仍操旧业，兼营中药，以维持家庭生活。那时，子女们逐渐长大，要让他们接受文化教育，张国琛颇费一番心思。直至抗日战争时期，家庭经济更为困难。为解决子女教育费，他把父亲留下的一座小房子出卖，将其所得与几位亲友合股经商，开办"公益行"贸易商行，兼营货物运输业务，商行的股份收入用以家庭生活和子女学费。

中华民国十七年（1928年，岁次戊辰）阴历六月廿八日（8月13日），张乾二出生于"永和居""下五间"的一间房子里。张乾二在家中排行第二，父亲张国琛将他取名"乾二"，是颇费一番心思的。大儿子取名"上乾"，"上"是与张氏辈分"尚"同音，还可理解为"第一"或"最好"的意思；"乾"则是《周易》中的八卦之首乾卦，含"男子"和"健康强壮"之义。张乾二排行第二，出生于戊辰年，生肖为龙。"乾二"是乾卦的二爻，其义是"飞龙在天，利见大人"，意思是希望他健康成长，将来能见到大人物，能有出息。这也是父亲等老一辈"望子成龙"的观念在子女起名上的一种体现。

崇武半岛的自然环境、惠安的民俗风情，渔民的勤劳勇敢、粗犷豪爽、眼光开阔、心胸坦荡，给幼年的张乾二以深刻的影响。他后来回忆道："我生长在惠安海边的一个渔村——崇武。这里是一片沙土，种的是花生和地瓜。百分之九十的人民靠捕鱼来过活。在这种乘风破浪的战斗生活中，他们锻炼得很坚强、粗犷和活泼。海与风浪和一切活生生的环境陶冶了我，让我也一样生活得坚强、粗犷和活泼。"①

---

① 张乾二1951年自传。存于厦门大学人事处档案室。

张乾二在孩童时代，是一个天真活泼、生性好动的孩子。他虽生在中医世家，却爱和同村的渔民孩子交朋友，喜欢无拘无束地在村里社外四处游玩。对此，他回忆说："我的父亲很强调个性发展，所以家庭就对我们采取自由放任的态度。从小我也就每天东溜西溜，不愿在家里受约束，只爱个人自由自在地生活。小学放暑假遇到大热天，我就带席子和被单到海滩或球场随便睡觉去。"①

图1-5 采访张乾二小学同学李敲生（右）
（郭晓音摄于2013年3月）

张乾二最爱找的渔民的孩子叫李敲生，住在同村，又与他同龄，两人一起玩、一起上课。李敲生家是渔民之家，从小就跟着长辈风里来雨里去地学习打渔。张乾二虽出身有文化的中医世家，但对渔民的生活却很感兴趣，有时也跟着李敲生上渔船看抓鱼捕虾，感受海港渔村浓郁的风土人情与生活情趣。对此，李敲生用闽南语形容道："我俩是从穿开裆裤开始就结下情同手足的兄弟情谊的。"②

童蒙养正，是中国传统儿童启蒙教育的核心。一个人的基本素质、人格的养成、文化的积淀、心灵的滋养，须从儿童开始抓起。希望子承父志的张国琛先后将两位儿子张上乾和张乾二送入其四叔张子敬任教的私塾接受蒙学教育。年仅七岁的张乾二天真活泼，聪慧过人，甚得四叔公的看重。据李敲生回忆，说他与张乾二两人"从小感情都很好"，"我当时挺聪明伶俐，他（指张乾二）也很聪明。读私塾时我俩同班，学校在祠堂里上课。启蒙老师是他的四叔公子敬先生。我们俩虚岁七岁入学，年龄最小，被安排坐第一排，同一张课桌。子敬先生对学生要求很严格，上课稍有分

---

① 张乾二访谈，2012年11月26日，厦门。资料存于采集工程数据库。
② 李敲生访谈，2013年3月6日，崇武。存地同①。

神或者书写不工整的，就要被竹板子打手心。但是我们俩书都读得很好。私塾的教学都是《三字经》和《幼学琼林》这类的古文，较深的才读四书五经等。"①

私塾的教育内容一般都是侧重古文，给儿童讲解最基本的文史知识和语言文字知识。但当年张乾二上的私塾的教学内容却较为全面，除了文史，还教数学。原因是他的四叔公张子敬不仅教古文，还兼上算学课，这让从小就喜欢计数的张乾二感到好奇与兴趣。他回忆当时的情景说："我那个四叔公的私塾有一些改革思想，他开了算学课，经常讲'过河问题'、'分房子问题'等一些民间流传的数学问题，这些引起了我的兴趣。所以我从小对数学有爱好，是我堂叔公在私塾给我的影响。"②

在"永和居"家宅，为了给孩子们营造学习文化知识的良好环境，张乾二的四叔公张子敬和父亲张国琛都非常重视家宅大门等处楹联内容的选择。如南大门的对联写道"㟷堞环胸忠孝带，桑田负海渔樵家"，不仅写出宅第四邻的景色，也具有教育儿孙应具忠孝的道德风尚。而每年的春联也都选择对后代有训示之义的对联，如"家传孝友读书第，医学功能在济民"和"荆树有花兄弟乐，书田无税子孙耕"。等到了新中国成立后，张国琛又嘱咐堂弟张述在家室的北门另写了"知识即力量，健康是幸福"的新楹联，意在教育后代要认真读书，掌握知识，注重健康。

张乾二在私塾里接受启蒙教育大约一年多时间。虽然受教时间短暂，但对他尔后进入小学的学习打下了文化、语言、文字以及算学的坚实基础。

小 学 教 育

1935 年，张乾二进入崇武城内一所私立小学——莲城小学就读初小二年级。这所学校位于城内紧靠莲花石的下庵宫（即水潮庵），借庙堂为教

---

① 李敲生访谈，2013 年 3 月 6 日，崇武。资料存于采集工程数据库。
② 张乾二访谈，2012 年 11 月 26 日，厦门。存地同①。

室，是以白话文为主的现代小学教育。他在这所小学读了两个学期，1936年转入惠安县立崇武小学，从初小三年级读至初小四年级上学期。这时，抗日战争爆发，地处祖国东南沿海的崇武城也遭受了日本侵略军的炮火攻击，老百姓横遭战乱，纷纷逃离，以求安全。

1938年，抗日战争进入第二年，日寇已攻占南京、上海，战火燃烧到东南沿海。日寇攻占崇武古城，对老百姓进行烧杀抢掠，酿成惨烈血案，小学被迫停课，学校和部分师生内撤。张乾二的家人，因与惠安内陆一个距离崇武城三十多华里的山村、土名叫"下尾山"的一户黄姓人家有姻缘关系（按汉语闽南方言，"下尾"的谐音为"霞美"，即这个山村的村名），就举家迁至"下尾山"，暂避战火。张乾二也随家人和几个同学一起艰难跋涉，翻山越岭，到该村的霞美小学五年级寄读。

在霞美小校读书是极为艰难的，白天有日寇飞机在空中肆虐轰鸣，夜晚则有山村蚊叮虫咬的侵扰。张乾二小小年纪，身躯瘦弱，但凭着坚强的意志和求知的欲望，在霞美小学寄读，直至小学毕业。因为原来是在崇武小学念到初小四年级，他小学毕业仍属崇武小学的学籍。张乾二在回忆小学读书经历时说："抗战的时候，因为日本人登陆崇武镇，我们家就内迁到霞美一个亲戚家里，到那边的霞美小学完成五年级到六年级的课程。"[1]

在小学阶段，少年张乾二就对数学有浓厚的兴趣，并在学业成绩上初露锋芒。当时不仅教普通的加减乘除的运算方法，还会使用一些民间流传的"龟兔赛跑"等趣味数学问题，和一些珠算口诀等，这些让张乾二比别的孩子更早地接触数学。当别的孩子对数字概念感到枯燥无味的时候，数字的奇妙与精彩的思维已给他带来开启智慧的钥匙。又据张乾二在霞美小学读书时的同学、现已87岁高龄的漳州退休教师黄磐石回忆道："他（指张乾二）数学特好，给我留下深刻的印象。每次数学考试他的成绩总是全班第一。老师为测验我们的思维能力，出了个'龟鹤题'——龟与鹤同放一个笼中，共有X个头，Y个脚，问龟鹤各有几头？要求学生在最快的时间内算出答案，班里总是乾二同学第一个算出来。"[2] 虽然生于内忧外患的

---

[1] 张乾二访谈，2012年11月26日，厦门。资料存于采集工程数据库。

[2] 黄磐石给采集小组的信，2012年10月26日。资料存于采集小组。

年代且求学初始阶段如此曲折,但这些都没难倒少年的张乾二。相反,他由此磨练出顽强的意志和坚韧求知的个性,并开始了更加艰苦的中学阶段学习。

辗转跋涉　求学集美

1940年8月,满脸稚气的张乾二年仅12岁,他违背父亲要他继承家业、学习中医的意愿,决心到安溪集美中学读书。

1937年7月7日,日军开始大举进攻华北,北平、天津相继失守,不久南京、上海告急。当年9月,日寇从海上炮击厦门,集美危急。为师生的安全和教育工作的正常进行,爱国侨领陈嘉庚决定将集美学校内迁闽南山城安溪,借安溪文庙等处为教室和宿舍。当年10月,中学完成迁校任务,并于月底开始上课。1938年初,原集美学校的师范、水产航海、商业、农林各校也一起迁入安溪文庙,与中学合并办学,定校名为"福建私立集美联合中学"由校董陈村牧兼任校长。①

张乾二跟着几位由就读集美中学的同乡小同学(他父亲资助),背起小行李,脚穿草鞋,由东南沿海的平原地区向西北部丘陵地带的山区行进,爬山越岭、过溪涉水,历经三天两夜,到距离180多华里的山城安溪"凤城"文庙,入读私立集美联合

图1-6　张乾二初中入学证件照(1940年,资料来源:厦门集美中学档案)

---

① 周日升主编:《集美学校八十年校史》。厦门:鹭江出版社,1993年,第85页。

中学初中一年级。当时的安溪县城又称"凤城",是一座人口不足万人的小城,显得荒寂破败。由于战乱,物资奇缺,师生的日常生活艰难困苦。学校采用适应战时的军事化管理,要求学生每日穿着童子军制服出操和上课。严格的教学秩序对于一个刚刚远离家乡父母,从熟悉的海边来到陌生山区学校求学的少年来说,无疑是一个很大的考验。

刚入学两个月,张乾二就遇到一件令他终身难忘的大事——迎接校主陈嘉庚[①]到安溪看望师生,并聆听校主的教诲。1940年10月26日,陈嘉庚带领南侨总会慰劳团从南洋回到祖国,慰问抗日军民,特地在考察慰问福建军民的途中,由永春县赶到安溪视察集美中学,看望全校师生。听到这一喜讯,张乾二和其他同学一样兴奋不已,并参加了师生的欢迎行列。他回忆说:

> 他回国的时候我们要去欢迎他,我们半夜大概三点半左右到安溪县城进口的地方去迎接,我记得好像是在参内,离安溪大概十五里路左右。冬天的时候童子军都穿着短裤,我们站着发抖,但是却没接到人。后来大概到四点多,校董会打电话来,说陈校主已经回到学校了。因为陈嘉庚不愿意让我们欢迎,抄近路已到文庙。后来听了陈校主作的关于抗战、爱国的报告。[②]

10月27日,学校举行师生欢迎大会,陈嘉庚在会上报告了南侨总会慰劳团回国慰问的概况和观感,表示坚信最后胜利一定属于我们;勉励师生爱国爱校,奋发图强。他对学生们说:"我培养你们,我并不想要你们替我做什么,我更不愿意你们是国家的害虫、寄生虫;我希望你们依照'诚毅'的校训,努力读书,好好做人,好好替国家民族做事。"[③]陈嘉庚带有浓厚闽南乡音的讲话,都是对学生们的鼓舞和勉励,让莘莘学子心灵里燃

[①] 陈嘉庚(1874-1961),著名的爱国华侨,创办厦门大学、集美中学、集美学村等,厦门大学、集美大学(前身为集美学村各校)两校师生都尊称其为"校主"。

[②] 张乾二访谈,2012年11月26日,厦门。资料存于采集工程数据库。

[③] 集美校友总会编:《集美学校校友名人录》(第二辑),前言。北京:中央文献出版社,2003年,第1页。

第一章 从崇武少年到集美学生

起了抗日救国、奋发努力、报效祖国的理想之火。刚入学不久的张乾二,不仅心生敬仰之情,更产生了努力学习、立志成才的精神动力。

抗战期间,内迁安溪的集美师生生活是极度艰苦的。一日三餐吃的是红米饭,午餐则是定量供应,每人一份"加自饭"(用咸草袋装入大米蒸熟后供食用)。下饭的菜肴只有南瓜、芋头、牛皮菜、咸萝卜等,没有荤菜。低年级同学多,睡的是双层木架床,宿舍内非常拥挤,没有自习桌。晚上自习教室或寝室没有电灯,只有大汽油灯或小油灯。初中学生童子军制服还要求有统一的布料与颜色,穷苦学生买不起合适的布料,只好用旧的白色衣服染色充数。没有长裤鞋袜,冬天童子军依旧穿短裤,光着脚,顶住严寒坚持上课。战时的生活如此艰辛,但师生们依然不畏艰难困苦,坚韧不拔地搞好教学工作。艰苦的生活磨难和集美学校优良的校风,让刚入读初中一年级的张乾二受益良多。他的学业成绩在班上名列前茅,其中英文、代数、生物(动物与植物)等科都达到优秀,学校给予的评语是"聪明"。[1]

由于学校的军事化管理,每天清早"老号兵"吹了起床号后,大家都得紧张地穿好童子军制服,打绑腿,参加操练和升旗仪式。在内务管理上要求每个人要摆好个人衣物、床上用品和洗漱用品等。这种方方正正、整齐划一的刻板学习生活,也让从小养成粗犷、懒散性格的张乾二觉得不习惯,有时不愿意去做。他回忆说,有一次他和一位安溪籍的同学共同策划,要让操场上的旗子升不上去。两人偷偷把捆在旗杆上的两股绳子割去一股,不料因割错了另一股,旗子马上掉落在地,两人被老师逮个正着,受到学校严厉训斥。还好这个同学家长与学校熟悉,后被罚赔,才算了事。

张乾二对于上课,有时候也凭兴趣,如文史课有时不爱上,就开小差旷课。因此在初中阶段,每学年学生登记表上有关"升留级"和"备注"栏内,常有学校给予批评的语句,如"不注意秩序"、"内务欠整"、"顽皮"等。[1]虽然如此,老师还是很看重这位海边少年的聪颖天资和数理学科突

---

[1] 集美中学学生成绩档案,初中 56 组,1944 年。

出的才气，对他并不嫌弃，而是耐心给予教育和引导。

战时的内地山区，学校内外的自然环境也甚为恶劣，因贫穷和落后，医疗卫生条件极差，山村里常发生瘟疫等，特别是俗称"打摆子"的疟疾在学校师生中也时有发生。张乾二在升入初二年下学期时，就曾多次患病。他回忆道：

> 那时候生活是很艰苦的，我记得有一次我念一年后，休学一个学期。第二个学期我就不愿意去，被父亲赶出门。那时候我才13岁，像你们现在还是很宝贝的。同伴们已经走了，我只得一个人一边哭一边走。到安溪的时候要过很多的山、河，我一边哭，一边拿着一根竹竿做拐杖，再拿一根竹竿挑行李，就这样走过去。所以父亲是比较凶残的，要求比较严格，做妈妈的比较温柔，我母亲一直跟我爸爸为这个事情吵，不让我走。因为那时候太辛苦，同伴们都走了，只有我自己一个人，要走180里路，从家里走到安溪。[①]

1939年春，集美联合中学因学生数激增，校舍不足，将职业学校另迁入大田县，成立福建私立集美职业学校。在安溪的集美中学也在1940年分设高中和初中两部。1941年8月，集美中学高中部，迁往与安溪相邻的南安县西北部的山区小镇诗山，借用该镇一个土名叫"登科头"的闲置房屋作为校舍，并于秋季开学。

1944年2月，15岁的张乾二完成了初中阶段的学习，顺利升入时在南安县诗山办学的集美高级中学一年级，编入高中22组就读。经历了三年多的艰苦求学和生活磨练，这时的张乾二已经养成了远离家乡和父母的独立生活能力，在个人的品德操行和学业进取方面也逐步走向成熟，偏爱数学和理化等科、不喜欢文科的特点也开始形成了。

当时，虽处在抗日战争年代，但集美中学高中部对学生学业依然如战前一般严格要求，尤以重点学科语文、英文、数学三科，都在教学计划中

---

① 张乾二访谈，2012年11月26日，厦门。资料存于采集工程数据库。

提出特别"注意事项":国文科提出"所授范文除要深入研究内容外,并须强调背诵";"每两周举行测验一次,教务处并得临时举行抽考";"每两星期作文一次,以在均由教师命题,课内写作,当堂缴卷为原则";"每生每学期须阅读课外书籍一种,并应将读书心得及疑问词句认真札记,每两周缴交一次,由教师批改后发还";"三年级各组应由教师搜集毕业会考或大学入学试题,试行练习,以预测本校学生的程度"等。英文课强调"教授课文时,应兼及文法的讲解及会话的练习";"上课时应令学生拼字,默写或口头答问";"低年级学生每周应练习造句一次,高年级学生每两周应作文一次";教师应"指导学生课外阅读";"由教务处集合各组学生举行英语演讲比赛"。数学课提出"应授的教材,须按规定的进度顺序讲完,不得省略";"课后练习应求普遍(即每位学生都得完成)";"每周举行测验一次";"遇必要时由教务处集合各组学生举行教学测验或比赛";"三年级应由教师选印各地毕业会考及大学入学试题令学生练习"等①。从这些规

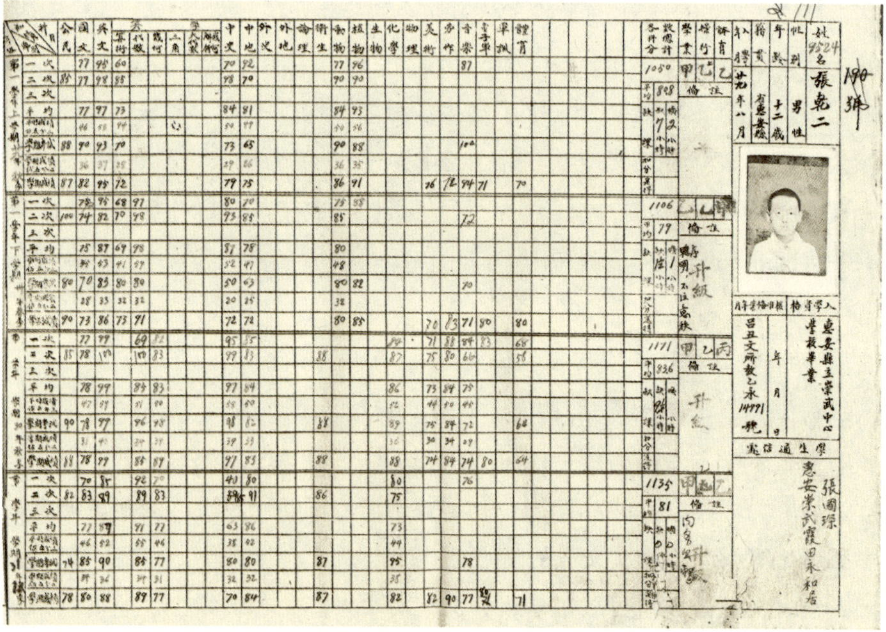

图 1-7 张乾二集美初中毕业成绩单(部分)(1944 年,厦门集美中学档案)

① 洪诗农:《中国名校丛书·厦门市集美中学》。北京:人民教育出版社,1998 年,第 75 页。

定中可以看出集美中学对师生的教学与学业的严格要求，学校优良的教风和学风，扎根在严谨与认真。

教师们遵循"诚毅"校训，责任心强，认真编写教材，备好每一课。除了课堂讲授外，还注意课外辅导。学校对学生纪律、学业、生活等各方面也给以严格管理，因此学生学习质量提高很快，学业成绩喜人。刚读完高中一个学期的张乾二，其学期总成绩平均达到80.18分，其中，几何、三角和生物分别取得100、100和98分，在全班名列第六。从集美高中二年级，至1947年7月高中毕业，张乾二的学业成绩一直在班上名列前茅。据集美中学保存的学籍档案中成绩表总汇，以其高中二年为例，在"学期成绩"一栏中，"大代数"期考100分、几何85分、化学97分，总平均成绩甲等（84.6分），名列全班第三名。①

张乾二认为陈嘉庚设立的"诚毅"校训对自己影响很大，他回忆道："做人要诚恳，做事要有毅力，这一直是我们作为一个集美学生应该遵循的。一直到现在别的我们不讲，集美校歌我还记得，如歌词中的'春风吹和煦，桃李尽成行；树人需百年，美哉教泽长；诚毅二字中心藏'，我都能背出来。我们几个人在唱集美校歌的时候，受到校歌的影响，大家都很感动，很激动。"②

集美中学作为一所闽南侨办名校，校主陈嘉庚为了让学生接受一流的教育，特别重视教师的质量。他主张广聘名师

图1-8 张乾二高中入学证件照
（1944年，厦门集美中学档案）

到校执教，曾委托蔡元培、黄炎培两位教育家延聘校长和教师。虽地处偏僻山区，集美中学高中部的老师，多数是聘请厦门大学以及京、沪、江浙一带甚至国外留学归来的大学毕业生，其中获得"学士"以上学位者也有

---

① 集美中学学生成绩档案，高中22组，1947年。
② 张乾二访谈，2012年11月26日，厦门。资料存于采集工程数据库。

相当的比例，另外还有一部分是长期在集美学校服务的资深老职员。他们受到陈嘉庚爱国精神和为国储才精神的感召，为了抗战胜利这一共同目标走到一起，安贫乐道，坚守岗位，辛勤耕耘，保证了莘莘学子们的茁壮成长。①

母校实力雄厚的师资队伍，让张乾二受益匪浅、印象深刻。那时有三位担任数学和化学教学的初、高中老师，对他的人品教育和知识积累，影响尤为深远。1945年9月，刚从厦门大学化学系毕业的邓从豪②应聘到集美学校高中部任教，担任化学和数学教师。邓从豪教学认真，对学生谆谆善诱，深受欢迎。他讲课特点是侧重推理，逻辑性强，思想严密，演算清晰精准，能启发学生思维。张乾二本来对数学特别兴趣，他注意力集中，听课质量高，很得邓从豪的关注。在《集美学校校友名人录》第一辑中的校友介绍《邓从豪》一文中指出："1945年在安溪任集美中学教师，是张乾二教授的启蒙老师。"张乾二回忆当时的学习情景时说："数学老师邓从豪，他讲课有一个好处，就是很理论同时很抽象，我又偏偏喜欢比较抽象理论的东西，不喜欢解难题什么的。"①

  另外一位教数学的陈延庭先生，他是蔡启瑞③先生的岳父。我听他代数的时候经常讲话，他也晓得我比较调皮，经常拿讲义夹来打我的头，我就在教室里头跑让他追。老人家看起来装得很严格，一直要打我，但好像还是喜欢调皮的学生。陈淑元老师是我初中和高中阶段的数学和化学老师，我对她是很崇敬的。我数学经常作弊，不是我去偷看，而是替人家做题，比如说我一个人可以做两份考题，同时做的答案还不一样，证明的方式不一样，这样就要花一些脑筋，但是都给老师识别到了，所以我的数学成绩有时候期中考试得零分。我记得有

---

① 中共厦门市委党史研究室、集美校友总会、集美学校委员会编：《集美学校校友名人录》。北京：中央文献出版社，2000年，第20页。
② 邓从豪（1920-1998），量子化学家、教育家，中国科学院院士。其在大学时辅修了数理学系的全部课程，而当时集美高中正缺化学与数学教师。
③ 蔡启瑞（1913-），物理化学家、化学教育家，厦门大学化学系教授，中国科学院院士。

一次陈淑元把我叫去谈话，说打零分是为了教育我。①

陈淑元老师教化学课时，将两种溶液混合，红色液体变成蓝色，再加一种液体，溶液又变成无色了，像变魔术一样，使张乾二对当时的新兴学科——化学产生了兴趣。②

张乾二经历了八年抗战中六年的动乱时局（1940—1945年），集美中学由沿海到山区，由山区再复员回迁原址的三次变迁，在学时又因病两次休学中断学业，共用了七年时间才完成中学学业。

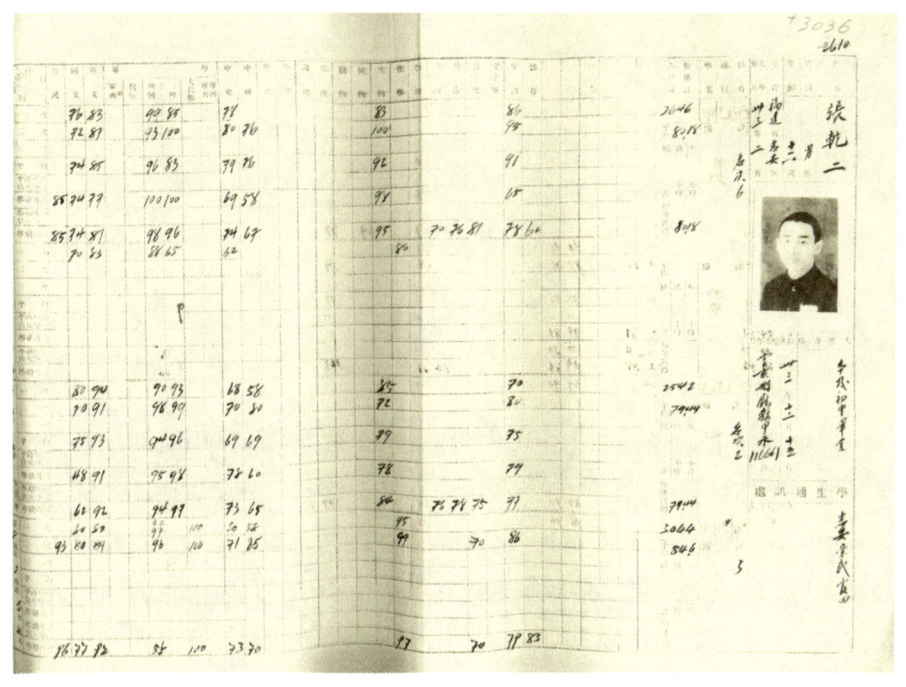

图1-9　张乾二集美高中毕业成绩单（1947年，厦门集美中学档案）

---

① 张乾二访谈，2012年11月26日，厦门。资料存于采集工程数据库。
② 庆祝张乾二院士从教六十周年。《厦门大学报（专刊）》，2008年8月，793期。

第一章　从崇武少年到集美学生

第二章
就读厦门大学

升学志愿的选择

1947年7月,张乾二于集美中学高中22组毕业。高中时期,张乾二学习成绩不错,毕业后他要继续上大学深造,面临着升学志愿的选择。回忆那段时期,他说:"读中学时,我对数理化比较喜欢,老师也时常给予我鼓励。他们曾经告诉我,中国读数理化的人太少了,而需要这方面的人才又很多,学理工的人是最好的出路。"[①] 可见,上大学读理工科是他升学志愿的首选。当年国内大学的招生,在东南地区的考点仅限于上海、厦门和台湾三地。经过认真考虑,张乾二选择在厦门参加招生考试,而厦门考点招生的只有在福州协和大学(教会办的)和国立厦门大学。他最终填报的升学志愿是厦门大学化学系。

为什么选择报考厦大化学系?有两个原因:一是缘于厦门大学在他心

---

① 张乾二"三反检查报告"。厦门大学人事处档案,1952年8月。

中占有特殊的位置。因为这所大学和他中学时代就读的集美中学都是著名爱国华侨领袖陈嘉庚先生创办的，他曾经亲身聆听过陈嘉庚的殷切教诲，对陈嘉庚兴学育才的精神十分尊崇，深受教育。他坚信进入厦门大学一定可以学到高深的学问和高尚的道德修养；第二是他的一位惠安籍的同乡、好友，当时已在厦大机电系读书的黄姓学长的启发和指点。对此，张乾二回忆道：

> 主要是我的一个老乡在厦大电机系，这个人业务相当好。我要报考志愿的时候问他，要上厦大应该报考哪些专业好。他跟我讲如果你要念工科就要报考机电系，机电系主要是萨本栋长汀时期创办的；再来你要报考理科的，他说你的化学比较强，你就报化学系，系主任是由著名化学家卢嘉锡[①]担任。我就是按照他这样说的去报，最后录取在化学系。[②]

经过与这位学长一番推心置腹的交谈，张乾二最终决定报考厦门大学化学系。当年化学系录取新生共18名，其中正取生12名，张乾二以优异成绩排在正取生之列。

紧张而充实的大学生活

1947年10月，张乾二作为国立厦门大学第25届（1947级）录取的新生，持学校的录取通知书，到设在厦门鼓浪屿的厦门大学新生院报到注册，其学籍编号为A1469号[③]。从此，开始了大学的学习生活。由中学毕

[①] 卢嘉锡（1915-2001），物理化学家、化学教育家和科技组织领导者。曾任厦门大学理学院院长、研究部部长，福州大学副校长，中国科学院福建物质结构研究所研究员、所长，以及曾任中国科学院院长等职。
[②] 张乾二访谈，2012年11月26日，厦门。资料存于采集工程数据库。
[③] 国立厦门大学学生名册（1947级）。厦门大学档案馆。

业后顺利走进高等学府的校门,而且到了一座海岛鼓浪屿上读大学,对张乾二来说,这一切都是新鲜的。想到未来四年的大学生活,他心中充满了憧憬与期待。

厦门大学于1921年4月6日在厦门岛内的东南部演武场创建,但是其校舍在战争中遭受日军轰炸、破坏,而且战后学校规模扩大,原有校舍不敷使用,而鼓浪屿有一些战后归入厦大校产的房屋可供学校使用。校方因此于1946年4月正式成立了厦门大学新生院,张乾二为进入新生院的第三批新生。

新生院秉承厦大严谨求实的校风和严格的纪律秩序,在实践中办出了特色,其显著的特点之一是重视一年级基础课教学,选派知名的教授、副教授授课。如刚从英美回国不久、应聘到厦大的卢嘉锡,就负责为化学系和数理系讲授"普通化学"。他讲课深入浅出,循循善诱,很受同学欢迎。其次是重视对新生选修课的指导。每年新生注册入学后,都安排一至两天为选课时间,由各学院院长和系主任向学生介绍基础课和专业课的内容、学时、学分、讲义、参考书以及任课教师简况,指导新生选修。至于国文、英文、高等数学等三门必修课,也强调其重要性和选用教材,要求他们学好。第二是实行严密的学制和学分制。学校规定:学制四年,凡学完四年并修满四年学分者,授予毕业证书和学士学位;按照各系不同的情况,规定毕业须修满的学分制。第三是坚持课程水准,严格考查考试制度,对学生升留级采取淘汰制。学校规定:学生每学年所选课程成绩,有三分之一不及50分,或二分之一不及60分者,以自动退学论。各科考试60分及格才能获得学分;各科成绩不及格但已满50分者需补考一次,补考及格者获得学分,补考不及格者和原考试成绩50分以下者均应重修该课程。[①] 这些规定,促使一年级新生努力完成课程,对打好专业基础起到很大的作用。

张乾二入学时,化学系系主任为卢嘉锡,国文和数学老师分别是林莺和何恩典。每周一开始就测验英文和高等数学或微积分;每两周必定测验

[①] 洪永宏编著:《厦门大学校史》(第一卷)。厦门:厦门大学出版社,1990年,第204-206页。

普通化学或国文，还布置实验或作业。一年级新生经过一年紧张的学习，一些同学修满学分即升入二年级，转入校本部就读；一些同学或被淘汰退学，或转院转系学习。张乾二就读一年级时，化学系注册同学实际21名，到二年级只剩下7名。

一位1946年入学的王威宣校友在其《新生院的星期日》回忆文章中写道：[1]

图 2-1 卢嘉锡（右二）与何恩典（右一）等人合影（20世纪50年代。物构所提供）

> 学校规定每周的星期一举行英文测验，理工学院的微积分考试也规定在星期日上午举行。本来被认为'考试院'的新生院，平素就过着紧张的生活，加上这两科考试，所以星期日落到新生手中，便和其他学校的星期日有了差别。
>
> 早饭后，在广场上、走廊上、自修室、图书馆和海滨都是同学的足迹，他们拿着英文读本和文法纲要，有的细心研究，有的大声朗诵，有的默默记忆书中的生字，各有各的方法，各有各的姿态。理工科学生则赶到教室，参加星期日微积分考查。
>
> 正午，理工学院考试回来，他们三三两两，谈论着问题的解答，有些考试成功的同学兴高采烈，言笑间充分地表现着胜利的喜悦。一些失败者虽一时感到无名的烦恼和忧愁，但目光里却仍燃烧着强烈的火焰，好像暗暗地说：等下星期再来吧！
>
> 午后，所有同学依旧继续他们的计划，他们互相研究文法、习

---

[1] 王豪杰编：《南强记忆——老厦大的故事》。厦门：厦门大学出版社，2009年，第381-382页。

题，共同讲解英文读本。有一些难题，他们想得很久，忽然被解答出来了，全室都充满着愉快的笑声。

对于大学的课程，特别是微积分，张乾二学得相当轻松。因此星期日考查时，他总是很快就做完试卷走出考场，同学们出来后都找他对答案。张乾二在大学时有一位要好的同乡黄焕宗，在历史系就读，他们俩课余时间经常在一起玩耍。晚上，张乾二经常与黄焕宗一起去看电影。以前在山区根本没有电影院，到了厦门后鼓浪屿的电影院每天晚上放映电影。张乾二有一段时间特别爱看，有什么新片上演了，他就找黄焕宗一起去看。

在谈到当时进入厦大学习之初，关于学生选修课的情况时，张乾二回忆说，当时化学系系主任卢嘉锡先生教的是"普通化学"，在指导学生选修课时，"卢先生让我们自由选课，因为我们进来念书的时候不是光几个主要课程念好就可以的。卢先生讲的'普通化学'与'物理化学'我都一定选他的，因为他课讲得特别生动，课堂上气氛很活跃。他考试要求不是很严格，但是做实验倒是非常严格，让我们注意仪器等要干净整齐，字要写得很端正。后来，我还选修了'有机化学'、'分析化学'。除了语文课、历史课、体育课这些是必修的，其他你喜欢念什么课你自己去选。我还选修了数学和物理，这对于我后来从事理论化学很有帮助。"[1]

抗战胜利后，一些从北方撤退到南方的教授纷纷回去，学校师资日渐单薄，尤其缺乏知名教授。化学系主任卢嘉锡到处物色师资，他听说以前的老师方锡畴[2]回厦探亲，立刻上门探访、力邀其来厦大任教。方锡畴为他所感动，回厦大任教。卢嘉锡又了解到祖籍厦门、时在印度任教的吴思敏有回国意向，马上与其联系，邀他来化学系任教。不久，卢嘉锡又与身在美国加州理工学院的钱人元联系，他在来信中流露出回国意向，卢嘉锡就立刻发出邀请函。一时，化学系增加了好几位教授。[3]

---

[1] 张乾二访谈，2012年11月26日，厦门。资料存于采集工程数据库。

[2] 方锡畴（1900-1973），1934年留美后回国，任厦门大学教授；1944年任贵州安顺军医大学化学教授，为抗战前线培养军医；抗战胜利后返回厦门大学任化学系教授。

[3] 《卢嘉锡传》写作组：《卢嘉锡传》。北京：科学出版社，1995年。

化学系久经战乱，保存下来的化学设备陈旧、药品匮乏，卢嘉锡感到身上的担子非常沉重，但他并不气馁，抱着重振化学系的决心，竭力奔走。1946年暑假，卢嘉锡在学校的支持下争取到一笔经费，亲赴台湾采购，几经周折，总算在台北采购到一批药品，以解燃眉之急。化学大楼被毁后，学校把囊萤楼改作理化实验室，一楼是化学实验室。上实验课时，张乾二这批一年级新生，要从鼓浪屿坐船来校本部做实验。

张乾二大二时选修的"有机化学"是由方锡畴讲授。方锡畴讲课除了材料新颖以外，吹制玻璃技术还十分高明：只用一盏喷灯、几根玻璃管、一个小锯片，可以把玻璃管锯平、焊接好，吹成小玻璃泡、做成小玻璃瓶，还能吹制出各种用途的冷凝管……张乾二等学生看到方锡畴把几根玻璃管吹制成一套化学用的玻璃仪器时，觉得他简直是个魔术师。钱人元开设的"现代化学"、卢嘉锡开设的"统计热力学"等都是当时国内少人开设的课程，张乾二在本科阶段、在国内就接触到国际学术的新领域、新思想，实在是一种难得的机会。

当时厦门大学实行主副修制，张乾二觉得自己学习化学系的课程外，还有余力，他从小喜欢数学，就辅修了数学系的课程。他到数学系听方德植、李文清的课，还关注有关的数学研究报道。一次习题课，李文清[①]出了一道印度数学家刚解出来的古老难题，下课时一张张试卷交上来，他越看越失望，学生们基本都没有做出多少。突然眼前一亮，一张写得密密麻麻的试卷出现在面前，而且答案正确，卷上姓名却是化学系张乾二。这令李文清感到十分惊奇，赞叹张乾二的数学功底和灵敏的思维。[②]

虽然当时生活条件很艰苦，但学习生活却是丰富多彩，布告栏上贴满了琳琅满目的课外活动的海报。卢嘉锡邀请汪德昭做原子能方面的学术讲座，请上海生化所的王应睐做生化报告，使学生们接触到当时的学术前沿。

[①] 李文清（1918-？），1939-1949年先后就读于燕京大学、北京大学，日本京都大学与大阪大学数学系，1950年回国一直在厦门大学任教。

[②] 王芳：爱到深处无怨尤——记量子化学家张乾二。《科技闽星谱》，福州：福建科学技术出版社，1996年，第47页。蔡鹤影：《自强不息、止于至善——访中科院院士张乾二教授》。《闽南儿女》第三辑，北京：中国文史出版社，2003年，第128页。

为了培养学生各方面的能力，陈国珍带领学生举行化学展览，让他们总结、概括某一方面的知识，做成墙报，并与同学们交流。化学系还举办演讲会，锻炼学生口头表达能力。这些活动都让张乾二受到了很好的熏陶和锻炼。

参加学生爱国运动与兼职中学教员

历经十四年艰苦卓绝的拼死抗战，中国人民取得了抗日战争的伟大胜利。厦门大学师生同全国人民一样深受鼓舞，希望学校在复员返迁厦门原校址之后，能在和平、民主、安定的环境中把厦门大学办成理想完善的大学。但是，时局的发展打破了师生的美好愿望。正当1946年夏天厦门大学从长汀迁回厦门演武场校舍时，解放战争爆发了。当师生从全国各地急速传来的信息中认识到，这场内战是由蒋介石国民党在美国支持下发动的，其目的在于消灭中国共产党及其领导的人民军队，以维持蒋介石的独裁统治的真相时，终于激起了广大师生的爱国义愤。一场又一场的学生爱国运动，在厦大校园里以及厦门岛内外风起云涌地展开了。

作为一名厦门大学复员后第二年（1947年）入学的新生和热血青年，张乾二也积极地参加学生爱国民主运动。

根据本人记忆所及，张乾二在1951年7月16日填写的"福建省高等学校毕业生集训班学员登记表"中规定填写的栏目"参加何种革命运动？有无被捕？经过如何？"他亲笔写道："曾参加'反饥饿'、'反美扶日'等学生运动。未曾被捕。"[①]

联系这一历史事实，经核对厦门大学国立时期（1937—1949年）校史材料，张乾二参加厦大学生群众性的示威游行，按历史进程顺序，主要有两次：其一，是发生于1948年5月28日的"厦门大中学生为反对美国扶植日本联合大游行"，计有厦门大学校本部各年级和鼓浪屿新生院全体学

[①] 张乾二"福建省高等学校毕业生集训班学员登记表"，厦门大学人事处档案，1952年7月16日。

生和国立侨民师范学校、英华中学学生3000多人参加,张乾二以厦大一年级新生名列游行队伍之中;其二,1948年12月12日参加向时任福建田粮处处长陈拱北在闽南视察粮政时请求按额配给学生平价米的请愿活动和随后发生的罢课活动。

1948年5月28日,为响应上海市大中学生"反对美国扶植日本、抢救民族危机"的爱国运动,厦大地下党和进步学生组织的"五月社"发起"厦门大中学生为反对美国扶植日本联合大游行"示威游行活动。住在鼓浪屿新生院的包括张乾二在内的200多名厦大新生响应号召,渡海到厦大校本部演武场校舍和高年级同学汇合,同时有厦门侨民师范和英华中学等中等学校的学生共3000多名参加了大规模环市区的示威游行。同学们沿途高呼口号,高唱《反对美国扶植日本》《您是灯塔》《团结就是力量》等革命歌曲。队伍浩浩荡荡,人人斗志昂扬,行进在中山路、中华路、双十路、公园南路等路段,市民对游行队伍报以热烈的掌声。最后,游行队伍在虎头山下集中,举行群众大会。游行队伍总指挥、厦大学生自治会主席丁连征宣布大游行胜利结束,同学们"完成了这个爱国主义壮举"。

1948年12月,国民党发动的内战已发生重大变化,共产党领导的解放军从防御转入进攻,取得节节胜利;而国统区经济崩溃,物价飞涨,民不聊生。张乾二这些在校学生的伙食陷入困境:因为没有米,食堂里从原来的"两干一稀"变为"两稀一干",后来连三顿稀饭都维持不了,更不用谈什么鱼肉蔬菜了,教师的薪酬也无法发放。于是,12月12日上午,全校师生投入到由厦大学生自治会发起的"反饥饿、反内战"的请愿和罢课、罢教、罢工的"三罢"运动中,张乾二也参加到这一行列之中。

1949年4月厦大校庆期间,厦门大学校友总会举行换届选举,厦大化学系主任卢嘉锡当选厦门大学校友总会理事长。当时正值厦大师生开展空前的"反饥饿、反内战、反迫害"运动以及罢课、罢教和罢工的"三罢"斗争,特别是厦大全体教职工提出总请假,在厦门乃至福建全省引起了极大的震动。校友总会理事会和监事会决定发动募捐"劳师基金",发动各地校友参加募捐活动,募得一批现金和大米,暂解燃眉之急。

6月间,厦大为迎接厦门的解放,在时局艰危中为保存学校文物、保护员工和学生的安全，成立了"厦大应变委员会"，校长汪德耀任常委兼主席，卢嘉锡任常委兼副主席。募得的劳师基金成为厦大应变委员会的收入，帮助师生渡过了新中国成立前夕的黑暗时期。①

卢嘉锡作为应变委员会主要领导之一和校友总会理事长，还深谋远虑地领导校友总会筹办厦大校友中学。他认为创办类似附属中学的校友中学，可以为大学提供较好的生源，还可为部分教师或学生提供兼职中学教职，既保证了中学的高质量师资，又为兼课师生提供部分经济收入。为此，在卢嘉锡任学校董事长的精心策划下，厦大校友中学应运而生，于1948年8月15日正式成立，校址设在鼓浪屿大德记慈勤女中。经卢嘉锡举荐，毕业于1934年厦大教育学院的校友林鹤龄任校长，当年即开始招生并正式上课。在厦大校友中学创办之初，林鹤龄不负学长卢嘉锡的重托，多方延聘高水准的教师，包括从母校厦门大学任教的中文、历史、化学、生物等学系中招聘一批学有专长的年轻教师或高年级在学大学生，到厦大校友中学任教。当时已在化学系三年级就读的张乾二，也被介绍应聘到校友中学担任数学教师。在说到这段经历时，张乾二联系到自己的家庭经济情况回忆道：

> 1949年上海解放后，国民党军队为了逃亡到处抢劫。我父亲与别人在崇武创办的"公益行"公司所属的航运船只，运货到浙江宁波，在途中被国民党军扣留，船上货物全被抢光。宁波解放后，船被拖至台湾。单靠我父亲行医的收入不敷家用，经济十分困难。我的教育费也得不到解决，我两位妹妹只好停学参加工作。这时，我也经老师介绍，到厦大校友中学兼任数学教师，过着半工半读的生活。②

1949年10月17日，厦门解放。共产党领导的新中国重视并发展人民教育事业，素有"南方之强"美誉的厦门大学迎来了新生。原由厦大校友

---

① 洪永宏编著：《厦门大学校史（第一卷）》。厦门：厦门大学出版社，1990年，第287页、296页。

② 张乾二自传，厦门大学人事处档案，1951年7月。

总会创办的校友中学，于1950年并入地处鼓浪屿的公办厦门第二中学。张乾二也不再兼任中学教师，专注于自己的大学学业。

大 学 毕 业

1950年5月，中央人民政府任命王亚南为厦门大学校长。学校行政方面设校长办公室、教务处、总务处，教学机构分设文、理、工、法、商五个学院，理学院设数理、化学、生物、海洋四个学系。[①] 化学系内分纯粹化学、工业化学、有机化学三个组，新任理学院院长卢嘉锡兼任化学系系主任。在化学系任教的有教授卢嘉锡、方锡畴、吴思敏、钱人元和陈允敦等五人，助教五人。当年春季开设的课程有定性分析、理论化学、普通化学（甲）、有机化学、有机分析、高等有机化学、工业化学、纤维素工业、可塑物工业、地质学、普通化学（乙）、工业化学计算和普通化学（丙·实验）。

1950年夏，美国第七舰队开赴台湾海峡。此时，地处海防前线的厦门大学不断遭到妄图"反攻大陆"的蒋介石军队的空袭和炮击，教学工作受到很大干扰。每当空袭警报拉响，师生就得紧急疏散，进入学校修筑的防空壕躲避。经教育部决定，厦大理工两院于1950年年底暂时疏散到闽西龙岩办学。考虑到工学院大型仪器多，决定搬到龙岩城关，理学院则搬到龙岩郊区的白土乡。

1951年3月，理工两院师生（其中学生523名，张乾二也在其中）分批于3月15日至3月底，先乘汽轮到漳州石码，上岸后除教授和老幼病弱者，全体师生均肩挑行李徒步行军。张乾二与同学们肩背棉被、手提行李，每日步行近百里。晴天还好，遇到下雨就十分狼狈。经过三百多里路的负重跋涉，历尽艰辛到达龙岩。理学院师生抵达白土乡后，在当地的化

[①] 未力工主编：《厦门大学校史》第二卷（1949—1991）。厦门：厦门大学出版社，2006年，第5页。

学系 1939 届系友林硕田的协助下，顺利完成内迁安置计划，并于 4 月 1 日按原计划如期在龙岩复课。①

张乾二等已进入大学四年级毕业班的，也跟随理学院的同学一起步行到龙岩白土上课。他回忆当时在白土乡学习的情形时说：

图2-2 张乾二证件照（1951年，厦门大学人事处档案）

> 那时生活够艰苦的，我们从厦门一直走到白土，大概走了四五天，当时行李都得自己背，到达后就复课了。那时实验条件很差，当地没有自来水，一位叫方明俤的老职工就用竹筒把山上的泉水引下来供实验用。那时在龙岩白土当中学老师的林硕田校友（他与陈国珍同时毕业于化学系）由卢嘉锡先生举荐，担任理学院办公室主任。他做了很多工作，帮助解决师生住宿和教室安排等问题。当时在一座古庙里上课，也有用竹子搭成竹棚当作教室的。学生生活很艰苦，平时脚上穿的都是木屐。②

理工两院师生在龙岩整整一年，到了 1952 年 2 月随着厦门海防日益巩固，两院师生奉命复员，月底回到厦门，疏散到龙岩的工作至此宣告结束。在理学院内迁龙岩办学期间，1951 年 7 月张乾二顺利完成了化学系本科学业。他四年中一共修习了 25 门公共必修课、选修课和专业基础课，每个学年都修满相应的学分，其中一批必修的专业基础课取得了优秀的成绩。如一年级的"初等微积分"，二年级的"定性分析""普通物理"，三年级的"理论化学实验""理论力学"成绩都达优等。从他 1951 年毕业时的成绩表中可以看到，张乾二的学习成绩也是很突出的。③

---

① 未力工主编：《厦门大学校史》第二卷（1949—1991）。厦门：厦门大学出版社，2006 年，第 84 页。
② 张乾二访谈，2012 年 11 月 26 日，厦门。资料存于采集工程数据库。
③ 张乾二 1950 年度第二学期应届毕业生成绩表。厦门大学人事处档案。

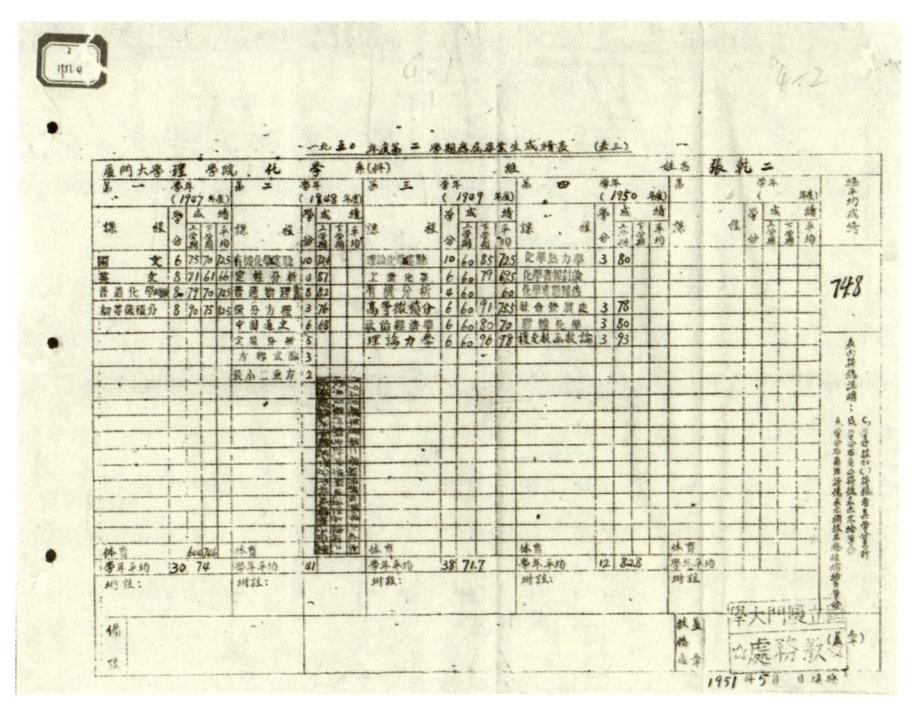

图 2-3　张乾二应届毕业生成绩表（1951 年。厦门大学人事处档案）

根据上级的规定，福建省各高等学校应届毕业生于 1951 年 7 月集中到省会福州，参加"福建省高等学校毕业生集训班"。此举旨在对高校毕业生进行热爱新中国、树立正确人生观和服从国家分配的思想教育，为就业做准备。在为期三个月的培训班学习过程中，他认真听取了有关报告，也对自己四年的大学生活进行回顾，坦诚地检讨了自己存在的对形势、对现实社会的一些不正确的认识、以及产生这些看法的思想根源，同时也表示了自己对未来的理想和抱负。在集训班第三单元的学习中，他就毕业后的工作安排表明了自己的态度："我认识到一个革命青年要把个人利益与国家利益结合起来，更应当把国家的利益放在第一位。"①

在集训班结束时，张乾二填写了毕业生集训班学员登记表。其中有关毕业分配的"希望做什么工作"一栏内，张乾二写道："①物理化学研究工作；②化学工厂；③数理化教员。"但在后来的回忆中，他却强调当时所

---

①　张乾二：福建省高等学校毕业生集训班学习总结。厦门大学人事处档案，1951 年 8 月 20 日。

第二章　就读厦门大学　　35

希望从事的工作是到中学当数理化教员。他说："要你服从分配，到化学系读研究生。我也就服从学校的安排了。"①

1951年全国开展"三反"运动（反贪污、反浪费、反官僚主义），师生结合自身问题，批判了浪费公物、损人利己等思想行为。张乾二也认真学习，检查了自己个人主义、自由散漫、成名成家的思想，写了十几页的自查报告。在这基础上，1952年在厦大开展思想改造运动。首先用一个多月的时间，学习了毛泽东的《新民主主义论》、刘少奇的《党员思想意识的修养》，列宁的《论纪律》等重要文件，明确思想改造的重要性。要成为人民教师，就要成为一个真正的马克思主义者，要不断清除自己的思想污垢。个人利益应与革命利益统一起来，个人利益必须服从革命利益。在学习基础上，要求师生忠诚老实向组织汇报自己的问题，划清革命与反革命的界限②。"肃反"时，张乾二并不知道自己父亲曾经参加国民党，他只知道父亲是惠安崇武有名的中医、有威望的乡绅。当时，国民党给父亲安了个国民党分部书记的官衔。虽然他没有什么反革命罪行，但按规定应定为"历史反革命"。这件事情使张乾二非常吃惊，这次思想改造，他必须与父亲划清界限，向组织交心。

从大学三年级起，张乾二经历了各种运动、政治学习，要求知识分子进行思想改造。一方面是形势所趋，另一方面，张乾二也真心认识到自己的出身不是无产阶级。他想加入无产阶级，决心与过去的自己决裂。这一代知识分子都是在国难当头、民族遭受屈辱的时代成长的。新中国诞生了，大家都欢欣鼓舞，一心想着从此可以献身于建设新中国的行列。

张乾二回忆起这些事说："让我最伤痛的是在'肃反'运动中，父亲是受到冲击的对象，单位当然要我和家庭划清界限，我必须在家庭和组织之间做出选择，我当然选择组织。运动很紧张的时候，我基本不回家，从此与父母疏远隔阂。以后运动过去，'划清界限'的要求并没有放松。这样无形中亲情就淡漠了。"

---

① 福建省高等学校毕业生集训班学员登记表。厦门大学档案馆，1951年8月25日。
② 《厦门大学校史》第二卷（1949–1991）。厦门：厦门大学出版社，1991年。

师从卢嘉锡

1951年9月，张乾二服从分配，到厦门大学化学研究所任卢嘉锡的研究助理，开始了研究生的学习阶段。

卢嘉锡于20世纪30年代留学英国伦敦大学，师从萨克登（放射化学专家），1939年获博士学位。当时由于抗战，航路已断，无法回国。经萨克登介绍卢嘉锡再转到美国，在著名化学家、诺贝尔奖获得者鲍林（Pauling）实验室工作多年。他提出一种处理衍射点的图解法，替代手工计算劳伦兹偏振因子校正，该方法一直用到计算机进入X射线衍射处理数据为止。卢嘉锡虽年轻，已成为国际上进行晶体分析领先的几位科学家之一。抗战一胜利，卢嘉锡马上回国，1946年到厦门大学执教，出任化学系主任。

1951年，卢嘉锡出任厦大副教务长兼理学院院长。陈国珍[①]从英国伦敦大学学成归来，经卢嘉锡举荐，接任厦大化学系系主任。为了尽快培养人才，这年秋季，卢嘉锡主持的化学研究所自定名额，招收了两名研究生。张乾二和卢宗兰幸运地在卢嘉锡的指导和关心下，开始人生学习的新起点——攻读物理化学专业（结构化学方向）研究生。

虽然师资力量缺乏，为了保证研究生的教学质量，卢嘉锡不顾自己教学、行政工作繁重，独自一人为研究生讲授了"物质结构"、"量子化学"、"热力学"、"统计热力学"、"晶体学"和"现代晶体学"等六门课程，其中如"物质结构"、"统计热力学"、"现代晶体学"等都是他在国内率先开设的课程。当时卢嘉锡身兼数职，还有社会活动，只能在夜间备课到深夜。第二天一早，他总是提前来到化学楼，拿着参考书与两张小纸片，神采奕奕地登上讲台。不管前一天多累，一上讲台他的精神就上来了，滔滔不绝地连讲两节甚至三节课。每节课内容都十分饱满和精彩，中间还穿插提问和讨论。张乾二觉得他上课十分生动，自己听课是一种享受。下课后，卢

[①] 陈国珍（1916-2000），分析化学家和化学教育家，历任厦门大学化学系主任、教授、校长助理，第二机械工业部生产局总工程师、副局长，国家海洋局副局长。

嘉锡从不一走了事，他还要布置作业、安排实习与辅导。当时听课的除了两届研究生外，还有外地来的进修教师，为了照顾资历较高的进修教师，卢嘉锡还经常为他们作个别辅导。一系列的教学工作和指导研究生的科研实践活动，卢嘉锡事必躬亲，投入了很多时间和精力，凸显了爱国科学家为国家培育英才的高尚师德风范。

张乾二等研究生，除了修卢嘉锡讲授的专业课外，还修了高等数学、第一外语、第二外语、政治等课程。整个化学系都设在囊萤楼，有的房间做教室，有的做办公室，大间的做实验室，还有药品室，空间十分紧张。当时的研究生并不是单纯听导师上课或是按导师要求研习相关课程，而是担任"研究助理"，即一面听导师开设的"量子化学"、"物质结构"、"统计热力学"等专业课程，一面还要辅导本科生教学或指导实验等。研究生宿舍在丰庭（三），与进修教师、助教住在一起。

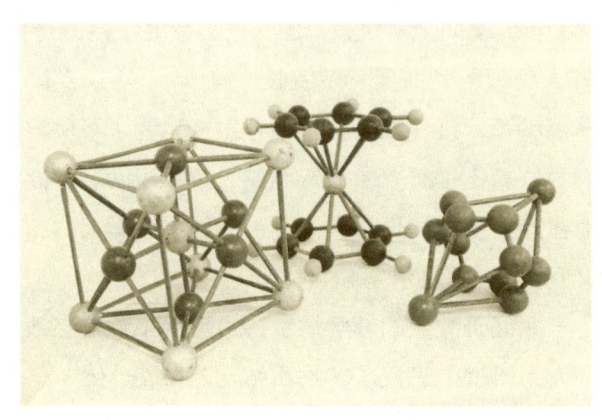

图 2-4 张乾二等制作的分子、晶体模型（20 世纪 50 年代。苏培峰摄于 2013 年 10 月，存于厦门大学化学系）

卢嘉锡为张乾二等研究生安排了"书报讨论"、"生产实习"和"教学实践"等综合性的信息与技能的实践课。对于"教学实践"，物构教研组执行相当严格的"试讲"制度。当时张乾二等研究生担任本科生"普通化学"的实验指导，卢嘉锡要求研究生先做一两遍实验，然后进行"试讲"。卢嘉锡必定全程听取，并对每个实验细节进行提问和检查，对于板书的字体大小、布局都一一指导。而所有参加辅导的研究生都要在旁边旁听同学的"试讲"，达到共同提高的目的。

张乾二还担任卢嘉锡"物质结构"课的教学辅导。当时的"物质结构"课程安排两个学期，每学期 72 学时，内容涵盖量子力学基础、原子结构、原子光谱、群论与对称性、分子结构、分子振动与光谱、X 射线衍射、晶体结构。卢嘉锡上课生动活泼、深入浅出，学生十分喜欢。他不仅重视课堂教学，也重视课堂实习与习题练习。他觉得学习物质结构，需要空间想象力，所以设计了一种打孔器，可以夹住木球，旋转任意角度，用这个机械来制作分子模型和晶体模型。学生不仅从讲义上了解分子结构，还可以用手摆动这些分子、晶体模型，对于它们的空间排列、原子间的配位情况，一下子就掌握了。张乾二用这打孔器做了不少分子模型与一些晶体模型，后来还培养了一个教辅做模型。为了使学生加深对称性的理解，卢嘉锡还从外地订购了一套木制多面体模型。有些是正多面体，更多的是多面体这里削去一个角，那里减少一个顶点，使多面体的对称性急剧下降。卢嘉锡讲完对称性，张乾二就带领学生看木块模型，寻找对称轴、对称面……

当谈到当研究助理的情况时，张乾二回忆道：

> 当时不是叫"研究生"，叫"研究助理"。我们出来不是专门念书的，而是要做助教的工作，同时只拿助教工资的一半。开始毕业的时候我们的工资是二十八元，后来升到三十二元，一直到1954年研究生毕业后才拿到助教工资四十几元。①

言传身教　潜移默化

卢嘉锡在国外用 X 射线衍射仪检测晶体结构，做了大量的科研工作。但回国后，国内先是内战，新中国成立后，又要抗美援朝，经济十分困难。没有资金购买大型仪器，卢嘉锡就教学生用简单仪器来观察晶体。据卢嘉锡1956届研究生胡盛志回忆："当时化学系有两台测角仪，就是光学的量角器———一个晶体像镜子一样，一束光照射进去，它就会反光。这样转动就可以测量晶体晶面之间的角度，叫量角器。这个设备大概是来自于

---

① 张乾二访谈，2012 年 11 月 26 日，厦门。资料存于采集工程数据库。

图 2-5　欢送张帆赴苏深造（1955 年，前排左二起李法西、陈国珍、卢嘉锡、张帆，二排左起张乾二、田昭武、胡盛志，卢嘉锡家属提供）

矿冶系，1952 年院系调整，矿冶系从厦大调整出去，这仪器就到了化学系。研究大块的晶体，就是从外形测量它的晶面角度。"①

物质结构教研组除了这个量角器以外，还有偏光显微镜。在这个偏光显微镜下，可以分辨这个晶体是单晶还是多晶。有机组的老师合成出样品，培养出晶体，并进一步拿到了单晶。拿到单晶之后，学生就在量角器上测量单胞的角度。但是要进入微观结构的时候，缺少 X 光设备，测定不了内部结构，卢嘉锡就教学生可以在偏光显微镜下面观察晶体。对于鉴定是单晶还是多晶，偏光显微镜是个非常有利的工具。后来张乾二的师弟胡盛志出国时，国外学校里的科研人员合成出来的一批样品中有各种副产品，挑不出单晶来。胡盛志在偏光显微镜下一看，一下就挑出哪个是单晶了。

卢嘉锡不仅教导研究生掌握科技知识，还将他炙热的爱国之心感染给学生。他说："印度很早就有人获得诺贝尔奖——发现分子光谱的拉曼，但是印度现在的科学水平怎么样？所以不是说这一个得到诺贝尔奖的就怎么

---

① 胡盛志访谈，2013 年 5 月 5 日，厦门。资料存于采集工程数据库。

样了,而要看整个国家的这个科技水平。那怎么才能把水平提上去?首先就要搞教育,我们每一个人都要努力培养人才。"[1] 卢嘉锡的这个思想是非常有远见的,并且他身体力行,让自己精心培养的研究生毕业后到教育比较落后的内蒙古、大西北去。

1950 年卢嘉锡在国内高校中首先创办了以物质结构为主的化学研究所,当年招收了郑作光、胡玉才两名研究生。1951 年又由学校自主招生第二届 2 名研究生,是张乾二与卢宗兰。1953 年卢嘉锡受高教部委托,招收了来自武汉大学的胡盛志,来自福州大学的庄启星、李宋贤、林景臻、陈元柱等 5 名研究生。同时还有来自全国各地的进修教师,如来自山东大学的张克从、四川大学的吴守玉、武汉大学的魏克全等。

后来,广州华南热带植物研究所进口一台东德产的 VEM 型衍射用的 X 光机,要求厦大派人帮助安装。该机是我国南方最先拥有的第一台衍射用的 X 光机,学校郑重其事地选派化学系系主任陈国珍教授和物理系讲师刘士毅前去帮助安装,陈国珍教授同时指导学生的生产实习。不料在运输和贮存过程中该机所配备的封闭式 X 光管的窗玻璃均已吸潮损坏而未能实现。陈国珍教授留学英国期间主要从事 X 射线多晶衍射研究,他便利用从国外带回的粉末衍射照片,指导学生学习分析其组成的方法。

研究生与进修教师都住在丰庭(三)宿舍,不是左邻右舍,就是楼上楼下。当时新中国刚成立,大家都十分珍惜能有这样的学习机会。白天听课、做作业或带实验,晚上挑灯夜读。人人胸怀大志,为祖国科学的明天发奋学习。当时厦门交通十分不便,既没有飞机、也没有火车,海路因台湾海峡被封锁,只能走公路和内河航运,因此外地的学生寒暑假也难以回家。中秋节时,卢嘉锡请研究生们到南普陀吃炒米粉,过年时又把大家请到家里,品尝夫人做的厦门年糕。

作为严师益友,卢嘉锡对学生要求非常严格,不论在课堂或实验室,他处处注意以身作则、言传身教,一心培养学生成才。卢嘉锡 1930 年考入厦门大学理学院算学系。第二年(即 1931 年),张资珙教授来校,任理

---

① 张乾二访谈,2012 年 11 月 26 日,厦门。资料存于采集工程数据库。

学院院长兼化学系系主任。受张资珙的影响，第二学期开始，卢嘉锡即转入化学系。① 在听课时，他听到张资珙的一段格言，并牢牢记住，此后卢嘉锡也常常引用这段格言，谆谆诱导自己的学生："一个有出息的科学工作者要用 C_3H_3 这个化学结构式来要求自己"，他称之为"化学键分子式"。其内容是：Clear Head，清醒的头脑；Clever Hands，灵巧的双手；Clean Habit，洁净的习惯。

以上三句英文短语中的前后两个单词词头分别都是"C"和"H"。卢嘉锡用自己的经历和科研与教学实践得到的结论，来引导后来者认识到，一个有理想抱负，献身于科学文化的科学工作者，都应该自觉地培养自己应有的道德与学问，提升自己的素质。

张乾二在回想这个"化学家分子式"时，认为这个奇特而有趣的结构式确实对自己也很有启发和警醒。卢嘉锡常教导年轻学生"什么才是科学工作者的科学道德和真正的学问"。张乾二对此深有感受，他歉疚地说"卢先生的严格要求，我都没有做好，真是愧对恩师"。他回忆道：

> 卢先生要进 X 光室，我们都非常害怕，因为我们实验台东西都乱放，得赶快整理清楚。他会批评说"实验室里东西这么糊里糊涂的，怎么能当科学工作者？"以前他批评我们很厉害，但是我们系里现在留下来许多的教师都没有做到这一点。卢先生是一个手脚很伶俐的人，他是一个精细的实验工作者。②

卢嘉锡对无机化学、有机化学都十分熟悉，化学直觉性很强。他的"理论与实验、化学与物理、结构与性能三结合"的治学方针对张乾二的学术思想影响很深，这也成为他日后从事科学研究和教学工作的座右铭。在研究生学习期间，张乾二在卢嘉锡的悉心指导下做实验解结构，如鱼得

---

① 1930 年卢嘉锡进入厦门大学读书时，受时任理学院院长、化学系主任张资珙（1904—1968）影响而选择化学方向。《中国现代科学家传记》，第一集，北京：科学出版社，1991 年，第 234 页。

② 张乾二访谈，2012 年 11 月 26 日，厦门。资料存于采集工程数据库。

水，获益甚广。[①]

1954年7月，张乾二、卢宗兰研究生学业期满毕业，校长王亚南等校领导特意到化学研究所欢送他们。

图 2-6 欢送厦大化学研究所毕业同学留影（1954年7月1日。前排左起邓子基、黄良文、刘清汉、张乾二、胡体乾、王亚南、卢嘉锡、卢宗兰、潘天顺后排左起黄衍炮、陈可焜、陈元柱、胡盛志、庄启星、林景臻、李宋贤、林克明。厦门大学化学化工学院院史资料）

[①] 王芳：爱到深处无怨尤——记量子化学家张乾二。见：《科技闽星谱》。福州：福建科学技术出版社，1996年，第47页。

第三章
走上高校讲台

留校任教　走上讲台

卢嘉锡在化学系当主任时，要求本科刚毕业的新教师必须专门指导实验一年以上，然后才能同时指导实验和辅导教学。这样锻炼一二轮后，才能主持习题课；研究生毕业的新教师可以同时指导实验、辅导和主持习题课，经磨练两三年才能讲授部分章节，经认可以后才能单独上讲台讲大课。卢嘉锡已升为理学院院长，这些规定仍然执行。

1954年7月，张乾二完成了研究生阶段的学习、留校工作，担任化学系助教。开始时，系里安排他到生物系指导学生实验课。

1954年7月，张乾二完成了研究生阶段的学习，留校工作，担任化学系助教。开始时，系里安排他到生物系指导学生实验课，并为讲师周绍民在生物系开设的"分析化学"课作辅导。他回忆说："卢先生总是在实践的过程中、当助教的过程中培养我们。我研究生一毕业，在陈国珍先生的化学课上当助教，还辅导过数学课、化学实验……所以我们是在比较困难艰苦的条件下，成长锻炼出来的。"①

早在研究生阶段当研究助理时，卢嘉锡就曾如何带实验课进行过训练。张乾二拿着生物系化学实验课教材，到实验室先查看仪器设备，包括试管、烧杯、铁架台等是否完好，数量是否齐备，然后对照实验课程，将一个个实验先做一遍。回到宿舍后，他再仔细编写每个实验的讲解提纲、实验报告要求和注意事项。对于"分析化学"课程的辅导，张乾二除了每次上课必须随堂听课，做好笔记，课后认真批改作业，还要进行课后答疑。过一段时间，若发现学生在作业中一些共同问题，就要找时间上习题课。临近考试时，张乾二通知学生习题课与集中答疑时间。主讲教师出完考卷后，张乾二先做一遍，看时间够不够、题目有没有差错，再送学校印刷厂找专人印刷。考试监考完，张乾二与主讲教师一起改考卷、登记分数；然后写出试卷分析，既要做出分数分布，还要指出学生在某些知识点的问题，以利今后的教学，送教务处归档。

新中国成立初期，我国高等教育水平与国际差距较大，化学系开设的课程大多限于"无机化学"、"有机化学"、"分析化学"、"物理化学"和化工等一般课程，少有开设在原子、分子水平的"物质结构"、"量子化学"等。为了赶上国际先进水平，国家高等教育部于1953年夏季邀请厦门大学卢嘉锡和东北人民大学（今吉林大学）唐敖庆②两位教授，在青岛举行暑期物质结构讲习班。唐敖庆讲授"量子化学基础"，用数理方法解释化学理论，使深奥的理论变得可亲可近；卢嘉锡讲授"结晶化学"，用晶体的原子、分子结构说明它们与性能的关系，使化学性质变得有理可循，多姿多彩。

青岛讲习班办得很成功，卢嘉锡与唐敖庆在国内学术界声望大增。高等教育部认为这种讲习班效果很好，决定第二年在北京大学再次举办。这次报名参加培训的人数比预计多出一倍，讲习班改为平行两个班，担任主讲的除卢、唐两位外，还增加了吴征铠和徐光宪。张乾二虽然没有去青

---

① 张乾二访谈，2012年11月26日，厦门。资料存于采集工程数据库。
② 唐敖庆（1915-2008），理论化学家、教育家和科技组织领导者，是中国理论化学研究的开拓者，曾任国家自然科学基金委员会首届主任。时任吉林大学教授。

岛、北京，但也听卢嘉锡讲述了两个班的学习气氛和人员盛况。以后，外校一些化学教师慕名来厦大，进修物质结构和一些实验课。在厦时间较长的有山东大学张克从、蒋民华，四川大学吴守玉。

1956年厦大化学系接到高教部通知，暑假期间邀请德国理论化学专家在吉林大学讲学。这是一个学习的好机会，卢嘉锡安排张乾二去长春学习。6月底，张乾二从厦门出发，当时厦门还没通火车，台湾海峡封锁不能行船，他先坐长途汽车到福州，然后买第二天去南平的内河船票；在福州住一宿后，清早乘船沿闽江逆流而上，傍晚才到南平，再住一宿；第三天再乘汽车翻越闽浙赣三省交界的武夷山脉，来到沪广火车线上的上饶；从上饶坐三十几小时的火车到上海，再换向北的火车，坐二十多小时到天津；下车后再换出关的火车，火车在东北平原上跑得快，一夜就到长春了。因为讲习班学员是住暑期学生宿舍，还要自带铺盖。张乾二回忆当时的情景说，一个人出门，又要带一大卷铺盖，转车转船走五六天，十分辛苦，幸亏当时年轻。①

来到长春后，德国专家还没来，唐敖庆就利用暑期给学生、进修教师讲授"物理化学"和"统计力学"。张乾二早就知道唐敖庆与卢嘉锡一起举办全国物构培训班的事，这次有机会来长春，要好好把握这次学习的机会。虽然他在厦门大学已经学过这两门课，掌握了这些知识，但作为教师来听课，主要是听听唐敖庆如何处理这些教材的。如热力学三定律如何分配学时，一些重点、难点如何讲述；特别是物理化学中的"熵"，要如何讲能使学生更容易理解。"统计力学"也是一门难讲的课，张乾二注意唐敖庆如何讲述学生较难理解的"概率"概念。唐敖庆讲课的特点是纲举目张，对新引入概念的来龙去脉略作介绍，让即使前面没听课的听众也能很快进入课程。对于重要的定理、概念，他会多次提及，一次比一次深入，使听众温故而知新。唐敖庆眼睛高度近视，上课基本不看讲稿，根据腹稿完成两三节课的内容，涉及的公式、理论无一差错。

等了近两个月，德国专家才来到长春。德国理论化学家以为中国学者

---

① 张乾二访谈，2012年11月26日，厦门。资料存于采集工程数据库。

对量子力学尚未涉及，因此选择了很浅显的讲课内容，讲述量子力学解氢原子、氢分子等内容。其实国内来参加暑期讲习班的听众，大都有一定的量子力学基础，本想听德国专家讲一些高深些的知识，没想到等了两个月，却是听一些量子力学基础知识，未免有些遗憾。张乾二想，好在听了唐老师两个月的课，才没枉来长春一趟。

研制 X 射线衍射仪

回到厦门后不久，卢嘉锡听说中国科学院物理研究所在所长带领下研制 X 光衍射仪，觉得这是一个学习的大好时机。他派青年教师张乾二、黄金陵和物理系擅长电子线路的教师刘士毅、吴伯禧等前往学习，由张乾二带队。从厦门到北京，同样是车转船、船转车，再火车转火车，用了五天才到北京，在靠近中科院物理所的民族饭店住下。中科院物理所当时正在研究仿制英国的 X 射线发生仪。当时的 X 光机，是在 10—6 mm 汞柱真空度的封闭管内，用 30—60 KV 的高压电子轰击阳极金属靶面，金属原子内层（K 层）电子被轰击出来，外层电子（L、M 层）回去填补，发出某种频率的 X 射线。由于金属 K 层与 L 层、M 层的能级差是恒定的，因此 X 射线的频率也是一定的。但实际的电子跃迁很复杂，L 层与 M 层填补发出的射线也略有不同，所以产生的 X 射线还要通过一个滤波器。不同的金属会产生不同频率的 X 射线，例如常用的铜靶，X 射线频率为 1.54 Å，钼靶频率为 0.71 Å，铁靶的特征频率为 1.94 Å。张乾二一行到北京后，主要跟着陆学善等研制人员，学习如何调制 X 射线发生器、X 光管、滤波器、接收器等；物理系老师则更关注电子线路、机械设备；张乾二等还向物理所陆学善学习使用光学测角仪等。

青岛和北京的两次讲习班成功举办后，全国各地不少高校都慕名到厦大求教，化学系以卢嘉锡为首的一批教师负责接待。当时山东大学的张克从、蒋民华，武汉大学的焦庚辛、魏克全和四川大学的吴守玉，杭州大学的董倩等来厦大，还有福州高校的教师，主要听取卢嘉锡讲授"量子化学"、"现代晶体学"课程。卢嘉锡、陈允敦带领青年教师张乾二、张炳楷和上述来校的教师一起探讨用X衍射仪测定晶体的技术。这时也正是担任助教的张乾二初显身手的好机会，他既做教学辅导，也要指导学生和来校进修的教师做实验。

张乾二在回忆这段经历时说：

> 卢先生当时给他们上结晶学、量子化学，还有做X光实验，这些都是我在做辅导。所以那时候我学了一些实验方法，就是如何使用X光机和观察晶体。我记得那时候卢先生很欣赏我的一件事：当时中科院华南植物研究所想请他测定天然橡胶的结构，需要使用回摆法X衍射仪，卢先生就想自己设计一个摇摆照相机。我们研究晶体、单晶照相时要旋转，有一种要测量、比较相角这一类测试小角散射的仪器，晶体只在一个小角度里摆动，但是需要定速。当时吉林大学一位学物理的系主任在国外设计了一个定速摇摆照相机，造成轰动。卢先生就跟我讲，我们自己也来设计摇摆照相机。他说他记得摇摆照相机是一个偏心轮，在中间定速地旋转，叫我去想这个数学公式，怎样做偏心轮。我最后终于把公式找出来了，卢先生非常高兴。那时参加摇摆照相机的设计人员有陈元柱、李宋贤等。[①]

X射线测定晶体结构有几种方法，劳埃法用白色X射线，晶体静止、胶片在X射线垂直的平面摆放，收集衍射点，测定单晶结构；回转法用特征频率X射线，将晶体进行旋转，还在一定角度范围内（5—15°）进行摆动，胶片围绕成圆柱形，处于静止状态，收集衍射线在胶片上的感光点；魏森堡法是将主要晶轴与回摆轴重合，用特征X射线，得到的衍射层线为直线，然后通过层线屏，屏蔽掉一些衍射。摄谱时，晶体绕轴回摆几十度，底片同步往返平移，层线屏不动，得到几何排列的衍射图案；还有一

---

① 张乾二访谈，2012年11月26日，厦门。资料存于采集工程数据库。

种旋进法衍射仪，克服了魏森堡法中倒易点阵变形的缺点，旋进法把衍射点一层层不变形地记录在底片上①。

当时的X光衍射仪由两部分组成，一是产生X射线的仪器，另一部分是接受晶体衍射后图案的照相机。解放初期实验条件十分困难，卢嘉锡虽然对在国外学习的X射线衍射仪使用十分娴熟，但苦于现在没有经费购买衍射仪，无法开展科研工作。他向教育部打报告要求国内有多余或闲置衍射仪的单位能否支援厦门大学，同时自己积极组织研究生研制X衍射仪。他将学生分成两部分，一些研制X光机，另一些研制接受衍射图案的照相机。后来中科院华南植物研究所支援厦大两台东德生产的小型VEM X光机，可产生特征X射线，卢嘉锡就把一台X光机给物理系使用，另外一台留在化学系。

但是当时一台X光机是不够用的，于是卢嘉锡向生产X光透视用的仪器厂——上海医疗器械厂订货。他们生产的X光发生器体积很大，跟东德的X光机不太一样：东德的是封闭式的，将灯泡似的X光管插

图3-1 卢嘉锡在晶体衍射实验室中讲解（1956年。左起为李宋贤、张克从、胡盛志、卢嘉锡、张乾二，厦门大学化学化工学院院史资料）

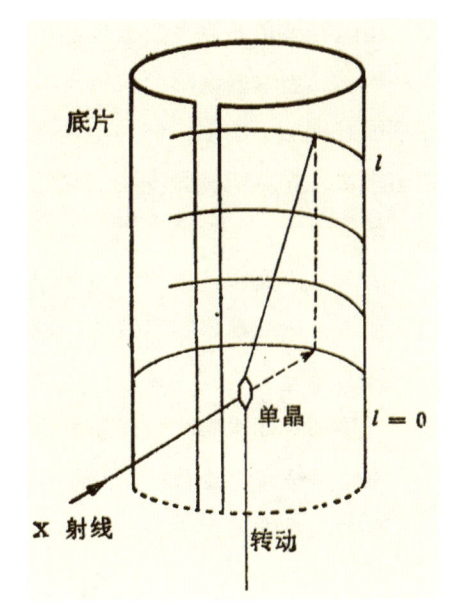

图3-2 回摆照相机转动晶体装置示意图

---

① 柏基意（Бокий Г. Б.）、巴赖柯希志（Порайкошиц М. А.）著：《伦琴射线结构分析实用教程》，施士元译。北京：高等教育出版社，1958年。

入,就产生出 X 光;而上海医疗器械厂生产的 X 光发生器一定要求抽真空,只有当真空抽到一定程度后,才能打出 X 光。而厦大的真空泵不够好,研究生为了抽真空,吃了不少苦头。卢嘉锡告诉研究生们:"在欧洲如果能用一台老的实验设备、仪器,做出一流的数据与结果,是最令人佩服的,这是欧洲的传统;但在美国则不一样,一定要用新仪器。"[1]

卢嘉锡想起在国外用过的回摆照相机(也称小角散射照相机),基本原理是用一个偏心轮带动晶体在一定范围内摇摆转动,可强化衍射线的感光。但在介绍回摆照相机的书上只有两张图,介绍 X 射线在照相机里的衍射线路。书上只介绍道[2]:相机上带有凸轮操作的机械装置,凸轮除了在回摆范围的两端不可避免的不连续外,其余时间角速度是均匀的,它能够使相机在几度的范围内(通常是 5°、10° 或 15°)回摆晶体。卢嘉锡就让张乾二想办法设计这个图纸。张乾二先寻找出表达偏心圆曲线的数学公式,再结合照相机尺寸的大小,算出具体的图纸尺寸,最后将图纸绘制出来。卢嘉锡看到张乾二把摇摆照相机的图纸画出来了,感到非常高兴。接着,由陈元柱负责联系厦大仪器厂加工,并向加工师傅说明图纸的具体细节和要求。当时厦大附属仪器厂有一位技术员师傅心灵手巧,能将送去的图纸很好地加工出来,但并不能一次成功,都要经过反复的调试。凸轮加工出来后,先从机械角度测试它的回摆角度,达到要求后再进一步加工其它机械。

后来,卢嘉锡经过努力也为厦大争取到一台东德生产的 VEM 型 X 光机,使厦大化学系具备了做 X 射线衍射实验的初步条件。当时大家把这台仪器视若珍宝,将其安装在旧化学馆三楼,在一楼还专门为它建了防弹储藏间,屋顶有厚水泥和数尺厚的沙层保护。在当年反空袭斗争的紧张时日里,常常是做完实验后就要把这台仪器抬到储藏间加以保护。

在很艰难的条件下,卢嘉锡带领张乾二、陈元柱等年轻教师与在读研

---

[1] 胡盛志访谈,2013 年 5 月 15 日,厦门。资料存于采集工程数据库。
[2] 弗林特(Флинт Е. Е.)著:《结晶学原理》,杨朝梁译。上海:商务出版社,1954 年。Caroline H, Gerard D Rieck, Kathleen Londsdale:International Tables for X-Ray Crystallography. International Union of Crystallography, The Kynoch Press, 1959 年。

究生，利用一切可利用的条件，自己动手制造仪器设备，学习测定晶体结构。这批研究生毕业后，他还把他们送到祖国各地，有的到内蒙古、有的到兰州、有的到郑州、有的到武汉，让他们把结构化学的种子带到祖国各地开花结果。

海防前线大学的教学

上世纪50年代，台湾海峡两岸处于敌对和交战状态，海防前线城市厦门与蒋介石军队占据的大小金门等岛屿仅一水之隔，频受蒋军的空袭和炮击。厦门大学位于厦门岛东南侧，与蒋军占领的大担、二担等岛屿正面相对。厦大校园处在金门蒋军的大炮射程之内，不时遭到袭扰，成为全国独一无二的"前线大学"。

为了坚持前线斗争，厦门大学于1951年2月成立了防空指挥处。防空指挥处成立后，积极投入战备工作：组织全校师生修整大南新村两个防空洞（均靠近南普陀寺周边山体）以及原数理、化学、贸易等系所开的防空壕，后又在校园各处增开了防空壕。

厦门大学校舍因多次受到炮弹袭击，个别教职工和学生受伤，学校正常的教学和生活秩序遭受破坏。厦大党委根据"时紧时松"的斗争规律和形势的变化，提出了"敌紧我松，敌松我紧"的对策，制定了两套教学工作方案，即斗争较松时的第一方案和斗争紧张时的第二方案。由于蒋军空袭频繁，为避免人员伤亡，实施第二方案，把师生的教学与生活安排在防空洞里，实行三部轮换，每部四节一贯制，即上午文科、下午财经，分配在防空洞里上课；晚上理科各系分散在靠洞的安全地带上课。每周上课限24小时，实验课、课堂讨论酌情减少，星期天作为补课时间，体育课采取分散、就近、分组的办法进行。

师生在防空洞内学习和生活十分艰苦。防空洞低矮狭窄，阴暗潮湿，睡不安稳，开始时有的学生难以适应。经过时事政策教育，使他们坚定信心。教师不顾危险，坚持上课。在频繁的敌机空袭中，不少教师还背着参考书进出山洞备课。有时在洞口上课，地面高低不平，老师就在树干上挂上黑板，顶着烈日，戴着斗笠讲课。10月份之后，敌机空袭较少，学校开始实施教学第一方案：师生全部在课堂内上课；实行二部制，文财科在上午上课，理科各系在晚上上课，部分课程安排在下午，实验课基本恢复。到11月中旬，在人民解放军炮火的反击下，敌机空袭大大减少。学校恢复了白天上课，恢复实验课与体育课，教学和科研工作趋于正常。

1958年中东危机发生后，蒋介石军队一面加紧修筑金门、马祖工事，一面出动美援的战机对福建沿海进行频繁的空袭轰炸，台湾海峡再次进入战争状态。从8月23日至10月6日，中国人民解放军奉令向金门发射炮弹数十万发（史称"8·23"炮击金门），全面封锁了金门岛的蒋军阵地和飞机场。处在海防前线的厦大师生再次经受了空前规模的炮战洗礼。

在激烈的炮战中，厦大宣布成立了"厦门大学民兵师"，由校长王亚南和副校长张玉麟分别担任正副师长，党委书记吴立奇、副书记未力工任正副政治委员。民兵师下设理科、文财科、工科3个团13个营，化学系民兵编入第四营。化学系同学一般住学生宿舍"芙蓉第一"楼，每个年级各有一个学生民兵班组成民兵警卫连，驻在建南大会堂。炮战时，普通同学进坑道以策安全，警卫连则负责护校。从厦门大学医院（即紧靠大海的"成伟楼"一带）到白城海滨的海岸线，是厦大民兵师承担的军民联防哨，每天晚上由同学轮流站岗放哨。军民海防哨一直延续到20世纪70年代末期[①]。

面对着战时状态的台海局势，厦门大学校方决定，将"大跃进"时期新建的厦大化学工程系和化学系物理化学研究所迁到漳州市。张乾二作为理化所的年轻研究人员，带着他曾经教过课的三位高年级本科生一起，到漳州去开辟新的科研课题。

---

① 厦门大学化学化工学院：《任重道远、继往开来——纪念厦门大学化学学科创建90年暨化工系创办20年》。厦门：厦门大学出版社，2011年，第42页。

尝试在水溶液中培养晶体 ①

化学系的物理化学研究所和化工系，在1958年"8·23"炮击金门的战火后，暂时迁到漳州办学。全国正在大跃进的热潮中，卢嘉锡考虑"物质结构"这个专门化如何为大跃进添砖加瓦。根据当时条件，他想到物构组可以在水溶液中培养晶体，但目前国内还没有人进行这样的工作。因为卢嘉锡没有培养过晶体，没有直接的经验，在查阅有关文献后，他拿了一本巴克利（H. E. Buckley）著的《晶体生长》（*Crystal Growth*），找到理化研究所的张乾二和张炳楷两位青年教师，与他们一起讨论。而晶体培养有许多方式，可以从溶液中培养，也可用水热法让晶体生长，还可从熔体中生长晶体，用火焰熔融法培养宝石晶体。②

卢嘉锡对两位年轻教师说，我们还是先易后难，先从水溶液中培养晶体。卢嘉锡让他们带领当时刚念大三的本科生林连堂和另一位大四的学生共4人，一起到漳州设立"晶体生长实验室"，进行培养晶体的科学研究。林连堂③回忆道："实验室设在漳州实验小学，住在当地的天主教堂，三餐在龙溪专署（现漳州）食堂吃饭。我每天跟随张先生做实验，观察晶体生长，昼夜不分连续工作十几个小时。"④

怎么培养晶体？张乾二与张炳楷先好好读了一遍《晶体生长》的专著。晶体生长，外人看起来似乎简单，实际却很复杂。它涉及到热力学中的相平衡和相变，首先要了解培养晶体的相图；其次要了解晶体生长的成核过程，它涉及相变驱动力、临界晶核的形成能、核化速率等。整个培养过程更要研究晶体生长动力学；了解晶体形态与内部结构的联系、生长环

---

① 部分内容采自林梦海：《弄潮儿向涛头立——记著名理论化学家张乾二院士》，《中国科学报》，2013年12月27日。

② H. E. Buckley：Crystal Growth。US：Wiley，1951年。

③ 林连堂（1936-），1960年毕业于厦门大学化学系，后留校任教，在张乾二所在的物质结构教研室从事教学科研工作。

④ 林连堂：师恩感遇。《厦门大学报》，2008年8月13日。

境对晶体形态的影响；还要考虑溶质在溶液中的扩散过程、晶体界面的稳定条件等。还未培养晶体前，两位年轻教师先进行了一番理论学习。

要培养什么晶体呢？他们先查看了水溶性晶体的溶解度曲线图。不同物质在水中的溶解度有明显差别，有的晶体溶解度很大，如酒石酸钾钠；有的则很小，如硫酸锂；大多数晶体的溶解度随温度升高而增大[①]。张炳楷看到酒石酸钾钠的熔解曲线随着温度变化很大，心想这样可能比较容易结晶，就选择了它。当时完全是白手起家，加热水溶液要用很大面积的电炉，但那时并没有出售现成的异型电炉，大家只好采购一堆电阻丝，自己动手绕，加工成加热电炉。培养晶体需要二十四小时的连续恒温条件，但当时没有恒温炉，而且供电条件很差，经常断电，张乾二就把人员分成两班，轮流值班。

如何培养晶体，参考书上并没有具体工艺，完全得靠自己摸索。先配制过饱和的酒石酸钾钠溶液，再找一颗比较好的晶种，固定在旋转棒上，让晶种以某种速度缓慢匀速运动，随着晶体的生长，还要不断添加晶料，保持溶液处于过饱和状态。但是不知什么原因，酒石酸钾钠晶体一直长不出来，而恒温槽底部有时会有晶体析出，他们只好再去查参考书。《晶体生长》中提到，过饱和溶液在热力学上是不稳定的。奥斯特瓦尔德（W. Ostwald）首先提出过饱和溶液可分为"不稳过饱和"和"亚稳过饱和"。他把无晶核存在情况下能自发析出晶体的称为"不稳过饱和"，不能自发结晶的称为"亚稳过饱和"溶液。而迈尔斯（H. A. Miers）对自发结晶与过饱和度之间的关系进行了广泛研究，他测量了许多盐类的浓溶液，试图找出过饱和溶液中的不稳区与亚稳区的界限，即在溶解度曲线上方还有一条过溶解度曲线，可将过饱和溶液分为亚稳区与不稳区（这观点引起很大争论）。但无论过溶解度曲线是否存在，在过饱和区、靠近溶解度曲线，确实存在亚稳区。稳定区即不饱和区，不会发生结晶现象；亚稳区不会发生自发结晶，因此若将晶种放入亚稳区，晶体会在晶种上生长；不稳区溶

---

① R.H. Doremus、B.W. Roberts、David Turnbull：Growth and perfection of crystals。John Wiley And Sons，Inc.，1958年。

液会自发产生结晶现象。①

于是一切从头开始，过了几天，晶种开始慢慢长大，大家感到十分兴奋，这更加强了做下去的信心。大家轮班培养晶体，记录温度、浓度等数据。十几天后，晶体长到三四厘米了，大家发现其晶面有缺陷，这说明晶种一开始没处理好。张乾二认识到必须要严格挑选晶种，晶种上的缺陷会影响晶体生长；选好的晶种还要进行清洁处理，在加工过程中要事先溶去其表面损伤和多晶粉末。经过重新处理，晶种长了二十几天后，单晶长到了五六厘米长。看着晶莹剔透的晶体一天天长大，大家的心里都有说不出的高兴。林连堂回忆道：

> 我们搞水溶液培养晶体，要连续让这个晶体能长到最大，就要一天 24 个小时一直在轮转，看一个周期多少时间，所以天天看恒温槽里的晶体成长。当时张先生也很年轻，还没有结婚，和我们整天都待在一起。当时他是老师，我是学生，但他认真地做这个实验，仔细观察，从中还总结了很多规律，同时教我怎样搞科研，怎样培养晶体。②

在培养晶体的过程中，张乾二、张炳楷等人发现，选好晶种对生长晶体的质量关系极大，下种前晶种要预热以防炸裂，下种后要使晶种由微溶而转入生长。在晶体培养过程中，要小心控制溶液的过饱和度，尽量减少生长速度的波动性。在值班过程中，张乾二要求学生做

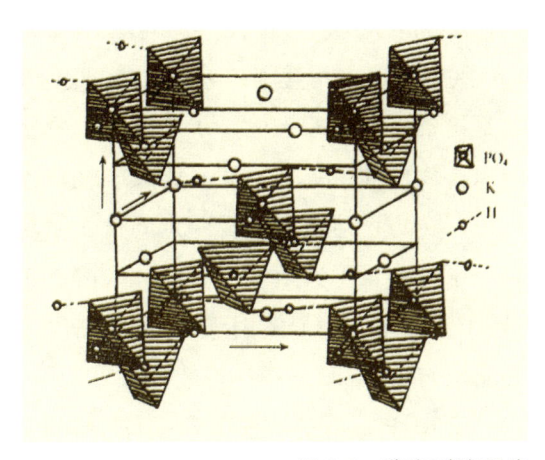

图 3-3　磷酸二氢钾晶胞

---

① R.H. Doremus、B.W. Roberts、David Turnbull：Growth and perfection of crystals。John Wiley And Sons, Inc., 1958 年。

② 林连堂访谈，2012 年 11 月 30 日，厦门。资料存于采集工程数据库。

好溶液浓度与温度的记录。他们还探索调整溶液的pH值，发现它也会影响晶体的生长。就这样，张乾二、张炳楷带领学生克服了一个个困难，在水溶液中培养晶体方面闯出了一条路。厦金炮战较平息后，"晶体生长实验室"迁回到厦门大学，在建南大会堂边的化学楼设了一间晶体室，后来又培养出氯化钠、氯化钾等荧光晶体。1959年，回到学校后条件好些了，卢嘉锡让年轻人颜明山也加入晶体组，跟着张乾二学晶体培养。据颜明山回忆，"张先生给我印象最深的是，他敏捷的思维创造力和高超的实验技术。"在张乾二的精心指导下，颜明山迅速成长起来了，身上也具有这些基本的学术品格，无论是理论基础或实验能力都达到了新的高度。①

在晶体培养过程中，张乾二发现饱和溶液的浓度保持稳定很重要，于是设计在培养槽上面加了环形圈，可使晶种在溶液中缓缓移动，使溶液保持均匀性；另一方面晶种又能绕着自己的晶轴进行自转。首先培养的是更大的磷酸二氢铵（ADP）和磷酸二氢钾（KDP）晶体②。该晶体PO_4^{3-}以四面体在晶胞中存在，金属离子位于底心与棱心位置。20世纪50年代，KDP作为典型的压电晶体，主要供给军队制造声纳，还兼民用的压电换能器材。到了60年代激光技术出现后，KDP晶体因有较大的非线性光学系数和较高的激光损伤阀值，被广泛用于制造激光倍频器。

在晶体培养过程中，张乾二发现饱和溶液的浓度保持稳定很重要，于是设计在培养槽上面加了环形圈，可使晶种在溶液中缓缓移动，使溶液保持均匀性；另一方面晶种又能绕着自己的晶轴进行自转。在引入晶种后，要防止溶液中出现稳定的自发结晶，因为一旦出现自发结晶，晶种就不再生长了。所以培养晶体的溶液也要进行清洁处理，达到"光学纯"（对光束无明显散射现象）。下种后，溶液要进行过热处理，消除不易发现的微晶。②

在KDP溶液中，存在K^+、H^+、OH^-、PO_4^{3-}、HPO_4^{2-}、$H_2PO_4^-$离子，溶液的pH值对晶体的生长也影响很大。经过摸索，研究组发现当pH在

---

① 林滨：《科技闽星谱——福建省王丹萍科学技术奖获奖者报告文学集（2）》。福州：福建科学技术出版社，2000年，第123页。

② 颜明山、苏根博口述访谈，2013年11月13日，福州。

3.5—4.5 的范围内，$H_2PO_4^-$ 离子浓度最大，对晶体生长最有利。晶体经过几个月的精心培养后，才能生长到二十几厘米大。由于晶体在生长过程中不停地自转，培养出的晶面才有棱有角、晶莹剔透。

厦门大学在水溶液中培养出晶体的消息传开后，山东大学派人来学习，包括以前来厦大进修过的张克从，以及蒋民华。他们与张乾二、张炳楷一起培养氯化钠、氯化钾晶体。虽然有了 ADP 和 KDP 晶体的培养经验，但氯化钠、氯化钾与前两种的培养工艺又不相同，它们虽然也可从溶液中培养，但生长速度很慢，需要从熔体中培养晶体。研究组虽然仔细处理了食盐晶体，升高温度使它呈熔融状，然后降低温度，提拉出单晶。但提拉出来的氯化钠晶体不透明，他们试着向熔融体中加一点稀硫酸，改变它的 pH 值后，情况有所改善。后来又经过多次试验，发现在溶液中参杂，加一点 Pb^{2+}，慢慢地就有透明的立方体晶体结晶出现。

张克从、蒋民华回到山东大学后，也建立了晶体室。张克从还大力开展晶体生长动力学的研究，包括晶体生长形态、输运效应、界面稳定性和生长动力学等多方面，20 世纪 80 年代初还出版了专著[1]；蒋民华则大力开展水溶液中的晶体培养。不久（1960 年），张炳楷、颜明山随卢嘉锡到中国科学院福建物质结构研究所，在物构所也建了一个晶体室，大力开展压电材料大口径磷酸二氢钾的晶体培养，为国防工业作贡献。后来物构所又培养出性能极好的激光晶体偏硼酸钡（BBO）。这两个地方后来成为我国重要的晶体培养基地，不仅满足国内生产需要，还大量出口到国外。物构所的吴新涛[2] 在介绍张乾二当年的工作时说："张先生是水溶液中培养晶体的祖师爷，当然卢先生是祖师爷的老师，他从理论上指导，真正培养是张乾二与张炳楷搞起来的。"[3]

上世纪 90 年代，张乾二从物质结构研究所卸任后回到厦门大学。他看到物构所培养非线性光学材料晶体，搞得红红火火，而厦大这个晶体培

---

[1] 张克从、张乐潓：《晶体生长科学与技术》。北京：科学出版社，1981 年。

[2] 吴新涛（1939- ），1960 年毕业于厦门大学化学系，物理化学家，1999 年当选中国科学院院士，从事结构化学和晶体工程研究。

[3] 吴新涛访谈，2012 年 7 月 2 日，福州。资料存于采集工程数据库。

养的发源地却无声无息，不禁感到十分遗憾。他询问教研组内还有谁能搞晶体合成与培养，但当时组内大部分中青年教师的科研方向是量子化学、理论研究，原来研究结构化学、结晶化学的一些教师都已退休，新一代还没成长起来，张乾二晚年想重振厦大晶体培养的心愿一直未能实现。

独当一面挑大梁

1958年，地处前线的厦门大学，不仅经历了"8·23"炮击金门的战火洗礼，还经历了国内的大跃进时期、福建高等教育的变革时期。福建省委提出要趁"全民大炼钢铁"之机，发展福建工业，为此要有相应的工科大学，以培养工程技术人员。因此，决定依托厦门大学的优势和实力，创办福州大学（初始校名为"福建工学院"），设化工、机械、电子、矿冶四个学系，当年招收新生648名。其中，化工系120名学生挂靠在化学系。

1959年，福建省委任命卢嘉锡为福州大学副校长兼福建物质结构研究所所长，并要求他立即赴任。1959年底，卢嘉锡毅然接受任务，前往福州赴任。1960年福建省委决定，原在厦门大学寄读的福州大学两届共一千多名学生，以及从厦门大学抽调支援福州大学的理科教师，全部开赴福州新校址，进行教学和科研工作。

卢嘉锡奉调赴任前，厦门大学为支援福州大学，提出了"要人有人，要物有物，把困难留给自己，把方便让给别人"的口号，化学系物构组原有的10名教师让卢嘉锡带走了6名，仪器设备也大多被调走。时任化学系党总支书记的刘正坤也全力支持援助福大的工作。她说，当时所需要的仪器，包括一些贵重的仪器设备，只要他们说要，都全部让给他们。但是，对于教学科研人员，考虑到物质结构教研组的存在和发展，她提出了"母鸡带小鸡"的意见，即要求组织上留下个别骨干教师，让他们为厦大化学系培养新人。于是，她向卢嘉锡提出，物构组张乾二不能走，让他留在厦大，将来物构组底下的"小鸡"（年轻助教）就可以让他来带。当年

图3-4 56级化学系物构专业师生合影（1960年，二排左四张乾二，厦门大学化学化工学院院史资料）

按理说，张乾二是卢嘉锡的高足，又是物构组教学和科研的骨干，可能被带走。可是经刘正坤一说，张乾二态度很好，没闹着要走，而是服从组织安排，留下来继续他的科学研究和教学工作[①]。

从1960年起，化学系物质结构研究组大部分人员已奉调赴福州大学。留下的副教授张乾二（1962年评定）和赖伍江、杨华惠等教师，与1960届毕业刚留校的林连堂、王南钦、王银桂等，组建了新的物质结构教研组。作为专业的主干教师，张乾二负责讲授"物质结构"和"高等物理化学"等课程。他讲授"物质结构"课程，条理清晰，深入浅出，并认真整理了该课程的教案。不久，此课交由年轻助教林连堂负责讲授，张乾二把完整的教案交予林连堂，并与他约定每章节的教学内容，一对一地试讲，精心培养他成为这门课程的主讲教师。

---

① 刘正坤访谈，2013年5月6日，厦门。资料存于采集工程数据库。

第三章 走上高校讲台

1958年大跃进时期，半导体是新兴的学科，非常热门，化学系试办了半导体化学专业，主要由物构组杨华惠等老师负责。1961年，张乾二还特地为该专业的学生开设"半导体化学"，后又为物理系五年级学生开设"半导体化学"。1961年起，按教育部新规定，化学系本科生学制改为五年。因此1962年新增设一门"高等物理化学"课程，系里一时难以找到合适承担这门课的教师。张乾二自告奋勇，接受了这门新课的教学任务。虽然是新课，但他有深厚的物理化学专业基础，且在接这门课之前，他已翻译出版了一部苏联出版的关于物理化学方面的学术著作，因此这时他要承担"高等物理化学"这门课，可以说在教学业务上是有相当基础的。但是真正要上好一门课，还要付出艰苦的劳动。他先借了几本国外关于"高等物理化学"的教科书，浏览这几本教材的大体结构，定出"高等物理化学"的主要章节框架，再对照每一节参考书细细阅读，吃透精神，然后写出教学大纲。

　　结合教学，张乾二开始进行科学研究。他先后为半导体化学专业与物理系学生开设"半导体化学"。从教学中他发现，一些有机化合物具有半导体性质，是与它们的结构有关，根据这些现象，他总结了一篇论文《有机化合物的半导体性质与其化学结构的关系》[①]，发表在《厦门大学学报（自然科学版）》。在"物质结构"教学与俄文专著《分子的结构及物理性质》的翻译过程中，接触了大量AB_2和AB_3型分子，由此总结出《AB_2和AB_3型分子键角变化的规律》[②]一文，也发表在《厦门大学学报（自然科学版）》上。

　　上世纪50年代末到60年代初，国家遭遇"三年困难时期"。在这期间，学校的办学条件和师生的日常生活也受到影响。但胸怀远大志向、意志坚强的张乾二在物质条件极其匮乏、身体条件欠佳的情况下，仍坚守在教学第一线，认真完成教学科研任务。卢嘉锡知道苏联专家凯塔（M. B.

---

　　① 张乾二：有机化合物的半导体性质与其化学结构的关系.《厦门大学学报（自然科学版）》，1961年第8卷第3期，第211-219页。

　　② 张乾二、林连堂、王南钦、王银桂：AB_2和AB_3型分子键角变化的规律.《厦门大学学报（自然科学版）》，1961年第1期，第68-73页。

ФКШТА）有一本很好的教材，高教部想把它引进国内供广大师生参考，他介绍张乾二参加俄文学术著作的翻译工作。1960 年 4 月，张乾二同韩德刚、沈文健、沈联芳共同翻译，刘若庄校对的《分子的结构及物理性质》（苏联专家 M.B. 伏肯斯坦著），由科学出版社出版发行。①

这本书是想向读者——化学家、物理学家介绍研究分子结构在物理方面的一些实验与理论方法，而这些物理性质又是建筑在分子的化学结构基础上。所以在前五章，用较大篇幅介绍化学结构理论：第一章，化学结构理论；第二章，门捷列夫周期律及微粒子的性质；第三章，化学键的本质；第四章，分子的空间结构；第五章，多原子分子中的化学键。张乾二翻译了前五章，这些内容基本在"物质结构"课程范围，对他而言应该是轻车熟路。

这本书的第二部分是讨论分子的物理性质，包括分子的电学性质、光学性质和分子的磁性质；第三部分是分子光谱：首先介绍双原子分子光谱，接着介绍多原子分子的振动和转动，然后讨论多原子分子的电子光谱；这些内容都有很强的实用性；第四部分讨论比较复杂的结构与性质的关系：包括物质的热力学性质与分子结构，化学反应理论的某些问题，复杂分子的发光，还有大分子的结构及物理性质。这部分内容已涉及当时的科学前沿。该书出版后，受到国内学术界，特别是高校物理化学专业师生的欢迎，1961 年 9 月马上出版了第 2 版。

指导年轻教师讲授"物质结构"

1958 年福建省筹建福州大学，中科院在福州筹建物质结构研究所（以下简称"物构所"），都要求卢嘉锡出任主要负责人，承担主要的筹建任务。化学系领导明白，他很快要带一大批人，特别是物构组大多数成员，

---

① M.B. 伏肯斯坦著，张乾二、韩德刚、沈文建、沈联芳等译：《分子的结构及物理性质》。北京：科学出版社，1960 年。

到福州去创业。因此，化学系在1960届物构专业毕业生中一次性留校4人，并提早安排，让他们进入物质结构课的辅导工作。1960年福州大学与物构所的土建工程竣工，卢嘉锡带领了物构组除张乾二外的大部分人员，以及化学系各教研组抽调的部分成员，支援福州大学与物构所。在厦大党委领导下，各系各单位都把支援福州大学当作光荣的政治任务，提出的口号是：要人有人、要物有物；把困难留给自己，把方便让给别人。化学系物质结构教研组共有10名教师，6名支援福大，其中4名是经过多年培养的研究生，教研组教学科研骨干。在图书仪器方面，他们也是拿出最好的来支援，如国内独一无二的X光晶体衍射仪，以及从20世纪40年代开始订阅的结构分析、结晶学杂志等图书期刊资料。

1960年秋，物构组只剩下张乾二与四个刚留校的毕业生，系里又从别组抽调了几位教师到物构组[①]。

1961年厦门大学贯彻"高教六十条"，系领导为了提高师资水平，决定在化学系为一些未修过"物质结构"课的教师补上这一课。系领导从这几个辅导教师中选择了助教林连堂。林连堂在大学时期就是年段的大班长，政治上比较成熟，头脑比较灵活，学习成绩也不错。但系里将这个消息告诉他时，他很紧张，虽说留校时就明确要当张乾二的助教，辅导"物质结构"，将来要接手讲授这门课。但他毕竟当助教才一年多，这门课才辅导过两轮。"物质结构"课是化学系所有基础课中比较难教的一门课。无机化

图3-5 厦大化学系新建的物构组（1961年。前排左起杨华惠、赖伍江、张乾二、俞鼎琼；后排左起刘添良、王银桂、林连堂、王南钦，厦门大学化学化工学院院史资料）

[①] 厦门大学化学化工学院：《任重道远、继往开来——纪念厦门大学化学学科创建90年暨化工系创办20年》。厦门：厦门大学出版社，2011年，第52-53页。

学、有机化学和分析化学大多是介绍许多宏观的实验现象和实验规律，有许多记忆性的东西；物理化学较难，因为是用物理定律解释化合物的性质、规律，但还是在宏观范围，看得见摸得着的；而"物质结构"这门课是深入到微观，用量子力学来讨论原子、分子里电子的运动情况，十分玄妙。林连堂跟了两轮辅导，只是熟悉了课程内容，但要解答一些疑难问题还不太容易。

系里为部分教师开设"物质结构"课，指派林连堂当主讲教师，让他感到非常为难。据林连堂回忆[①]，他对系党总支书记刘正坤和张乾二讲"怎么能够叫我去讲这门课，而且还是向老师讲"。他们则一再鼓励，认为这是他一个锻炼的大好机会："你不用担心，向老师讲更好讲。你是他们的学生，你讲好讲坏都无所谓。你能够把这个讲好了，那你不是好了嘛；讲不好，反正你是他们的学生，没关系。"所以林连堂也就抱着这样一种心态去向教师开课。当时系主任顾学民和潘容华等老师都来听课，特别是顾学民是每堂课都参加。因为是第一次讲课，林连堂胆子比较小，每次备课都把讲稿写得非常仔细，基本上把在课堂要讲的每一句话都写了下来，然后将讲稿拿给张乾二看。林连堂用蓝色钢笔水写讲稿，张乾二就用红笔帮他逐字逐句地修改。隔两三天，张乾二把改过的讲稿交给林连堂，并具体分析为什么要这样修改，指出问题的关键和讲授的重点、难点。改完以后，林连堂回来又重新再抄正一遍。那个时候年纪轻、记忆力比较好，所以林连堂基本上是背着讲稿上课，总算把这个学期课程的任务完成了。他现在回想起来，感慨地说："张老师为我备课花费的时间，比他亲自上课还多。"

1962年，系里进行教学改革，增加设置"高等物理化学"课程。系里原本没有人开设过这门课，张乾二便主动请缨由他来上。于是原来大学三年级的"物质结构"课，就改由林连堂讲授。虽然林连堂有了上次讲课的一些经验，但他毕竟是新教师，要面对一百三十几名大学三年级的学生，心里还是感到害怕。上次在教师、同事面前讲不好，甚至出点差错都能得

---

① 林连堂访谈，2012年11月30日，厦门。资料存于采集工程数据库。

到谅解，但在学生面前，情况就完全不同了，而且学生的课程设置时间要长得多。更何况大学三年级还有一门平行开设的基础课"物理化学"，主讲教师是全校讲课闻名的田昭武，两课同时开设，反差悬殊，又更使他心生畏惧。

张乾二再次表示要尽力支持林连堂。他与林约定，每章节至少进行两次一对一上课，即让林连堂先讲，张乾二听；然后张再讲给林听。他将黑板书写的布局应当怎样安排，画分子结构图应该放在什么位置，一些数字应该放在什么位置，都一一交代清楚。甚至是黑板上的数字什么时候该擦，什么时候不该擦，要留到什么时候才擦，他说这都是学问，都要研究，才能够让学生记得清楚、听得明白。同时张乾二还提醒林连堂："黑板上写了字，你人要马上离开这个位置，让学生有机会抄笔记。讲课时一定要面向学生，不能眼朝天看，声音一定要洪亮。"在张乾二的细心指导下，林连堂迅速地成长起来，很快成为受欢迎的主讲教师。张乾二以这样的方式，后来还培养了几位年轻教师。

参加"共振论"学术讨论

20世纪五六十年代，我国由于政治干涉学术，某些学科受到较严重的伤害。例如复旦大学生物系的遗传学，原来在国际上有一定名气。但因为当时认为，遗传理论中优秀人种与弱势人种的说法是为希特勒杀害犹太人制造舆论，因此遭到了批判。苏联生物学界中米丘林学派与李森科学派相互斗争，所有同意米丘林学说的学者能进入学术委员会，而反对的都被拉下马。在苏联化学界，对"共振论"的批判也很厉害，苏联科学院里以前的结构化学专家也因此全部被替换下来。张乾二认为："这样用行政命令学术的方式对科学的迫害很厉害，我们国家就是一个马寅初的人口论问题、一个遗传理论的问题。好在那个时候毛主席提出'百花齐放、百家争鸣'的双百方针，所以对这些的处理没有像苏联那么极端。本来厦门大学细胞学是很好的，但是因为批判遗传论，就把生物化学都丢掉了。"①

解放初的时候，苏联化学界在批判"共振论"，我们国内东北、北京对"共振论"也批判得很猛烈。卢嘉锡是"共振论"的提出者鲍林的学生，所以大家就关注他如何表态。1956年，王亚南校长作了关于"人口论"问题的报告，卢嘉锡也对"共振论"进行了表态。报告是在大礼堂边的老化学馆一楼的大教室内进行，不仅有化学系的师生，外系、特别是一些哲学系的教师也来参加。卢嘉锡虽然在报告前面随大流地戴了"反马列主义"的大帽子，但后面讲了很多共振论的科学价值、科学根据。当时马列主义教研组的一些人听完就说这是在"假批判真保护"。张乾二听完报告，反而被卢嘉锡的批判所感召，感到"共振论"是一个很好的化学理论，很有研究的必要。在这个启发下，后来社会上慢慢地对"共振论"也有不同的看法了。

上世纪60年代贯彻"高教六十条"，中央有领导人说了话，对苏联的东西也不一定要全部模仿，要提倡学术上的百家争鸣。物质结构教学小组的张乾二找林连堂、王南钦、王银桂等商量，要把对"共振论"的一些看法写出来。据张乾二回忆，"我以前在运动中经常受批判，那时候还敢写什么文章，胆子也是真够大的。估计那时候是张玉麟副校长支持这篇文章发表的"①。最后文章在《文汇报》发表出来了，在上海学术界产生很大反响，引起了一场对"共振论"的讨论。

张乾二写的《关于"共振论"的几点看法》发表在1961年8月31日的《文汇报》上②。文章共分四个部分：第一部分为"'分子的真实状态系共振于几个价键结构之间'的意义"：首先指出把经典的共振现象给予量子力学线性变分法现实的物理意义是原则上的错误。"量子力学共振"的概念是由于量子力学线性变分法近似解与经典力学振动的类似性而引入的。如果选择相应苯的凯库勒经典结构式的变分函数 ψ_1 和 ψ_2 作量子力学变分法的数学项，则苯的真实状态波函数 $\Phi = c_1\psi_1 + c_2\psi_2$，与两个频率相等的单摆产生共振，在数学上的表达形式是非常类似的，但它们的物理意义

---

① 张乾二访谈，2012年11月28日，厦门。资料存于采集工程数据库。
② 张乾二等：关于"共振论"的几点看法。《文汇报》，1961年8月31日。

是完全不同的。单摆是客观存在的，它们的共振也是现实的。而量子力学变分法中的 ψ_1 和 ψ_2，并不表示真实苯分子的定态，它只是近似计算中的一个数学项，而它们的线性组合 $\psi_1+\psi_2$ 才能粗略描述基态苯分子的真实状态。作者认为共振论者关于"分子结构系'共振'于几个价键结构之间"或"中间状态"的阐述，是表明分子结构的单一性。事实上，有机分子并不表现出它的所有"共振结构式"的化学性质，因此把"共振结构式"理解为反应的瞬时结构显然是不正确的。

第二部分为"'共振结构式'及其应用性"，文章首先讨论了"共振结构式"与经典结构式的差异，经典结构式是以化学实践为基础的、古典结构学说关于分子结构的一种表示。现代化学与物理实验都表明：对于非共轭分子，经典结构式相当准确地反映出分子的真实结构。虽然，对于共轭分子经典结构式表现出它的局限性和缺点，但是许多分子经典结构式近似反映出电子云的分布情况。例如丁二烯和氯乙烯的经典结构式为 $H_2C=CH-CH=CH_2$，$H_2C=CH-Cl$，它至少反映出丁二烯中 1，2 碳原子和 3，4 碳原子之间的电子云比较密，2，3 碳原子间的电子云比较稀。因此，在应用线性变分法计算分子中电子云分布情况时，相应于经典结构式的数学项 ψ 常是很重要的。

接着介绍"共振结构式"的选择是在经典结构式基础上，依"共振条件"和化学、物理实验知识而拟定的。文章指出，不能认为"共振条件"是人为的规则，它是有量子力学依据的。从量子力学的线性组合变分法可以证明，如果 ψ_1 和 ψ_2 的重叠积分和交换积分等于零，则线性组合 $\Phi = c_1\psi_1 + c_2\psi_2$ 将是无效的。因此，若"共振结构式"中核的相对位置、电子的分布及未成对的电子数不同时，由于重叠积分和交换积分很小或等于零，则 ψ_1 和 ψ_2 的"杂化"是无效的。另一方面，若相应于 ψ_1 和 ψ_2 的能量计算值相差很大，依线性变分法也可以证明，这样的杂化也是无效的。但是，如果不依据化学知识，单凭"共振条件"和量子力学计算，去确定"共振结构式"的数学项的重要性是很繁琐的。

第三部分为"共振论在应用上的局限性"。这部分举例说明"共振论"在解决化学结构问题遇到的困难：例如，共振论不能阐明三元环的芳香性分子带有 2 个 π 电子，而五元、六元、七元的芳香性分子带有 6 个 π 电子，且它也不能阐明环丁二烯与环辛四烯分子不存在芳香性。而这些问题，应用分子轨道法已得到满意的结果。另一方面，依"共振结构式"不能计算芳香性分子的磁性及其电子光谱，而分子轨道法则计算结果与实验相符。文章指出："共振论的困难在于它采用以经典结构式为依据的'共振结构式'，而且解决分子结构问题时不去探求键的电子性质，而只注意分子中电子云分布的某些特点。"

第四部分为"必须批判地继承共振论的一些科学成果"。文章比较了现有的几种研究分子结构的理论，共振论比古典结构式较真实地反映出分子中电子云的分布情况，但近年结构理论表明，经典结构要素的概念、二中心双电子间的概念，愈发显示出其局限性。价键法与共振论也表现出同样的困难。而分子轨道法在阐明分子中键的电子性质和分子结构的许多物理、化学性质问题上，应用范围日益广泛，但它还在发展阶段。在某些分子结构问题上，采用共振论的一些正确方法，应该是许可的，但应注意其科学方法论的一些错误和化学应用上的局限性。

文章还批评了国际上一些知名化学家，如有机化学家维兰德（Wheland）、结构化学家鲍林，不赞成他们用"习惯"、"方便"或"有用"来评价共振论。文章提出，"要用它是否真实反映出分子中原子间相互作用力的本质和形式，是否正确反映出分子中电子运动的统计分布规律和键的电子性质"去评价一个化学结构理论。

由张乾二等在《文汇报》挑起的这场讨论，持续了几个月。许多人认为，共振论是化学结构理论发展的一个阶段，它既有合理的内容，也有不足之处，因此既要持批判的态度对待它，但也不能把它说成一无是处。最后，《文汇报》将卢嘉锡发表在《福州大学学报》上的《略谈有关共振论的一些问题》[1] 的文章，作为这次讨论的总结。在文章前，《文汇报》编者按："本报今年 8 月 31 日曾发表张乾二同志的《对于共振论的几点看法》，不仅在我国化学界引起了普遍兴趣，而且自然科学界人士也认为，关于共

---

[1] 卢嘉锡：略谈有关共振论的一些问题。《文汇报》，1961 年 11 月 28 日。

振论问题,虽然我国化学界在 1953 年进行过讨论,现在进一步展开讨论,很有必要。对自然科学界进一步贯彻百花齐放、百家争鸣的方针是有好处的。为此,本报再发表卢嘉锡同志的文章。"

1963 年秋,南开大学受教育部委托,举办了"高等学校有机化学科学报告会"。会上一些学者对共振论的合理性和不足之处开展了进一步讨论,基本上澄清了一些认识问题。

"文化大革命"期间,自然科学的各个领域再次开展了"革命大批判"。化学领域也继续开展了对各种"唯心主义"思想和"共振论"的批判。尽管这一时期批判共振论的文章并不多,但有关批判内容却被写入了当时的大学教材。由吉林大学、辽宁大学、黑龙江大学等联合编写的《物理化学基本原理》下册,就设有"共振论及其批判"一节。

我国对化学共振论的批判,是从世界观和方法论方面进行的批判,本质上是一种哲学批判,是用哲学标准衡量自然科学理论。这些批判只是在哲学上给它扣上"唯心主义"和"形而上学"等帽子,对共振论本身的化学内容并没有提出建设性的意见。

从 20 世纪 50 年代末期至 60 年代中期,张乾二在厦门大学化学系"物质结构"方面的教学水平和学术成就已崭露头角。可以说,在卢嘉锡奉调赴福州履新,把厦大化学系物构组大部分人才和设备仪器调走之后,张乾二真正在"物质结构"的教学与科研工作中独当一面挑大梁,成为化学系的学术带头人之一。

编写"物质结构"讲义

早在 1946 年,抗日战争刚胜利时,卢嘉锡便从美国赶回来,率先在厦门大学化学系为本科生开设了"物质结构"基础课。新中国成立初期的 1953 年至 1954 年,卢嘉锡和唐敖庆等受教育部委托,两个暑假开办培训班,为全国高校化学系培养"物质结构"讲课教师。1957 年夏天,卢、唐及徐光宪、吴征铠在青岛编写"物质结构"教材，一个夏天四人分工合作，才完成初稿的一半。以后中国的政治形势发生重大变化，卢嘉锡与唐敖庆又承担了行政职务，再没有时间完成教材的编写任务。

1960年卢嘉锡奉命到福州组建福州大学和福建物质结构研究所。厦门大学化学系大多数教师也随迁福州，只剩下张乾二一人留守厦大化学系，他与刚留校的林连堂、王南钦、王银桂等组建了新物构教研组。为了给新教师提供讲课教材，张乾二根据卢嘉锡上课时的资料、内容，编写了这本"物质结构"教材。

教材第一章是绪论，首先介绍物质结构研究的对象及其在社会主义建设中的意义。物质结构是一门研究基本微粒以怎样相互作用组成物质，以及物质的内部结构及其物理、化学性质关系的学科。化学知识的积累与发展有三个主要方向，一是元素和化合物发生化学反应生成新化合物，它们的结构和性能等，这是无机化学和有机化学的范畴；二是化学过程的研究，这涉及化学平衡、化学过程与热、光、电等物理效应的联系，这是物理化学的研究范畴，其中原子间结合力的根源、如何预测原子形成分子的可能性，根据化合物的结构来预测它们的性能，这是物质结构学科的任务；三是按照资源和发展研究可能的工业化合成路线、解决一系列工艺问题，这是化工原理与化工工艺要解决的问题。物质结构理论的近代发展应从二十世纪算起，X射线发现开启了现代晶体学时代，衍射和光谱实验揭示了原子结构的秘密。应用量子力学不仅解决原子核外电子的运动规律，而且阐明了化学键理论中的共价键本质。最后讲义要求学员要以马列主义、毛泽东思想来指导物质结构学习，以辩证唯物主义来认识世界。

第二章量子力学基础，从光电效应介绍到光子的波粒二象性，再从电子的衍射实验证明微粒的波动性，从而推广到一切微粒的波粒二象性，并服从"测不准"原理。介绍量子力学的基本方程——薛定谔方程，以状态波函数描述微观粒子，它是薛定谔方程的解。以一维势箱中的自由粒子为例，从薛定谔方程可获得粒子的通解，再根据边界条件获得特解。而且粒子还有隧穿效应。

第三章原子结构的量子理论和门捷列夫周期律。首先介绍氢原子的薛定谔方程的解。由于氢原子是中心力场,将直角坐标(x, y, z)转换成球极坐标(r, θ, φ),进行变数分离,薛定谔方程分离为 R 方程、Θ 方程和 Φ 方程。解 Φ 方程获得磁量子数 m,解 Θ 方程获得角量子数 l,Φ 和 Θ 函数组合成球谐函数 Y;解 R 方程获得径向分布函数 R 和主量子数 n。然后讨论量子数取值的限制、类氢离子径向函数的图像与极值、球谐函数的图像与节面(即 1s、2s、2p、3s、3p、3d 轨道的形状)。接着将类氢离子推广到多电子原子,主要讨论核外电子排布。介绍了 Slater 的电子屏蔽规则,核外电子按照能量最低原理和 Pauli 规则排布。这章最后讨论了无机化合物的颜色与离子电子层结构的关系。d 轨道或 f 轨道未填满的离子,它们的激发态与基态比较接近,激发时能量差在可见光范围($13800 — 25000 cm^{-1}$),因此呈现颜色。还介绍了原子光谱及其在分析化学的应用。

第四章是测定分子结构的实验物理方法。讲义一开始介绍衍射技术在测定分子结构中的应用,包括 X 射线衍射、电子衍射、中子衍射。介绍了衍射原理、仪器设备及其应用。然后进一步比较了这几种衍射在分子结构测定的应用范围。第二节是讨论分子的电性及结构特点,首先介绍了各种分子的介电常数及极性分子与非极性分子,然后是计算分子的偶极距及其应用。第三节是分子、离子折射度的测定。第四节是物质的磁性及其结构,先从物质的磁性测定入手,然后比较了抗磁性与物质结构的关系、顺磁性物质与物质结构的关系。先介绍磁共振谱产生的原理,接着介绍核磁共振的基本设备流程,主要介绍影响核磁共振的两个因素:化学位移和自旋偶合。然后是核磁共振在有机分子结构中的应用,化学位移可确定各种官能团的存在,而自旋偶合则确定各官能团的相对位置。再介绍顺磁共振(也就是电子磁共振),由于电子磁矩远大于核磁矩,所以电子磁共振是在无线电频率下被观察到,包括电子自旋和轨道自旋两重磁矩。顺磁共振在游离基研究中十分重要。

第五章是化学键的理论基础。在第一节,张乾二提出结构化学研究的两个重要课题是:基本粒子怎样相互作用,形成物质;结构与性能之间的联系规律。不久前，张乾二刚对"共振论"发表了一篇批判论文，刊登在《文汇报》上。在第一节，张乾二对热拉尔的唯心主义结构观进行了批判，指出应坚持苏联布特列洛夫的唯物观点。第二节介绍处理分子结构的数学工具——量子力学线性变分法。第三节则以氢分子为例，说明电子配对理论（价键法理论基础），讨论了能量积分 H_{12} 和重叠积分 S_{12} 的意义。第四节则是用共价键理论讨论电子配对。讲义用氧原子分别与两个氢原子形成共价键组成水分子；氢原子与氯原子共用电子对，形成氯化氢分子；两个氮原子共用三个电子对，形成氮分子。……还有许多其它分子的组成，从而总结出共价键具有方向性和饱和性。第五节从 H_2^+ 正离子结构，引出双原子分子轨道理论。然后推广到 Li_2、B_2、C_2、N_2、O_2 和 F_2 等同核双原子分子。接下来讨论异核双原子分子结构。第六节则是用二中心定位分子轨道法讨论多原子分子结构。第七节介绍杂化轨道理论。讲义从许多常见分子的结构参数来验证中心原子 sp 杂化，形成线形分子；中心原子 sp^2 杂化，形成角形分子；中心原子 sp^3 杂化，形成四面体分子。还有 d^2sp^3 杂化，形成八面体分子，d^2sp 杂化，形成四边形分子。第八节内容是共轭分子结构。例如苯、丁二烯、丙烯腈、氯乙烯等，这些有机物的共轭体系，与有机物不饱和体系有很大的不同。在共轭体系，化学反应是以一个整体来进行。当将取代基引入共轭体系时，电荷密度沿着整个共轭键发生转移，且出现电荷密度大小交替分布。这节的后面，介绍了休克尔分子轨道近似，处理共轭体系，得到共轭 π 分子轨道及相关能量。

第六章是化学键理论在化学中的应用。第一节讨论多原子分子结构的两个基本特征——键长与键能。讲义先列举了有机物中 C-C 单键、C=C 双键、C≡C 三键及共轭碳-碳双键的各种键长；C-H、C-O、C-N、C-S 等单键键长，C=O、C=N、C=S 等双键的键长。分析这些键长得知，C-C 单键基本上是个恒量 1.54Å。典型键型中 A-B 键长可准确地表示为 A-A 和 B-B 键长的算术平均值 $r_{AB} = \frac{1}{2}(r_{AA} + r_{BB})$。如果把 r_{AA} 的一半看作 A 原子的"共价半径"，可得出键长的共价半径加和规律。这些规律不仅能预测一些键的键长，当键长发生重大变化时，还可做出键的性质发生重大变化的结论。这一节的第二部分是讲述键能及相关的规律。键能是与化学键上电子云密集度与键稳定性有关的物理量。双原子和简单多原子分子的键能可从光谱数据获得，较复杂分子键能是从热化学方法获得。从实验数据可知，对正烷烃，每增加一个 CH_2 基团，分子几乎增加相同能量。对于其它系列的有机物，也发现同样的实验规律。因而可得出一些键的键能在同系属的分子中是个恒量，存在键能的加和性。该规律在热化学上有重要的应用。第二节是一些简单无机化合物的结构。讲义从"锂和碱金属"、"铍和碱土金属"一个个族依次介绍。介绍"硼和ⅢB族元素"中，讨论了硼与卤素形成的 BX_3 共轭体系。还介绍了无机苯 $B_3N_3H_6$，化学性质与苯类似，而 BN 则与石墨性质相似。在 "C 和ⅣB 族元素"中，张乾二重点介绍了直线型共价分子 CO_2、C_3O_2 和 $(CN)_2$，又介绍了平面型共轭分子 COX_2（X=Cl、Br、FNH_2）。接下来是"氮和ⅤB族元素"，讲义首先介绍 AB_3 型分子的 A 原子不等性杂化，引起 NH_3 等分子的键角变化。再讨论氮的氧化物 NO_2 是 V 形结构、N_2O 是线形结构，而 N_2O_4 是平面型分子。特别讨论了叠氮酸 HN_3 结构，三个 N 呈线形排列，除了形成 σ 键，还形成 π 键。还讨论了磷的卤化物 PX_3 和 PSX_3。最后两族是"氧和Ⅵ族元素"、"卤素元素化合物"。第三节是介绍络合物和螯合物的结构。由于时代的限制，上世纪六十年代，分子轨道理论和价键理论对络合物的结构描述都不够完善，所以才有后来的配位场理论研究。讲义先讨论金属络合物，配位数分别为 2、4、6 的金属络合物，主要讨论中心金属离子价电子的排布。这节的后半部分是讨论金属螯合物，在有机化合物的螯合剂络原子主要是 O、N 和 S。实验发现，五原子和六原子环螯型是最稳定的。例如乙二胺 $NH_2-CH_2-CH_2-NH_2$ 有 2 个络和原子 N，且相隔 2 个原子，形成五员螯合环，Cu（Ⅱ）与它的螯合物结构如下：

$$\begin{bmatrix} CH_2 - NH_2 \ \backslash / \ NH_2 - CH_2 \\ | \qquad\qquad Cu \qquad\qquad | \\ CH_2 - NH_2 \ / \backslash \ NH_2 - CH_2 \end{bmatrix}^{2+}$$

螯合物的稳定性对其性质有许多影响，它在有机溶剂中的溶解性，广泛应用于金属离子的分析与分离。生物体中的叶绿素、血红素等均是胎环螯合物。最后还简单介绍了当时的配位场理论。第四节是有机共轭分子结构。该类分子有几个特点，一是化学稳定性强，这可用氢化热加和性来表达，例如具有一个双键的丙烯、丁烯、庚烯，它们的氢化热基本在30.3 kcal/mol；两个双键的链状分子如戊二烯、己二烯氢化热则为60.6 kcal/mol。而产生共轭的分子氢化热比这个数值低。还有一个特点是π电子的迁移性，原子间的影响传递到相当远的地方，还表现出电磁学和光学性能。第五节是金属羰基化合物和三明治形化合物。金属羰基化合物能溶于有机溶剂不溶于水，在高温下可分解得到纯金属，这性质被应用于金属分离和提纯。这类化合物的结构特点是金属离子与羰基配体间形成σ-π授受键，因而比较稳定。还有一类是两个苯环或戊烯环夹心一个金属离子，从磁性测定可看出，所有的金属价电子和苯环上的π电子都参与了成键。第六节是缺电子化合物结构。以B_2H_6为代表的硼氢化物，硼只有3个价电子，却要与4个原子成键，据研究两个B原子与一个H桥原子形成三中心双电子键。大量硼氢化物都采用多中心双电子键。还有Al、Be等甲基化合物，也形成多中心电子键。第七节是"共振"——"中介"论。对于这些化学结构理论中的唯心主义观点进行了批判，对其中合理部分给予肯定。

第七章范德华引力与氢键。第一节介绍范德华力，早在1873年范德华对原子或分子间的吸引力进行研究，后人称此为van der Waals力，它包括偶极矩间的相互作用力，偶极矩与诱导偶极矩间的相互作用，诱导偶极矩间的作用力。第二节是范德华力与物质的物理化学性质的关系第三节分子化合物。由于范德华力涉及的能量是一般共价键或离子键的1/10或1/20，以范德华力结合的分子相对来说是比较不稳定的。第四节指出氢键的本质属于范德华力。氢键的强弱与形成原子的电负性有关，也与原子半径有关。第五节介绍分子间氢键（如硼酸晶体和草酸晶体）和分子内氢键（如硝基苯酚、NH_4OH溶液）。第六节介绍氢键形成对化合物性质的影响，首先是使含氢键的物质熔点和沸点升高，内氢键的形成会使功能基性质反常，如邻卤代苯甲酸的酸性减弱、酚中羟基酸性减弱。

建立温馨小家庭

1958年,张乾二已到而立之年,也开始考虑成家的问题。有教师给他介绍了化学系电化学专门化四年级学生洪香玲女士。洪香玲女士原籍福建南安,1938年1月出生于厦门,1955年6月毕业于厦门四中,考入山东大学。1957年春季因不适应北方气候,患关节炎转学到厦门大学。到厦门大学后,系里为了帮助她尽快适应厦门大学的教学环境,学好各门课程,安排本系的老师利用业余时间辅导和帮助她的学习,张乾二就是她的辅导老师之一。因此,这也就为他们师生的接触和熟悉提供了机会。洪香玲在同学交流中也听说系里有几位年青教师业务上很出色,特别是张乾二,是卢嘉锡的高足,人很聪明,课又上得好。张乾二初次见到洪香玲,看她长得眉清目秀,对她印象不错。经过了对她的学习辅导,接触机会多了,也就互生爱慕之情,于1958年年底喜结良缘。

他们婚后住在厦大教工宿舍国光二号楼,这是由红砖砌成的二层楼房,楼前还有一小块园地,可以种些树木花草。每套房子是单进结构,分为前厅、中间两个卧室、后面厨房。房子虽不大,但功能还完整。因为是师生夫妻,洪香玲对张乾二崇敬有加,主动承担了大部分家务,让张乾二有更多时间备课讲课、翻译专著和撰写论文。

1959年8月,洪香玲大学毕业,留在化学系当助教。当时学校规定,夫妻在校工作不能同在一个单位,因此她另被学校安排在本校华侨函授部化学组任教,负责海外华侨函授生化学科的函授教学工作。

第二年(1959年)12月,张乾二的长子张洵出生了。这给小家庭增添了不少乐趣,但也增加了许多工作量,张乾二为孩子雇了一个保姆。1961年3月,张乾二的女儿张影出生了。母亲的乳水不大够,洪香玲的叔叔寄来奶粉,本来是要给小女儿吃的,但保姆偏爱男孩,经常把奶粉调给男孩吃,女孩哭了也不爱管。于是张乾二在家时,只能背着女孩备课。后来又换了个保姆,直到"文化大革命"时期。

这时正值三年自然灾害的困难时期，粮油、肉鱼、蔬菜等副食品都凭票供应，且量非常少。大人都感到饥肠辘辘，更何况是正在长身体的孩子。家里亲戚有时带来惠安的地瓜、花生，在困难时期，可是一等的好东西。张乾二惠安崇武老家的好朋友李敲生，是位渔民，经常出海打鱼，有时渔船开到厦门来。当渔船停泊在厦门第一码头时，他都会到厦大看望张乾二。了解到城里人没处找吃的，他每次来探访老朋友时，总是提着几条新鲜的大鱼送到国光楼张家。这时张乾二一家人都很高兴，热情地款待他。有时张乾二因工作不在家时，妻子洪香玲也一样热情地接待他。

第四章
赴长春进修

赴吉林大学听唐敖庆讲"群论"

1952年我国高等院校进行了大规模院系调整，并参照原苏联莫斯科大学化学学科的教学计划，对综合性大学化学系课程设置进行了修订，增设了"物质结构"课。当时我国很少学校开设这门课。教育部在1953年、1954年暑期开设的"物质结构"进修班，为我国高等学校培养了一大批主讲物质结构课的骨干教师，同时也为我国开展理论化学研究打下了良好基础。

1963年8月，为了推进我国物质结构研究，培养高层次理论化学研究人才，原高等教育部委托唐敖庆在长春吉林大学举办为期两年的"物质结构学术讨论班"[①]。通知发到各个学校，许多老师都要求去参加。化学系总支书记刘正坤与系主任顾学民商量，从学术水平与发展前景考虑应派张乾二去，而赖伍江又积极报名，还需征求一下卢嘉锡的意见。卢嘉锡的意见

---

① 乌力吉：1963年在吉林大学开办的物质结构学术讨论班．《中国科技史杂志》，2009卷第30卷第2期，第211−221页。

是"张乾二为正式成员，赖伍江可作旁听成员"。①

全国报名单送到唐敖庆手中，他经过反复遴选，最终确定了物质结构讨论班的八名正式成员。8人中具有研究生学历的有4人，都毕业于我国知名大学化学系，且毕业时间在十年以上、具有一定的教学和研

图4-1 唐敖庆与讨论班正式成员（前排左起张乾二、邓从豪、唐敖庆、刘若庄、鄢国森，后排左起古正、江元生、戴树珊、孙家钟，吉林大学提供）

究经验。有些人在学术界已有一定影响，并成为该校有关教研机构的负责人，其中多数已具有独立开展研究的能力。对于另外一些申请者，唐敖庆决定将他们作为旁听成员。

八名成员之中年龄差别还是比较大的，年纪最大的是山东大学邓从豪，已经42岁，整整比张乾二大了8岁，他当时已是山东大学化学系副主任，他还是张乾二当时在集美中学的数学老师。所以这八个学员中的结构还是比较复杂，但在那个时候都是同学。吉林大学本身有两位，孙家钟和江元生，江元生原是唐敖庆的研究生，以前他们都跟着唐作科研；北京师范大学的刘若庄，50年代也曾与唐敖庆一起搞研究；四川大学有鄢国森和古正两位；云南大学有一位戴树珊，也曾是唐敖庆的研究生，这样一共是八位学员。②

讨论班旁听学员经过几次增补，到1963年12月时有旁听生31人，其中外地8人，包括南京大学游效曾、厦门大学赖伍江、物构所刘春万，还有复旦大学、大连化物所等单位的人员。长春本地的有东北师范大学赵成

---

① 刘正坤访谈，2013年5月6日，厦门。资料存于采集工程数据库。
② 鄢国森访谈，2012年11月30日，厦门。存地同①。

第四章 赴长春进修

大、长春应用化学所裘祖文、长春地质学院高孝恢，吉林大学本校还有十一名旁听生，1964年5月北京大学黎乐民也来插班。讨论班可谓是化学方面群贤毕至。

1945年抗战胜利后，唐敖庆在西南联大毕业不久，民国政府送他到美国哥伦比亚大学化学系留学。新中国成立的时候，中国共产党派驻美国的唐明照（后任中国首任联合国副秘书长）在纽约留学生里面做工作，新中国成立后动员他们回国。唐敖庆非常爱国，响应号召第一批回国，先到北京大学，后又支援东北人民大学。50年代唐敖庆与几位教授一起办的两次讲习班，普及了全国化学系的物质结构教学基础。60年代时，唐敖庆觉得应该培养一批能开展物质结构科研的人才，所以才在全国范围举办这么一个班。[①]

唐敖庆为了办好这个班，做了许多准备。他查阅了国际上近年出版的《量子力学》、《量子化学》、《群论基础理论》、《群论在原子结构的应用》、《群论在固体物理中的应用》等书籍，拟定了一个教学计划，准备用两个学期讲授理论课程，后两个学期进行科学研究，研究课题大致是群论在原子、分子结构中的应用。他开给学员的教学参考书都是世界名著，其中既有入门、普及型的，又有提高、经典型的，包括量子力学、量子化学基本原理，群论及其在物理、原子结构、分子体系、晶体中的应用等。下面列出他开的参考书[①]：

利夫希茨（Landau L. D. Lifshitz）：《量子力学》（Quantum Mechanics），1958年；

迪拉克（P. A. M. Dirac）：《量子力学原理》（The Principles of Quantum Mechanics），1958年；

格里菲斯（J. S. Griffith）：《过渡金属离子理论》（The Theory of Transition Metal Ions），1961年；

魏格纳（P. Wigner）、尤金（Eugene）：《群论及其在原子光谱量子力学中的应用》（Group Theory and Its Application to the Quantum Mechanics of Atomic Spectra），1959年；

---

① 乌力吉：1963年在吉林大学开办的物质结构学术讨论班．《中国科技史杂志》，2009卷第30卷第2期，第211—221页。

格里菲斯（J. S. Griffith）：《分子对称群的不可约张量法》（The Irreducible Tensor Method for Molecular Symmetry Groups），1962 年；

海莫默什（M. Hamermesh）：《群论及其在物理中的应用》（Group Theory and Its Application to Physical Problem），1962 年；

拉卡（G. Racah）、法诺（U. Fano）：《不可约张量集合》（Irreducible Tonsorial Sets），1959 年；

多代尔（R. Daudel）、勒费弗尔（R. Lefebvere）、莫泽（C. Moser）：《量子化学》（Quantum Chemistry），1959 年；

斯池维斯（A. Streitwieser）：《有机化学分子轨道理论》（Molecular Orbital Theory for Organic Chemists），1961 年；

威尔逊（E. B. Wilson）、德西乌斯（J. S. Decius）、克罗斯（P. C. Cross）：《分子振动》（Molecular Vibrations），1955 年；

琼斯（H. Jones）：《布里渊区理论与晶体中电子态》（The Theory of Brillouin Zones and Electronic States in Crystals），1960 年；

马里奥特（L Marriot）：《群论与固体物理》（Group Theory and Solid State Physics），1962 年；

莱明斯（S Raimes）：《金属中电子的波动力学》（The Wave Mechanics of Electrons in Metals），1961 年。

主干课程"群论及其在物质结构中的应用"由唐敖庆亲自讲授，每周三次课、约 8 课时。在执行计划过程中，根据教学进度，讲课内容进行了较大调整。"空间群"、"群论在固体物理中的应用"、"李群和李代数"等三门课，后来调整到第三学期和第四学期讲授。

1963 年秋，张乾二来到长春吉林大学报到，这是他第二次到长春。八名学员中，除了邓从豪外，北师大的刘若庄曾为张乾二翻译的俄文科学著作作过校对，其他人都是初次见面。讨论班成员安排在中华路一个招待所住宿，旁边是长春市委驻地。邓从豪、刘若庄一个人一间，张乾二与戴树珊一间，鄢国森与古正一间。吉林大学两位就住在自己家里。安顿下来后就开始上课，每周上三次，每次 2—3 学时。

唐敖庆的群论课，从群论的基础知识开始。首先介绍分子对称点群，因为这些学员都是化学教师、对分子构型比较熟悉，容易入门。第二部分是置换群，这在分子点群基础上，提高到比较抽象的置换群，接着介绍Young图、Young表等算符与计算方法。第三部分是n维空间线性变换群，从有限元素推广到n个元素、n维空间。第四部分是交替群。这些内容讲了一个学期。

张乾二在卢嘉锡那儿听过这些课，所以感觉比较轻松，第一次接触这些内容的学员就感到很吃力。唐敖庆具备深厚的数理功底和渊博的学识，条理性、逻辑性、系统性都非常强，而且讲课深入浅出，他记忆力超群，讲课从不看讲稿。唐敖庆当时任吉林大学副校长，主管教学与科研。他是真正负责，而不是挂名的，因此负担很重，每周还要上十几学时高难度课程（除讨论班课程外，还有研究生课程四学时）。①

图4-2 唐敖庆为讨论班成员上课（吉林大学提供）

唐敖庆还给研究生上"统计力学"，鄢国森等也过去听课。唐敖庆上课板书很多，还要再擦黑板，手都酸得举不起来。鄢国森回来在讨论班上一提，大家七嘴八舌说，我们也来擦。邓从豪是班长，他第一个跑上台擦黑板，接下来鄢国森、张乾二、戴树珊一个个抢着擦，这也给大家留下了一段温馨的回忆。

为了开拓讨论班学员的知识面，唐敖庆还聘请江苏师范学院周孝谦来校讲授"原子核壳模型理论"，为时一个月。从下半学期开始，每周安排学员做一次专题研究报告，共安排十次：孙家钟做了题为"范德华力和$1/r_{12}$的展开式"的专题讲座5次；刘若庄做2次题为"氢键"的专题讲座；江元生做题为"$1/r_{12}$展开式及氢键的性质"的专题讲座；后面还组织学员集体讨论2次。结合课堂讲授，唐敖庆每周布置习题一次，习题由学员轮流

---

① 鄢国森访谈，2012年11月30日，厦门。资料存于采集工程数据库。

批改，疑难问题再由他解答。

放寒假前，学术讨论班的全体学员就一个学期的业务学习和政治思想情况进行了认真的个人总结。唐敖庆组织大家讨论下学期的学习计划，并布置了两个研究题目。张乾二、邓从豪、鄢国森三人分在一个组，这一组的研究课题是"核能谱的分析"。因为在这八个学员当中吉林大学有两个，北师大一个，他们以前就跟唐敖庆做了研究工作。还有云南大学来的，以前也是唐敖庆的研究生，他们做另一课题。第二个研究题目是"分子间作用力"，由孙家钟、戴树珊、江元生、刘若庄等五人进行。上述研究题目要求1964年暑假前完成（即从寒假到第二学期），并要求就第一个研究题目写出一篇论文，就第二个研究题目写出三篇论文。

20世纪60年代正值困难时期，东北的生活尤为艰苦，当时长春一般老百姓供应粗粮，都是吃玉米碴、高粱米，很粗糙不易消化，一个月只可配两斤细粮。但是唐敖庆为了照顾这些学员的生活，特别写了报告提交吉林省政府批示，提出学术讨论班八名成员中，有六名来自南方，初来东北吃粗粮很不习惯，希望能供应细粮。再由吉林大学学校出面与长春市粮食局协商，从1963年9月到年底为这六名学员全部供应细粮。还有一些副食品的供应，如肉类、黄豆、鸡蛋等，都是通过特批才争取到的。唐敖庆总是尽一切可能尽量照顾好大家的日常生活。

东北入冬后，天寒地冻，室外温度是零下二三十度。南方带来的冬衣根本不能御寒。吉林大学校方又与长春市商业局协调，给这六名老师发放布票54尺、棉花票4斤，解决了他们购买棉大衣的问题。

课程学习与科研并重

通过第一学期末的小结，唐敖庆发现课程进度偏快，课程负担过重，个别学员感觉吃力。因此，第二学期授课时间每周控制在20节以下，由唐敖庆继续讲"群论"的第五部分"群积分"和第六部分"正交群"、"旋转群"和"辛群"。从上学期的有限群,讲到下学期的连续群,每周授课8节,从早上九点开始上课,一直讲到十一点半,中间休息十五分钟。下半学期还讲了"群论在原子结构与核结构中的应用"。唐敖庆讲课条理清楚,逻辑性严密,他在讲授当天课程之前,先讲预备知识,提高听课效果。

北大黎乐民是徐光宪的研究生,研究方向为配位化学,听说长春在办班,第二学期中插班来旁听"群论与配位场理论"的课程。去长春前,他已自学了《过渡金属离子理论》和群论相关著作,自以为大体上是懂了,但听完课后感觉大不一样。他后来回忆,唐敖庆讲课有高屋建瓴之势,站得高、看得远、讲得透,他从问题的提出讲起,说明解决问题的困难在哪里、前人是怎样解决的、是否完善了、还有什么问题有待解决以及可能的突破,等等。听过他的课,回过头来再看自己原来对问题的理解,之前就感觉好像站在万山丛中的谷底观察周围,只见诸峰林立、头绪万千,看不出各部分之间的联系,想不出事物之间的全貌。听完课使自己"站高"了,对问题的认识有一种俯瞰群山的感觉,心中豁然开朗[①]。

从第二学期开始,讨论班学员进行专题报告的时间大幅度增加,"原子结构及配位场理论"这门课就安排给学员做专题报告。其中"过渡元素与稀土元素原子的结构和光谱"由邓从豪、鄢国森两位做报告,安排50节课时间,"络合物的结构和性能"由刘若庄做报告,安排20节课时间。通过专题报告,学员们相互讲解,互教互学,相关知识掌握得更加扎实了。

另外讨论班还请了中国科学院长春应用化学研究所的吴钦义、裘祖文介绍"磁共振原理及技术",安排了20节课,使学员对物质结构的各种实验研究方法的原理与技术都有所了解;再请吉林大学本校物理系教授吴式枢讲"量子力学的多体问题",安排了30节课。这问题涉及量子力学应用的重要处理,张乾二听了这些课,没想到几十年后研究的就是量子化学中的多体问题。

张乾二与戴树珊住一间宿舍,隔壁是鄢国森,他们经常互相串门。张乾二从温暖的南方来到寒冷的北方,虽然屋内有暖气,但一天只通气两

---

① 中国科学院学部联合办公室:《中国科学院院士自述》(黎乐民)。上海:上海教育出版社,1996年,第304—305页。

次，两次之间也还不是很暖和。张乾二感到身体很不适应。当时他还得了风湿病，手指关节肿痛，经常发低烧。据鄢国森回忆[1]，因为张乾二听课回来以后常感疲惫，有时候一个下午都躺在床上休息，没看到他花多少时间复习，可能就是躺在床上回忆早上的课程。有些课他曾听卢嘉锡讲过，所以布置的习题很快就做出来了。邓从豪50年代参加过唐、卢两位办的讲习班，基础较好，常与张乾二交流学习心得。因邓以前教过张数学（高中时），张一直尊称他为邓老师，邓从豪就说，现在学生已经超过老师了。而其他学员是初学者，学得很吃力，遇到一些不大懂的问题时，就经常请教邓从豪、张乾二两位，他们都能够很快地回答问题。

邓从豪担任讨论班的班长，他的特点是非常勤奋，每天差不多晚上十点睡觉。睡觉前他锻炼身体方式很特别：尽管东北天气很冷，但是他用凉水擦身，擦完还要用一盆水从头到脚淋下去，然后擦干再睡觉。第二天清早四五点他就起来看文献、做科研、推导公式，几十年如一日。在讨论班大家都叫他"老邓"，而张乾二从来不敢这样叫，他对邓从豪非常尊重，不敢跟他开玩笑，都是毕恭毕敬地称"邓老师"。鄢国森在班上担任党小组长，唐敖庆有时来询问同学们的情况，鄢就向他汇报学习情况等。"唐老师就是希望讨论班的一伙人能够团结协作，所以大家都处得非常融洽。这种友谊一直保持到现在，已有半个世纪了。"[2]

科研找到突破口　　师生竞相推导公式

第二学期的研究课题继续分成小组进行，研究专题从第一学期期末的两个再细化为五个。第一个研究题目细化为两个：(1)由电子填充g壳层出现的状态分类及亲态比系数，(2)两个以上未填满壳层组态混合的群论分析。第二个课题细化为三个：(3)极性分子间的作用力，(4)氢键本质

---

[1] 鄢国森访谈，2012年11月30日，厦门。资料存于采集工程数据库。

[2] 同①。

研究，(5) 用 $1/r_{12}$ 的展开式计算晶体场分裂能。其中 (1)(2) 课题由邓从豪、张乾二、鄢国森三人承担，另外3个课题由孙家钟、江元生、戴树珊、刘若庄等人承担①。

第一研究组在进行配位场中电子状态分类与亲态比系数研究时，了解到 Racah 运用线性变换群的不可约表示，将原子 dn 和 fn 组态波函数分类，引入亲态比系数、6j 符号等，建造多电子波函数和计算作用能矩阵元，使原子谱项计算标准化。雅恩（Jahn）发展了 Racah 方法，用连续群理论将原子核 dn 组态能谱分类。晶体场弱场方案，虽然用了连续群理论将配位场作用下原子谱项与波函数分类，但单电子原子轨函仍沿用三维、二维旋转群的不可约表示基。

唐敖庆对科研问题有高度敏锐的洞察能力和极为深刻的分析能力。据邓从豪回忆，他讲授分子对称群的不可约张量法时，课后常对学员讲：在三维旋转群与点群之间，存在一条沟，需要架一座桥。在这个思想启发下，邓从豪找到了这座桥，即三维旋转群到八面体群的偶合系数。他与鄢国森向唐敖庆汇报：三维旋转群到点群之间需要的耦合系数，文献中还没有报道过，是一个新课题，估计难度比较大。唐敖庆听了很高兴，他说："搞科研就是攻难点，突破了就可以开拓一大片，我们都来努力探索一下。"从那以后邓、张、鄢三人课后经常在一起切磋，如何推算这个耦合系数。时间过了半个多月，但这个耦合系数如何推导还是想不出来。一天晚上，在东中华路的招待所里，张乾二与鄢国森在讨论中，突然头脑中灵光一现，鄢国森提出：将旋转

图4-3 张乾二在吉林大学（1964年。张乾二提供）

---

① 乌力吉：1963年在吉林大学开办的物质结构学术讨论班.《中国科技史杂志》, 2009年第30卷第2期，211-221页。

群分解到点群的不可约表示基，分别用旋转群和点群耦合的基函数表示出来，其中就含有旋转群分解到点群的耦合系数。张乾二听完后说，很好，便马上拿起笔来，开始推导公式。他的逻辑推理能力得到了最好的发挥，一会儿就推出了旋转群分解到点群的耦合系数的计算公式。鄢与张不顾时间已晚，赶快找几个例子来验算。几个例子算完，完全正确！鄢国森与张乾二高兴极了，若不是周围夜深人静，真想大声欢呼："我们找到计算方法了！"静下来一想，真有"踏破铁鞋无觅处，得来全不费工夫"之感。

第二天一早，他们俩对邓从豪讲了这事，三人都很兴奋，准备上课时向唐敖庆汇报这一结果。没想到那天早上，唐敖庆手上也拿着一张纸。真是英雄所见略同，唐敖庆用不同方法，也推出了旋转群分解到点群的耦合系数计算公式。两个公式各有千秋，唐敖庆的式子是闭合公式，比较漂亮，但要进行大量计算，需要好几次求和。学生推出的公式比较简洁，更方便用手计算。师生竞相推导公式，一时传为佳话。

第一研究组（邓、张、鄢）提出，用三维旋转群和点群的不可约表示基函数为单电子波函数，并用连续群理论将 d^n 组态在八面体场作用下进行分类。研究组发现旋转群和点群不可约表示的基函数乘积的线性组合，也可以得到一个新的耦合系数——旋转群 - 点群的 Clebsch-Gordan 系数。应用这个 C.G. 系数与点群的 C.G. 系数，点群作用能矩阵元分解成旋转群约化矩阵元同两个 C.G. 系数的乘积。这结果还说明基函数的正交变换不改变约化矩阵元。

后来一起做科研课题的时候，遇到很多严密的理论推导，张乾二总是越做越兴奋，经常忘了自己身体上的不适。许多繁琐的系数计算，大多是由张乾二与鄢国森两人完成的。当时的计算条件不能与现在相比，不仅没有电脑，连计算器都没有，再繁琐的数字都是通过手算。据鄢国森回忆，张乾二很强的计算功底，是在卢嘉锡手下时训练出来的。张的工作速度比鄢快得多，计算同样一个问题，张的计算速度至少是他的三倍。做研究时，计算结果需要两人相互核对，所以张算的时候鄢核对，鄢算的时候张核对。在这个过程中，往往都是张乾二在等鄢国森。这项工作完成得不错，差不多两个多月的时间就得到了一定的突破，唐敖庆就决定其他的研究工作暂时放下，先围绕着这个总的题目来做。

第二学期，吉林大学安排讨论班成员的政治学习为毛泽东的《矛盾论》、《实践论》两篇哲学著作，学完后讨论、写心得。还特别安排去辽源煤矿参观了"三史"展览，并到农村参加社会主义教育运动和生产劳动半个月。

集中攻关"配位场理论"

第三学期讨论班开设了"群论在分子结构中的应用"、"群论在固体物理中的应用"、"分子轨道理论"三门课程。其中群论应用的两门课由唐敖庆讲授，共计26讲，每讲为4节，合计104课时；"分子轨道理论"由孙家钟、刘若庄、戴树珊三位学员分头讲授，共计29讲，每讲为4节，合计116课时。

既然第二学期在第一项科研题目有了突破，其他项目就停了下来，集中攻关该题目。唐敖庆布置了新的科研安排：总科研题目是"配位场理论研究"，分成若干项进行：第一项是改进弱场方案，第二项是探讨强场和弱场之间的联系，第三项是应用第一项的成果分析 d^4 和 d^6 组态，第四项是把弱场方案推广到低对称络合物。邓从豪与戴树珊分配做第一项课题；张乾二与鄢国森分配在第二项，探讨强场和弱场之间的联系；孙家钟分在第三项，应用第一项成果分析组态；江元生做第四项，将弱场方案推广。其中，第二项的任务最重，要搞清楚强场方案及与弱场的关系，而一、三、四项都是弱场方案的延伸。

要做强场方案，唐敖庆就对张乾二说，你去好好读一下格里菲斯的《分子对称群中的不可约张量法》[①]，然后给大家讲一下。格里菲斯在这本书中，用不可约张量算符为基，讨论八面体群的 V 系数，较低点群的 V 系

---

① J. S. Griffith: *The Irreducible Tensor Method for Molecular Symmetry Groups*. New York: Dover Publications, 1962年。

数，以及矩阵的约化，点群的 W 系数、X 系数等。张乾二发现，作者与 Racah 一样，也将不可约张量算符的矩阵元分解为几何因子与物理因子。几何因子即点群的偶合系数，物理因子就是约化矩阵元。也就是说，处理分子问题与处理原子问题可以用同样的基，这样三维旋转群的群链，就可以与分子点群的群链连接起来，所有原子结构的处理方法，都可用于分子结构。即"一路既通，路路皆通"，这样强场方案与弱场方案就打通了。张乾二将这一想法与大家交流，大家觉得原子结构与分子结构的桥梁已经建立起来了，赶快开展进一步的研究。①

对于配体形成强场的情况，若沿用弱场的方法，将 d^2 组态在八面体场中分解为 e 和 t_2 两种不可约表示，然后将 e 与 e 的直积、t_2 与 t_2 的直积、e 与 t_2 的直积用 Young 图表示。直积结果得到的 Young 图，又可分为单纯 Young 图与混合 Young 图。单纯 Young 图所荷载的不可约表示，可从连续群到点群的分解系统得到；混合 Young 图则要进一步分析。某个混合 Young 图所荷载的不可约表示，可由其所包含的单纯组态的对称性和表示的直积推出。强场与弱场两种耦合方案之间蕴含了一个从连续群到点群的分解关系，它可用 Young 图的分解式表示。

强场与弱场关系推出后，张乾二与鄢国森又投入讨论变换 C 系数的性质的工作：研究 C 系数正交归一性，C 系数与 L 态、它的 R 补态的关系。应用 C 系数，可计算弱场耦合方案中的配位场作用能，计算强场耦合方案中的静电作用能，还可以统一强场、弱场方案的补态理论。这些公式、性质推导出来后，张乾二和鄢国森接着投入计算 d^2-d^5 强、弱场变换的 C 系数中。他们每天上午上完课，到食堂吃完午饭后，就赶紧回宿舍算系数。因为那时没有计算机，所有计算都靠笔算，这既是脑力活，也是体力活，完全是时间的积分。张乾二算完鄢国森校对，鄢国森算完张乾二校对。据简单统计，就这段时间两人共计算了 400 多个 C 系数。生活既紧张又充实，鄢国森在跟张乾二的交往当中，觉得他非常坦诚，什么话都可以谈，讨论最多的，当然就是如何来做好这个研究课题。经过这段学习生活，两人成

---

① 张乾二访谈，2013 年 11 月 18 日，厦门。

了终身的挚友。

1964年秋天是收获的季节，根据第二学期的突破与第三学期进一步研究，将改进的弱场方案整理成文，总题目是"配位势场理论的研究"，第一篇论文是《正八面体场中dn组态的理论分析》[①]。全文包括五部分：首先是引言；第二部分对dn组态能谱在正八面体场中进行分类；第三部分介绍旋转群向点群分解的Clebsch–Gordan系数，包括基函数的变换矩阵，旋转群–点群的C.G.系数，旋转群–点群V系数；第四部分讨论亲态比系数，指出连续群–点群的亲态比系数是旋转群亲态比系数乘以旋转群–点群C.G.系数；第五部分分析了配位场作用能矩阵元可分为静电排斥能双粒子矩阵元和配位场作用能单粒子矩阵元两类。在弱场方案中，波函数仍是三维旋转群不可约表示基函数，静电排斥能矩阵元与同轨道、自旋角动量的原子谱项矩阵元相同，可查文献，不必计算。配位场作用能矩阵元，可用约化矩阵元法或亲态比系数法计算，最后是结论。该文发表在《吉林大学自然科学学报》1964年第3期。

这学期的政治理论学习，除继续安排学习毛泽东的《实践论》外，还增加了学习毛泽东的《关于正确处理人民内部矛盾问题》，以及与当时形势有关的其他学习内容。学员还每周参加一次集体劳动。

第四学期是学术讨论班的最后一个学期，主要开设了"李代数"、和"物质结构的近代实验方法"两门课程。其中"李代数"由唐敖庆主讲，"李群"的内容已分散在前面几部分中介绍，每周讲8节，共计96学时。

"物质结构的近代实验方法"共48学时[②]，则安排在长春应用化学研究所进行实地学习。科研项目还是配位场理论的延续：第一项是d^4和d^6组态的全分析；第二项是不可约张量算子方法的研究；第三项是半整数与低对称场V系数的计算。

---

① 物质结构学术讨论班（唐敖庆、孙家钟、江元生、邓从豪、刘若庄、张乾二、鄢国森、古正、戴树珊等）：正八面体场中dn组态的理论分析．《吉林大学自然科学学报》，1964年第3期，第70–118页。

② 乌力吉：1963年在吉林大学开办的物质结构学术讨论班．《中国科技史杂志》，2009年第30卷第2期，第211–221页。

1965 年的春天，配位势场理论研究的第二篇论文《强场与弱场波函数的变换关系及其应用》[①] 也整理好了。这篇论文首先提出了强场中组态能谱的分类，也是沿用弱场中用群的直积分解的办法，对 dn 组态的波函数与能谱进行分类，d 轨道在正八面体场 O 群中，可分解为 e 和 t_2 两种不可约表示，它们的直积又可用置换群的 Young 图来表示；论文进一步讨论强场与弱场波函数之间的变换关系，根据旋转群－点群 V 系数及亲态比系数，推导并计算了八面体场中 d^2–d^5 组态强、弱场波函数之间的变换 C 系数；并研究了这种系数的性质，以及应用变换 C 系数计算弱场中配位场作用能，计算强场中静电作用能；统一强场与弱场耦合方案的补态理论；并将计算所得 d^2–d^5 组态强、弱场波函数之间的变换 C 系数列表于附录。这篇论文发表在《吉林大学自然科学学报》1965 年第 1 期。

讨论班既出成果又出人才

根据科研获得的成果，唐敖庆计划讨论班要写两本书，一本是《配位场理论方法》，一本是《配位场计算方法》。张乾二与鄢国森写作第二本，两人同心合作、奋力撰写，用几个月的时间写出了《配位场计算方法》的初稿。内容包括"基向量标准化"、"弱场方案"、"强场方案"、"强场与弱场偶合系数间的关系"、"旋转群—点群间的变换系数"和"点群—点群间的变换系数"，后面附了大量计算出来的旋转群－点群的偶合系数、V 系数，点群 O 群 –D_4 群的偶合系数和 V 系数，点群 O 群 –D_3 群的偶合系数和 V 系数。张乾二回忆当年的情况，当时他还用钢板将蜡纸刻好初稿，油印成小册子，大概五六十页篇幅，交给唐敖庆。学员已经把研究成果整理成文，唐敖庆很高兴。本着严谨、慎重的原则，唐敖庆还要对这些内容进

[①] 物质结构学术讨论班（唐敖庆、孙家钟、江元生、邓从豪、刘若庄、张乾二、鄢国森、古正、戴树珊等）：强场与弱场波函数的变换关系及其应用。《吉林大学自然科学学报》，1965 年第 1 期，第 59–79 页。

行归纳、提高，对计算结果一一核对。

当时配位场的研究已全面展开，邓从豪与戴树珊推导弱场方案的计算公式与变换系数，江元生则计算点群的 V 系数和 W 系数等，孙家钟在探讨李代数与分子壳层模型，与 SU（10）群、SU（7）群相关的群链分解。唐敖庆看大家都很忙，各种系数大量计算出来（约有几千个），就让参加旁听的老师也加入系数验算的行列，厦门大学赖伍江、云南师院（后调物构所）刘春万、东北师大赵成大等参与了系数校对工作。

这学期的政治理论安排学习毛泽东的《实践论》和《人的正确思想是从哪里来的》等文章以及时事政治内容。学员每周仍安排一个单元时间的集体劳动。1965 年 7 月，讨论班即将结束时，安排学员做个人鉴定和讨论班的工作总结。

在讨论班计划结束前 4 个月，唐敖庆发现科研成果丰硕，需要进一步进行整理。1965 年 4 月，吉林大学向教育部打报告，申请山东大学的邓从豪、厦门大学的张乾二、云南大学戴树珊、四川大学鄢国森四人延期返校。吉林大学在申请报告中写到："近两年的时间内，该班学员除了掌握物质结构基础理论、基本技术与近代研究方法外，还进行了有关配位势场理论的研究工作，已完成四个项目，其中一项发表，其他三项也在整理之中。这些工作具有一定的理论及实用价值。为了总结收获，整理和推广科学研究成果，希望于该班结束后编写两本有关配位势场理论及计算方法的专著。为使此项工作顺利进行并在短期内完成，需留部分外校学员延期半年返校。"[①] 教育部批准了此报告。

张乾二回到厦门大学时，学校正在进行社会主义教育，正组织师生对电影《早春二月》的大批判，他无法再回长春了。邓从豪也是如此。

过了暑假，鄢国森、戴树珊如约再来长春，与吉林大学的孙家钟、江元生一起，将上学期做好的研究，整理成第三篇论文《d^4、d^6 组态八面体络合物能谱的全分析》。在正八面体场或其它点群对称势场中，电子光谱的相同谱项常常重复多次出现，严格计算谱项能量就必须解高阶特征方

---

① 1963 年物质结构讨论班总结，吉林大学档案馆。

程。论文应用改进弱场方案，对矩阵元的计算作了重要的简化；在此基础上，可以比较快的计算 d^4 及 d^6 组态正八面体络合物的能量矩阵元；再用电子计算机，解出了久期方程的所有特征根，分析了三价钴络合物的光谱数据，并将所得结果列成了表格。该文发表在《吉林大学自然科学学报》1965 年第 4 期。[①]

1965 年秋天，唐敖庆安排两个方面的工作：一方面鄢国森、戴树珊和江元生在上半年"配位场计算方法"初稿的基础上，写作《配位场理论方法》；另一方面孙家钟带领长春光机所赵景愚、吉林大学王志中到沈阳，根据唐敖庆推导的公式编写软件，用早期的计算机计算一些数据。鄢国森这一组，各忙各的工作，鄢国森与戴树珊把弱场方案中旋转群不可约基向量组合成点群不可约基向量，又把强场方案中群表示的直积空间化成相应点群不可约表示的组合系数整理好；江元生则把分子点群的 V 系数与 W 系数整理好。到了 1966 年夏天，"文化大革命"已经展开，四川大学写信来催鄢国森回校。当时政治压倒一切，虽然书稿即将完成，但鄢国森也只得离开长春返回成都[②]。

1966 年 7 月，在北京召开了亚、非、拉、大洋洲暑期物理学术讨论会（也称"国际暑期物理讨论会"）。根据唐敖庆意见，戴树珊留在吉林大学，将几篇已发表论文整理成一篇大会报告，并在外文系教师协助下写成英文稿。唐敖庆带孙家钟出席大会，并做了题为"配位势场理论的研究"的学术报告，阐述了讨论班在配位场理论研究方面所取得的创新研究成果，报告大获成功。这项研究成果被大会评为 10 项优秀成果之一。1978 年 3 月该项研究成果获全国科学大会重大科技成果奖。

唐敖庆对孙家钟说，要在阶段性成果基础上，进一步提高到李群、李代数的高度，用群链去分析配位场问题。以后由孙总结成两篇论文《配位势场理论研究》。第一篇论文指出，Racah 曾经用群链的连续群部分，来讨论 dn 组态的原子结构，后来 Racah 的结果被引入配位场中，即群链由于

---

① 物质结构学术讨论班（唐敖庆等）：d^4、d^6 组态八面体络合物能谱的全分析。《吉林大学自然科学学报》，1965 年第 4 期，第 71-82 页。

② 鄢国森访谈，2014 年 2 月 21 日，厦门。

Racah 从原子波函数为出发点，因此前人认为群链仅适用于中央原子的 d 轨道和配位体间不形成化学键的配位场，即弱场方案。论文以点群的不可约表示基底为基础得到群链，证明了这条群链对于中央原子的 d 轨道和配位体间甚至形成了很强的化学键时也仍然适用，去掉了弱场方案的限制条件。论文讨论 $e^n t_2^m$ 组态的群链，并将其列表说明；接着又计算 $e^n t_2^m$ 的谱项能量；并将所得结果列成了表格，供配位场研究人员使用。

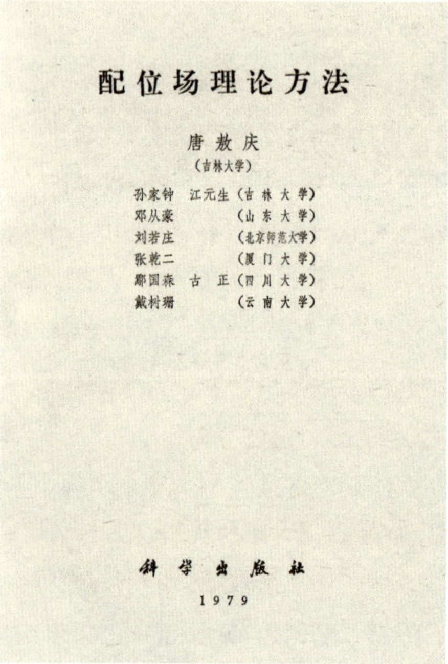
配位场理论方法

唐敖庆
(吉林大学)
孙家钟 江元生 (吉林大学)
邓从豪 (山东大学)
刘若庄 (北京师范大学)
张乾二 (厦门大学)
鄢国森 古正 (四川大学)
戴树珊 (云南大学)

科学出版社
1979

图 4-4 《配位场理论方法》扉页（1979，科学出版社）

第二篇论文首先介绍了两种群链的电子波函数，接着讨论并推导了三维旋转群 - 点群的偶合系数。利用了波函数的建造只依赖于群的性质，和基底的具体形式无关这一概念，将原子结构连续群的成果用到中央原子和配位体间形成化学键的情况，重要的是通过三维群约化偶合系数将原子结构连续群的成果和分子点群的成果衔接起来，才具体地得以实现。论文中给出了大量三维旋转群一正八面体群的约化 V 系数的数值表，对于中央原子是过渡元素的配位场已经够用，这种约化偶合系数在计算各种矩阵元时确实发挥了它的独特作用。

这两篇论文分别发表在《中国科学》(英文版) 1966 年第 4 期 ①，《吉林大学学报》1975 年第 1 期。②

“文化大革命”后期（1975 年），张乾二与厦门大学化学系另一教师周

① Research group on structure of matter: Studies on the ligand field theory Ⅰ. An improved weak field scheme. Scientia Sinica (English Edition), 1966, 15 (5): 610-644.

② 唐敖庆、孙家锺、江元生、邓从豪、刘若庄、张乾二、鄢国森、古正、戴树珊：配位势场理论的研究Ⅰ。《吉林大学自然科学学报》，1975 年第 3 期，第 57-69 页。

牧易，受化学系委派到长春与济南出差，主要考察吉林大学与山东大学结构化学教学改革情况。到了长春，唐敖庆询问张乾二最近做了什么科研，张乾二就把自己根据分子图形、用三角函数表示轨道系数，约化休克尔稀疏矩阵等工作，做了一个报告。唐敖庆听后很感兴趣，他让戴树珊也去做这方面的研究，以后江元生、鄢国森也加入。这些工作后来整理成《分子轨道图形理论》一书。

1978年"文化大革命"刚结束，鄢国森与戴树珊又来到吉林长春，和孙家钟一起将《配位场理论方法》一书定稿。最后，这本书由两部分组成，第一部分有七章，第一章绪论介绍配位场理论研究的历史；第二章是基向量标准化，讨论配位场研究中最基本的问题——旋转群基向量、各点群基向量的标准化问题；第三

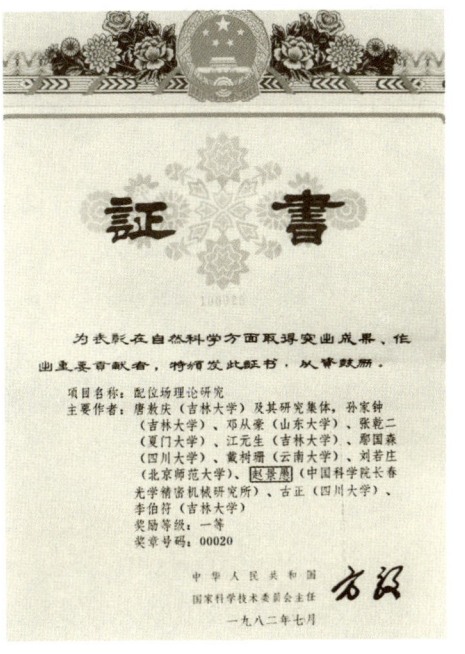

图 4-5　国家自然科学一等奖奖状（1982年。资料来源：邓从豪家属提供）

章仿照原子结构研究，对分子点群计算 V 系数和 W 系数；第四章讨论旋转群 - 点群的 V 系数，沟通原子结构与配位场的关系、配位场弱场方案与强场方案的关系，讨论点群 - 点群 V 系数，沟通高对称群与低对称群之间的关系；第五章介绍不可约张量算子的定义和性质，阐述 Wigner-Eckart 定理，并据此讨论能量矩阵元计算的简化；第六章从李代数出发，建立分子壳模型，并将其运用于配位场。讨论某些群链的分解；第七章讨论配位场重要方案中各种矩阵元的计算。第二部分是各种表格。首先是分子点群 O 群、D_4 群、D_3 群的特征标表和不可约表示直积分解表，接着是旋转群在 O 群、O 群在 D_4 群 D_3 群不可约表示的分解，然后是分子点群 O 群、D_4 群、D_3 群的 V 系数和 W 系数表，最后是八面体配位离子旋轨偶合作用矩阵元和 $(et_2)^n$ 组态亲态比系数表。唐敖庆让鄢国森为全书写了序言，

图4-6 讨论班成员再重逢（1980年。前排左起邓从豪、唐敖庆、刘若庄、鄢国森；后排左起江元生、孙家钟、张乾二、戴树珊。张乾二提供）

孙家钟英文基础较好，花了不少时间将全书的文字部分译成英文。

1979年11月，配位场理论的研究成果写成专著《配位场理论方法》，由科学出版社以英、汉两种文字出版，9人署名，首位为唐敖庆，张乾二名列其中。"配位场理论方法"这一成果也在1982年荣获国家自然科学奖一等奖。[①]

这期学术讨论班因在科学研究和高端人才培养方面成果显著，曾引起学术界的广泛关注。1981年，唐敖庆当选为国际理论化学界最高学术组织——国际量子分子科学研究院院士，并被聘为该院主办的《国际量子化学杂志》（ Int. J. Quantum Chem. ）顾问编委。在讨论班正式成员与旁听成员中，产生了7名院士、2名校长。多人承担国际学术职务：张乾二受聘担任国际《理论化学》（ THEOCHEM ）杂志编委；孙家钟受聘担任国际《分子液体》编委；江元生受聘担任国际理论有机化学家联合会特别理事……邓从豪出任山东大学校长，鄢国森出任四川大学校长。

1963年的物质结构学术讨论班造就了中国理论化学的一个强有力的学术团队，学术讨论班的大多数成员，日后成为了我国理论化学教学和研究的中坚力量，并在国际理论化学界被誉为"中国学派"。[②]

[①] 完成人：唐敖庆（1940年毕业于西南联合大学化学系，吉林大学）及其研究集体：孙家钟（吉林大学）、邓从豪（毕业于厦门大学化学系，山东大学）、张乾二（厦门大学）、江元生（吉林大学）、鄢国森（1951年毕业于重庆大学化学系，四川大学）、戴树珊（云南大学）、刘若庄（1947年毕业于北京辅仁大学化学系，北京师范大学）、赵景愚（中国科学院长春光学与精密机械研究所）、古正（四川大学）、李伯符（吉林大学）。

[②] 乌力吉：1963年在吉林大学开办的物质结构学术讨论班．《中国科技史杂志》，2009年第30卷第2期，第211—221页。

第五章
历尽劫难志犹坚

厦大的"文化大革命"风暴

1965年7月,张乾二在物质结构学术讨论班结束之后,回到了厦门大学。这时学校正在进行社会主义教育运动,组织师生(特别是文科师生)批判电影《早春二月》《舞台姐妹》,并且正在酝酿着一场新的"革命"。这年11月,姚文元在《文汇报》发表了文章《评新编历史剧〈海瑞罢官〉》。厦大校园内文科各系师生,开始就此文进行学术讨论,出现了两种针锋相对的观点,在召开多次的辩论会中,进行了学术层面上的争论。但谁也不明白这一场争论的历史背景,只是觉得:偌大的校园已无法安置一张平静的书桌。厦大已到了"山雨欲来风满楼"的境地了。

就在张乾二回到厦门,踌躇满志想在结构化学教学与量子化学科研上大干一场的时候,一场对中国教育和文化大破坏、大劫难的文化大革命在中国大地上发生了。

1966年5月,中共中央发出了《五一六通知》。《通知》的下达,使

"文化大革命"作为群众性的政治运动在校园里急剧展开，学校正常的教学、科研和学习生活已被引入歧途。5月24日，中共福建省委派出工作团进驻厦大，领导学校开展"文化大革命"。由于不明确中央的意图，他们进校后觉得束手无策，只是做些调查了解的工作。6月1日，中央人民广播电台播发了北京大学聂元梓等人攻击、批判北大党委和北京市委的大字报，同时配发了欢呼这张大字报的评论员文章。当天的《人民日报》发表了《横扫一切牛鬼蛇神》的社论。这下子，全校师生为之震惊，同时也积极行动起来了。社论广播后，只过了几个小时，竞丰食堂就首先出现了全校第一张大字报。紧接着，包括化学系学生宿舍"芙蓉第一"等各个宿舍门口、走廊、各系餐厅、学校办公楼都贴满了大字报。第二天即6月2日，中文、历史、外文、经济等系的少数学生立即贴出一批大字报，矛头直指学校党委，指出他们工作中的错误和问题。除了点名责难本系的党员领导干部外，有的大字报直指校党委书记陆维特、副书记未力工、副校长张玉麟以及党委宣传部长邹永贤，点了4位校级领导干部的名（即后来所谓的"陆、未、张、邹"走资派）。当晚，陆维特被部分文科学生抓到中文系里去批斗，与此同时，各系领导干部和一批教授专家也被打成了"走资派"和"反动学术权威"。①

6月4日，《人民日报》公布了中央改组北京市委及北大党委的决定，福建省委也宣布停止厦大党委的领导工作，由省委工作团取代党委、领导厦大运动。这期间，学校因受全国性"文化大革命"浪潮的驱动，师生情绪极为异常，正常的教学秩序和学校管理工作已无法进行。有些人受到鼓动，贴出大字报要求揭发学校和各系领导的"问题"，揭开"阶级斗争"的盖子。化学系一些别有用心的人，将一些档案资料抛出来，贴满了化学系宿舍楼"芙蓉一"楼前楼后。有的以捕风捉影、似是而非的所谓"事实"，攻击批判校系领导；更以大字报的形式，将某些有真才实学、教学科研成绩突出，但有些政历问题或家庭出身问题的名教授或业务尖子，斥为"资产阶级学术权威"和"牛鬼蛇神"。张乾二虽只有30多岁，但因家

---

① 未力工主编:《厦门大学校史》，第二卷（1949—1991）。厦门：厦门大学出版社，2006年，第158页。

庭的政治历史背景和社会关系"复杂",又在系里受领导重视、学有成就,受不少人嫉妒。在这样情况下,他自然在劫难逃,也被当做"牛鬼蛇神",遭到批判和斗争。

当时,张乾二与妻子洪香玲结婚刚好八年,身边已育有一男一女两个孩子,一家人住在"国光二"楼24号一套独立门户的房子,过着安定和睦的生活。张乾二刚从东北的吉林大学参加物质结构学术讨论班返校不久,洪香玲当时是化学系助教,但主要工作是在厦大华侨函授部化学组担任教师,负责海外华侨华人函授学生的教学工作。张乾二万万没有想到,这一场突如其来的"文化大革命"狂潮却让他遭到了厄运。运动开始时,学生们就给他贴了大字报,有的直接贴到他在"国光二"住房的门口,把他打成"反动学术权威",划入被打倒之列。一天,一群气势汹汹的红卫兵闯入他的住房,以搜查"封、资、修"的东西为名,随意翻箱倒柜,把家里值钱的东西、珍藏的一批书刊以及私人信件等全部抢去,美其名要带去进行"大批判"。

红卫兵以毛泽东的"最高指示"、"对反动派造反有理"为幌子,开始在厦大校园里打出旗号,占领"山头"(地盘),成立组织。首先是一批所谓出身好、学习和政治思想也表现好的学生,于8月23日发起成立了"厦门大学红卫兵总部",企图领导厦大的"文化大革命";8月26日,另一些被认为平时表现较差或者曾受到学校纪律处分的"少数派"成立了"厦大红卫兵独立团"。随后干部和教职工也发起组织了观点靠近"红卫兵总部"或者"独立团"的各类旗号不同的群众组织。虽然组织旗号各异,但宗旨却相同,都是打着"造修正主义的反"、"造走资派的反"。在红卫兵运动蔓延到社会之际,被打成厦大的"走资派"的校领导陆(维特)、未(力工)、张(玉麟)、邹(永贤)和被视为各系的走资派、反动学术权威的"牛鬼蛇神"们,分别被关进学校或各系建起的"牛棚"中,集中在一起监督学习和接受检举揭发、劳动改造。

1967年1月,由上海造反派掀起夺取市委市政府领导权的"一月风暴",迅速席卷全国。在厦大,以"红卫兵独立团"为主体成立的"新厦大公社"也于2月初组织了"接管委员会",强行夺取了学校及各职能部门的领导权。所谓"夺权",只是把学校及各部门、各系的行政公章取走而已,实际上学校及各系、各部门的工作,早在红卫兵运动初期就被造反派控制了。学校的一切规章制度、政纪、法纪已荡然无存。

到了1967年的夏秋之交,受北京和各地发生的武斗事件的影响,厦门大学的"革联"和"促联"两大派也由占山头、办派报、拉广播互相攻击,发展到去部队抢枪,在"文攻武卫"的口号下,由两派为夺权而分裂,上升到动刀枪的武斗流血事件。最突出的是发生在8月2日厦大"促联派"围攻"革联派"总部大南8号楼("文化大革命"期间改称"造反楼"),导致"革联"一名头目中弹身亡的"八二事件"。自此引发了厦门市全面的大规模武斗,厦大师生因武斗而死亡的人数共计14人。①

大难临头　妻亡子散

进入1968年,厦大"革联"与"促联"两派,围绕夺权问题,斗争更为激烈,矛盾越积越深,互相辱骂攻击,派性越来越情绪化,校园几无宁日。在两派你争我夺、寸步不让、校园内一片混乱的形势下,1968年10月,根据毛泽东的"最高指示","解放军毛泽东思想宣传队"(简称"军宣队")和"工人毛泽东思想宣传队"(简称"工宣队")先后进驻厦大,在各派中进行宣传工作,以求逐步恢复学校的工作与生活秩序。

工、军宣队进校不久,就成立革委会,开始"清理阶级队伍",于11月中旬组织了一场充满恐怖气氛的批斗大会。在建南大会堂有几千人参加的"批判反革命修正主义罪行"大会上,把陆维特、张玉麟、未力工等校领导押上台当活靶。连年过花甲、身体不好的老校长王亚南,也被几个红卫兵脚不着地地拖上台,和其他几位校领导一起遭受"喷气式"的体罚和批斗。王亚南因此诱发脑溢血、不治身亡。革委会不当回事,报到中央,

---

① 未力工主编:《厦门大学校史》,第二卷(1949-1991)。厦门:厦门大学出版社,2006年,第163页。

周恩来总理特地指示，王亚南曾翻译《资本论》，困难时期提出发放票据等，要为他开追悼会，革委会极其不情愿地应付了事。

在全校批斗大会的带动下，为了表现各自的"路线觉悟"，"革联"和"促联"两派对自己所管教的"专政对象"（被审查的干部教师）也进行批斗，而且手段翻新，更加残酷。1968年11月23日至24日两天，两派分别把受审查的教师、干部押到市区及校内进行大游斗。

在这场残酷的大游斗中，张乾二也在劫难逃。他同化学系的领导干部刘正坤、顾学民、李法西和老教授方锡畴、吴思敏等一起，头戴高帽、背挂黑帮牌子，被拉上街头游斗。在游斗中，不断遭受造反派的人格侮辱和拳脚体罚，有的甚至遭到人身摧残，在这场折磨中被打伤。

这以后，革委会以"清队"为名，将一些有问题的干部、教职员看管起来，关在"牛棚"里，集中检查揭发问题，或进行体力劳动。化学系的几位已退休的老教授，虽年老体弱，也得参加重体力劳动，实是不堪重负。这时，正处年轻力壮时期的张乾二，在"牛棚"里不仅把洗厕所、打扫房屋等轻微劳动主动做好，而且把挑担拉车等重活、脏活也主动扛上，以减轻老教授的负担。这令"牛棚"里的难友们心生感动，但谁也不敢启齿，因为在这种群众专政、人人自危的情况下，为减轻皮肉之痛和人身安全，只能保持沉默。

化学系被打成"走资派"的刘正坤（系党总支书记）、顾学民（化学系系主任）、张乾二等11人，分别被关在化学系学生宿舍"芙蓉第一"楼的111室和112室（男女分开）。他们白天被集中在一起写检讨，写揭发材料，或者集中到校园里的农场参加体力劳动，接受改造；晚上才允许由红卫兵押着回到家里，到后来运动升级时，连家也不能回。

当时年仅38岁的张乾二，仅仅因为他是系里青年教师中的副教授、业务尖子，加之家庭背景"复杂"，就被打成"牛鬼蛇神"。关进"牛棚"，受到人格的羞辱，被剥夺了人身自由。对此，他想得开，抱着"心中无邪不怕鬼"的心态，仍然保留着他一贯的敢讲真话、乐观幽默的个性特点。张乾二生长在中医家庭，对中药、穴位等知识从小耳闻目染。"文化大革命"中中医受到推崇，其他书不能出版，中医书还网开一面。他购买了一

第五章　历尽劫难志犹坚　　99

本介绍针灸的书籍，在"牛棚"中自学中医、练习扎针。其他教师看到后也感到兴趣，一起学了起来。红卫兵发现后，立即斥责他们改造意识不强。有一次，张乾二把关在"牛棚"里的几位领导干部和教师的生肖属性粗略做了了解，其中4个属龙、3个属牛、1个属蛇。他因此开玩笑说："我们都是名符其实的'牛鬼蛇神'喔！"一句话逗得"牛棚"里一阵笑声。不知怎的，这消息"走漏风声"，让造反派知道了，即被训斥为对抗运动，不思改造，又挨批斗。

正在张乾二遭遇被游街批斗的大难、身心俱损的时候，又一场令他刻骨铭心的家庭灾难正在向他走来，让他猝不及防。身怀六甲的妻子洪香玲在12月临产期中，身边缺少亲人的照顾与护理，在厦门第一医院妇产科分娩时，突患急性黄疸型肝炎，导致在次子张洪平安出生后因产后大出血，不治辞世。这一人生和家庭的大不幸，给了张乾二的重大打击，实是难以言喻！

自从张乾二被打成牛鬼蛇神之后，他已经历尽了大字报揭发、被抄家、受批判、进"牛棚"、上街游斗等一系列的人格侮辱和身心伤害，对于回家与家人见面，对于家的温暖和亲情的交流，只是一种奢望，可望而不可及。而妻子、儿女也感到孤立无助，遭人白眼，受尽精神的折磨。当时，妻子洪香玲已有身孕，医院检测的预产期是在1968年12月。她身边还有两个孩子：长子张洵10岁，女儿张影8岁，都还是少不更事、需要父母的关爱与呵护的孩童。为了生存，也为了家庭，虽然丈夫被"打入另册"，自己身体也不很好，但在这样的特殊年月，面对生活和精神的压力，倔强而贤惠的她依然把一家的担子扛着，苦苦支撑着这个濒临破碎的家。

到了12月下旬，根据预产期，洪香玲在无亲人陪伴的情况下，自己进入

图 5-1 洪香玲与张洵（张乾二提供）

厦门第一医院的产科病房，等待分娩。医院在产前检查时发现她患有急性黄疸型肝炎，必须及时治疗，否则可能出现难产或危及生命。由于当时第一医院著名医生都关在"牛棚"，革命医生没有能力处理这种情况，妇产科医生提出，应及时让她转院到中山医院肝科治疗。医院将情况反馈给厦门大学化学系，工军宣队竟回答说"对牛鬼蛇神的老婆不用管"，断然拒绝。

这时，张乾二知道了这个消息，想提出离开"牛棚"回去几天照顾家人，却难以启齿，他深知即使让造反派知情也不会理睬他。在"牛棚"里的原系总支书记刘正坤和几位女干部，出于女性特有的理解与同情，曾恳求工军宣队领导让张乾二回家看看，但也被回绝了。刘正坤后来在回忆当时的情况时说："那天有人来告诉说，洪香玲要生孩子。我们大家虽然都是牛鬼蛇神，但还是向造反派说让他（张乾二）回去，因为生孩子是件大事，又不是什么（关系政治的）问题，但最后还是没让他去"。①

12月24日，还在产房的洪香玲即将临盆，她身体已显得很虚弱，病房里也缺少护士的精心护理，至亲的丈夫又遭隔离审查无法亲临照顾，这让她深感孤单无助，心里蒙上了一层令常人难以想象的阴影。12月24日深夜，当她分娩的时候，因为身患肝炎，身体极度虚弱，结果突发产后大出血。孩子平安出生了，但她却生命垂危，急需抢救。这时候，如果医院能针对产妇的病情，及时提出抢救方案，也许可以挽回生命的。但是，当时正值"文化大革命"大动乱的时期，第一医院也处于派系斗争的混乱局面中，整个医院的医疗环境极为恶劣；加之医院的血源不足，院方最终未能将洪香玲抢救过来。25日凌晨，在场的家属和亲友只能眼睁睁地看着婴儿呱呱落地，妈妈却天人永隔离开人世。

妻子的不幸去世，给张乾二及家人带来了沉重的精神打击和家庭灾难。这时候，他的母亲为照顾老父亲，早已回崇武老家去了，唯一可以依靠的是他的岳母和家人。岳母家当时住在厦门市人和路13号。张乾二在处理好妻子的后事之后，在岳母和亲戚的帮助下，清理好国光二24号住

---

① 刘正坤访谈，2013年5月6日，厦门。资料存于采集工程数据库。

房,将婴儿连同两个小孩交托给岳母,带到厦门市区去。他自己仍按规定回到"牛棚",接受审查。其后,在他获得解放时,则自己一个人住在国光二24号的房子中,过着"单身汉"的日子,这种妻离子散的生活一直延续了几年。虽说解放了,但革命群众都不敢与他交谈,除了上课、政治学习外,他都是一人独来独往。1973年,部分下放的教师干部重新调回学校之后,校方又以种种理由逼他迁出原住的这套房子,无奈之下他搬出了国光二24号住房。

为工农兵学员上课

1970年7月,已经停课四年多,被折腾得奄奄一息的厦门大学,根据毛泽东的"五七指示":"从有实践经验的工人农民中间选拔学生,到学校学几年以后,又回到生产实践中去"的要求,1971年开始试办"工农试点班",恢复招生。当时按中央指示,废除历来实行的统一考试、择优录取的招生办法,改为实行"群众推荐、领导批准和学校复审相结合的方法",用这种办法招收的学生被称为"工农兵学员"。1971年的9月,林彪事件后,一般高级知识分子,没有大问题的都解放出来,参加学校教学或科研活动。张乾二就是这时候被允许参加教学工作的。厦门大学开始招收工农兵试点班,张乾二参加教学工作。物构教研组已解散,"物质结构"这门课脱离实际不能再上。工农试点班学生大都来自工农业生产第一线,原来一些人是高中毕业(或读到高中就开始"文化大革命"),一些则是初中毕业,几年的生产实践,增长了许多实践经验,但原来学的一些基础知识却遗忘不少。张乾二就承担为学生补习中学数学的任务。

化学系曾为漳州罐头厂举办培训班,工人学员的文化程度普遍较低,大致是小学文化,经过"文化大革命"一折腾,大多忘得差不多了。张乾二从"牛棚"出来教学,正好碰上这个班,为工人学员补习小学算术。

1972年秋季全校正式开办的专业计有文史、工业经济、半导体物理和有机合成、海洋化学、微生物等11个，学制为两年。化学系有分析化学、有机化学、催化学、电化学几个专业。10月，全校这一批招收的学员文理科共321名，其中化学系52名。各专业对招收新学员虽然也提出一些具体要求，但由于采取了推荐免试入学的办法，加之当时派性的严重干扰，学员的程度、年龄参差不齐。这一阶段的厦门大学教师（包括干部）队伍，在经历了"清队"、"整党"和干部（教师）下放之后，一部分留在学校、而原来被打成"反动学术权威"和"牛鬼蛇神"的教师也陆续解放出来，并被安排到教学或管理的工作岗位上。作为化学系相对年轻且教学与科研堪称优秀的副教授张乾二，也从此告别"牛棚"走上讲台，担任工农兵学员的教学工作。

1973年春季开始，学校全面招收普通班工农兵学员，学制改为三年，秋季开始理科各专业另加补习半年。在三年半的学习时间里，扣除学军、学农和毕业实践时间共一年，实际教学时间为两年半。原来程度不到高中毕业的学生，用两年半时间学习需要四五年才能掌握的知识，其困难程度是可想而知的。况且在特殊的年代，他们虽想专心学习却身不由己，因为他们身上肩负着所谓"上大学、管大学、改造大学"（简称"上、管、改"）的重任。所以这批工农兵学员虽然大部分都想好好学习知识，但要实现原设想的学习计划，难度自然是很大的。

从1971年秋季、1972年春季到1973年春季，化学系从全国各地招收三届工农兵学员共320多名。因为文化程度参差不齐，他们中多数是"文化大革命"前初三到高一程度的学生，还有个别是小学毕业生，给教师的教学工作带来很大困难。为了使学习的知识能结合实际、应用到工农业生产中，化学系成立了分析、电化、催化等专业联队。各个教研组打散，教师编入各个专业联队。当时化学系的前总支书记刘正坤出任系主任，她对教学还是很重视，要求每门课都要考试。学员中的老高三生特别高兴，因为只有考试才能显出他们的水平。可是过了不久，张铁生"白卷"事件发生，学校又回到了不许考试的阶段。

当时，张乾二被安排给学员上数学课，从小学的算术课，到中学的代数、几何、三角等课程，实际上是为他们上补习课。学员中个别的连小学都没毕业也来上大学，什么知识都不懂，不知道什么叫"代数"、"几何"，只认识一些数字与符号。要给他们上数学课，让他们真正地学懂弄通，这简直是"赶鸭子上架——难上难"。但是凭着为人之师的责任感和认真负责的态度，张乾二仍然以良师益友的身份走上讲台，为学员从小学算术的分数加减补起，讲到初中的"代数"、"几何"，直到高中的"三角"、"解析几何"，把这些课程综合起来，统称为"初等数学"。

为了搞好教学，张乾二动手编写了一套"数学基础"的讲义。1971年底写的数学讲义是第一本，为半导体材料化学工农试点班使用。这本讲义具备当时鲜明的特点，讲义第一页是毛主席语录，每一章的开始还有一段毛主席语录。讲义共分六章，前三章"初等代数"、"指数与对数"、"相似形及其应用"主要是补习初中数学的内容。张乾二考虑到，以前初中数学是以十二三岁的少年为教育对象，采取循序渐进、逐步深入的方法。现在试点班的学员是成年人，有较丰富的生活、生产经验，因此教材编写就从他们比较熟悉的生产问题说起。前三章基本是初中数学内容与小学数学的复习，从第四章开始，是高中数学内容。第四章讲三角函数，第五章是面积和体积的计算，这是高中立体几何的一些内容。一开始是学习一些常见的立体图形，如圆柱形、圆锥形、圆台形等图形的表面积和体积计算。还有三棱柱、四棱柱、六棱柱、四方锥、五棱台等图形计算。这些计算都比较直观，在讲述过程中学员也学得比较轻松。张乾二觉得这些学员还有余力，再补充了第六章，介绍向量。

1972年春季，又招收了三年制的工农试点班，这次教学时间多了一年，张乾二的数学课就不止是中学数学的补课了，他准备为这届的学员讲授大学高等数学的微积分。与上一本教材一样，在讲义的第一页是毛主席语录。第一章是微积分的基本方法，第二章微分法及其应用，第三章是积分法及其应用。讲义接下来介绍分部积分，最后是积分法的应用。

每当1972级化学系分析化学班的学生回忆张乾二教数学课的情景时，都说张乾二的教学内容和讲课艺术给他们留下了极其深刻的印象。该班的学生卢葛覃（卢嘉锡的大女儿）回忆说："我们班同学程度不一，为了让大家都能学懂弄通数学基础知识，张老师总是由浅入深地为我们讲解初等数学课。我印象最深的是，每当他走进教室一上讲台，二话不说就先在黑板上画了一个大大的几何图形，然后一步步从几何讲到代数、从代数讲到三角，最后就举例子进行运算解题，让大家听得津津有味，心领神会，学到知识。"[1] 卢葛覃的同班同学、毕业后留校工作的黄如彬回忆道：

> 我们 72 级分析化学专业的同学共 40 名，男女各半，文化程度多数为"文化大革命"前高中毕业生，也有少数初中毕业的。虽然名为入学是为了"上、管、改"，实际上同学们都很用功。对为我们补课的张老师，我们都很尊敬他。原因是他讲课声音洪亮，内容深入浅出，常用生动通俗的例子来解释我们认为深奥的数学知识，让同学们听了觉得很爽，津津有味。上课时，不管学生出席情况、来多来少，都一样认真地讲课，一丝不苟，让人敬佩。至今四十多年了，依然给我们留下深刻的印象。[2]

《初等数学》讲义精益求精

为了给工农兵学员既补习中学数学知识，又为上好高等数学打好基础，张乾二还利用备课和业余时间，认真编写了一套切合学员实际情况的初等教学讲义，从代数、平面几何讲到三角、立体几何、解析几何，从实数讲到虚数、复数。这套讲义是从教学实践中总结出来的教材精华，适合于不同程度学员学习和掌握基础数学知识，具有较强的综合性和实用性。这套讲义从一个数学问题出发，从"几何"的角度可以证明其中某些角相等，某些三角形相似或全等；从"三角"的角度可以求它的边长；从"解析几何"可以写出图形的表达式……张乾二说，这套讲义是他花了很多心血编写的，是在"文革"动乱中难得的教学成果，也是他"一生中编写得

---

[1] 卢葛覃访谈，2013 年 10 月 25 日，厦门。
[2] 黄如彬访谈，2013 年 7 月 16 日，厦门。资料存于采集工程数据库。

最好的讲义"。他把这套讲义一直珍藏在家里，但是很可惜，却在 1998 年一次搬家中不慎丢失了。这件事一直让他感到遗憾。从 1971 年秋获解放，到 1976 年已五个年头。张乾二一直在为工农兵学员补习中学数学。在几年的教学中，他逐步摸索出一些经验，对学生在学习中的难点和疑点也比较清楚，他准备重新编写一套初等数学教材。一方面张乾二反复阅读了文革前中学的数学教科书，又参考了国 Clyde E. Love 编写的这方面教材《Calculus》，再结合这几年的教学经验，1976 年 5 月，张乾二编出了一套自己比较满意的《初等数学》讲义。

讲义的第一页是"恩格斯语录"："纯数学的对象是现实世界的空间形式和数量关系……我们的几何学从空间关系出发，我们的算术和代数是从数量关系出发。""三角学从综合几何学中发展出来，这对辩证法是一个很好的例证，说明辩证法怎样从事物的相互关系中理解事物，而不是孤立地理解事物。"第二页是毛主席语录："学生也是这样，以学为主，兼学别样。即不但学文，也要学工、学农、学军，也要批判资产阶级。学制要缩短，教育要革命，资产阶级知识分子统治我们学校的现象再也不能继续下去了。""我们能够学会我们原来不懂的东西。我们不但善于破坏一个旧世界，我们还将善于建设一个新世界。"

《初等数学》分两个部分，第一部分是代数。现将目录收录如下：

第一章　有理数
　　第一节　有理数的概念
　　第二节　有理数的加法和减法
　　第三节　有理数的乘法和除法
　　第四节　有理数的四则混合运算
　　第五节　有理数的乘方
　　　　习题 1
第二章　整式
　　第一节　代数式
　　第二节　整式的加减法

第三节　整式的乘法

　　习题2

第三章　乘法公式和因式分解

第一节　乘法公式

第二节　因式分解

　　习题3

第四章　分式

第一节　基本知识

第二节　分式的运算

第三节　零指数幂、负指数幂

　　习题4

第五章　根式

第一节　开方和方根

第二节　算术根

第三节　根式的运算

第四节　分数指数幂

　　习题5

第六章　一次方程

第一节　比例

第二节　方程的基本知识

第三节　一元一次方程

第四节　二元一次方程组

第五节　三元一次方程组

第六节　不等式

　　习题6

第七章　二次方程

第一节　一元二次方程

第二节　用求根法分解二次三项式

第三节　高次方程、分式方程、根式方程

第四节　二元二次方程组
第五节　应用举例
　　习题 7
第八章　对数
第一节　指数和对数
第二节　对数的性质
第三节　常用对数
第四节　对数的应用
第五节　换底公式
　　习题 8

　　这套新讲义与以前几次的讲义有几个不同点：一是内容不是学员缺什么补什么，而是系统化了；二是遵照循序渐进的原则，由浅入深、由易到难；三是注重练习，每一章后面都附有较多习题，既有思考题，也有练习题，还有证明题，使学员能充分的练习、掌握和巩固这些知识。

　　第二部分是几何。第一章：简单平面几何图形及其性质，内容包括线段、射线和直线、角、垂线，平行线、三角形、圆和有关圆的角。其中三角形是重点内容，教材先介绍三角形的分类，再阐述三角形内角定理和外角定理、直角三角形勾股定理、三角形全等的判断，最后用较多篇幅介绍相似三角形及其应用。第二章：三角函数和直角三角形的解法，内容包括锐角三角函数、三角函数内在联系、直角三角形的解法及其应用。第三章：广义三角函数及其性质，内容包括平面三角坐标系、广义三角函数、同角三角函数关系、化任意角为锐角的三

图 5-2　张乾二编写的《初等数学》讲义副本

角函数（诱导公式）和正弦、余弦函数的图像。第四章：三角恒等式，内容包括两角和、差的正弦；倍角和半角的三角函数；正余弦的和差化积与积化和差。这一章的内容，张乾二在休克尔图形理论的科研中反复用到，他总结了一张表，说明这些公式之间的关系。

业余时间偷搞科研 [①]

在张乾二获得解放，重新走上讲台时，他认真地为工农兵学员上"初等数学"，不仅让学员们吸收知识营养，打好坚实的学业基础，而且也让自己从"文化大革命"受到审查、专业几近荒废的状态下挣脱出来，重新开启智慧之门，恢复和拓展自己的专业知识和科学的思维能力。

1971年9月林彪事件发生，国内政治形势出现暂时转机。一些著名科学家对我国基础研究全面停顿状况忧心如焚，周恩来总理批示了周培元的建议，并召开了全国科技会议。张乾二的老师卢嘉锡、唐敖庆、蔡启瑞三人联袂提出研究"化学模拟生物固氮"项目。这是一个国际前沿的课题，既有基础研究的高度、难度，又有实际应用的深度、广度。同时还是一个化学与生物的交叉课题。因为自然界中根瘤菌等，可在常温、常压下使土壤中的含氮化合物变为植物可吸收的氮肥，化学中则是高温高压加催化剂才能生产出化肥。三位大师各发挥自己的优势，卢嘉锡发挥结构化学的优势，从过渡金属生物酶的结构特点入手，设计固氮酶模型；唐敖庆则从理论化学角度讨论固氮酶的电子结构和电荷传递；蔡启瑞从分子催化角度出发，研究固氮酶对生物的催化作用。1973年3月，三位大师参加全国化学模拟生物固氮研究工作会议，为固氮酶聚首厦门。正好张乾二刚从"牛棚"出来，对老师在"文化大革命"前期的遭遇也有所听闻，看到他们又重新出来工作，还是像以前那样精力充沛、充满信心、勇往直前，他精神

[①] 部分内容采自林梦海：弄潮儿向涛头立——记著名理论化学家张乾二院士。《中国科学报》，2013年12月27日。

图 5-3 化学模拟生物固氮讨论会部分代表合影（1973年。二排左三卢嘉锡、左四唐敖庆、左五蔡启瑞；三排左一张乾二。资料来源：厦门大学化学化工学院院史资料）

上受到很大鼓舞，感受到光明终归要遮盖黑暗，正义必然要战胜邪恶。见面时，老师们与张乾二意味深长地握手，一切尽在不言中。他坚信，自己现在虽然没有资格参加科研，但将来一定有机会与老师们一起搞科研。

晚上回到空无一人的家中，张乾二开始考虑科研问题。当他在讲解初等数学时，就几何和三角问题的备课中，曾诱发他进一步的思考：能否用初等数学的几何、三角来解析分子结构的化学问题？他开始对这个新问题进行潜心的研究。每当夜深人静，他就拿出纸和笔，认真地思考和计算。他不知疲倦地工作着，不知熬过了多少个夜晚，用过了多少纸笔，为的是探索分子几何构型与分子轨道之间的规律。在"结构化学"教学与俄文专著《分子的结构与物理性质》（1955年）翻译过程中[1]，张乾二已对大量分子的结构特点进行过归纳总结，还撰文研究了 AB_2 和 AB_3 型分子键角变化的规律[2]，现在他想更普遍地推导出共轭分子轨道系数的特点。

首先张乾二观察直链多烯烃分子中的原子轨道系数，从丁二烯、戊二烯到己三烯……链中某个 C 原子 C_r 的系数乘上某个常量，会等于左右相邻两个 C 原子 C_{r-1} 与 C_{r+1} 的系数之和。以后又发现这个常量是该轨道能量本征值减去 C 原子库伦积分的差，除以相邻 C 原子的交换积分。张乾二不

---

[1] （苏）伏肯斯坦（М.В.Волькенщтейи）著，张乾二、韩德刚、沈文健、沈联芳等译，刘若庄校，科学出版社，1960年。

[2] 张乾二、林连堂、王南钦、王银桂：AB2 和 AB3 型分子键角变化的规律。《厦门大学学报（自然科学版）》，1961年第1期，第68—73页。

停计算、观察与琢磨，发现了分子的几何构型可能影响它的轨道系数，并与三角函数有一定的联系。

接着，张乾二研究苯环、苄基、三苯甲基等环状共轭分子的轨道系数，他发现这些分子的轨道系数是以环的中轴线左右对称或反对称。如何先求解轨道系数方程，再推出轨道能量，这可能是一个捷径，但还要大量的验算与证明。他反复观察环状分子的 π 轨道系数，发现它们的轨道系数与某些特殊角的三角函数值相符；再观察双环、三环分子的 π 轨道系数，也是与某些三角函数值相同。张乾二想，是否可用三角函数来表示轨道系数？他又回过头来观察直链多烯烃的分子轨道系数、长链多烯烃的 π 轨道系数，先是比较小的值，然后变大，达到 0.9X 最大值后，又逐步下降，降到负值后，最小达到 -0.9X，再逐渐上升，回到 0。数据的变化有周期性，特别像正弦波，"可以用正弦函数来表达轨道系数！"张乾二脑子里灵光一闪。他再找另一个直链多烯烃—戊二烯的五个 π 分子轨道，第一个全对称轨道系数分别是：$\sin30°$，$\sin60°$，$\sin90°$，$\sin120°$，$\sin150°$。第二个轨道系数分别是：$\sin60°$，$\sin120°$，$\sin180°$，$\sin240°$，$\sin300°$，……五个轨道全符合这规律！

张乾二对三角函数十分熟悉，如果可用正弦函数表达直链多烯烃的系数，那么余弦与正弦为互补函数，三角函数中的半角公式、倍角公式等一系列关系，又可用什么来表示其他图形的分子呢？张乾二越研究兴趣越浓，他真想把这些结果与什么人一起分享，但周围只有黑黑的夜空。张乾二想，即使一个人我也可以一步步做，先把直链多烯烃的规律研究清楚，然后研究环状烯烃的分子轨道，这样每天晚上的时间都不够用了。

每天晚上吃完饭，张乾二就坐在书桌前，演算了一个又一个共轭分子的轨道系数。几个月下来，演算的草稿纸都有一尺多高。计算三角函数时，他不用小数表示，而坚持用无理数表达，这样可减少运算中的误差，使结果更直观化。将各种图形的共轭分子归类：直链、分叉链、单环、双环、多联环、稠环……找到了轨道系数的规律，再寻找轨道能级的规律。对于一些图形比较复杂的分子，例如胡萝卜素的分子，长链又带两环；又如四亚甲基环丁烷，四元环外又带四个叉；再如多苯撑类分子，一个六元

图 5-4　化学系燃化部中专师资培训班结业留念（1973 年 10 月。二排左二张乾二、许志文、林清赞，右四起俞鼎琼、张朝炎、肖丽鹃、刘正坤、纪全兴。资料来源：俞鼎琼提供）

环对称连接三个四元环，或一个八元环上下左右各连一个六元环。这类分子既不能化为链状分子，又不能归为环状、稠环分子，对于这些复杂分子要怎么办？张乾二动了好几天的脑筋，最后想出一个法子：把环归环、链归链，划分成几个分子碎片。至于这些碎片要如何串联起来，他又花了一两周的时间研究。

在以往的休克尔矩阵近似研究中，只重视了分子的对称性，而忽视了共轭分子中原子既有对称性，又有周期性。张乾二利用链状共轭分子中原子排列的周期性，引入了三角函数表示轨道系数，再根据三角函数的特殊性，使能量久期方程进一步约化。接下来他又关注不能链状化的其他分子，他提出分子轨道"碎片法"，根据分子的几何图形，把分子分解为几个碎片，整个分子的分子轨道，表达为各个"碎片轨道"的线性组合，而久期方程可以用一个联系各碎片的特征多项式联系起来，这多项式可从分子"键合端"的原子轨道系数关系得到。

在那个特殊的年代，学校里只有革命师生才能搞科研，作为"牛鬼蛇神"的张乾二,还戴着知识分子"臭老九"的帽子,当时根本没有资格进行科学研究。对于这一新的科研课题,他只能利用教学任务完成之外的业余时间,私下里偷偷地做,不敢声张,也不敢与其他人进行交流。科学上的锋芒毕露并非好事,更可能给冒尖者招来横祸。只有在政治清明、改革开放的新时代,在知识分子真正成为国家的宝贵财富的时候,科学的春天才能真正到来,科学家的发明与创新才能受到应有的尊重和认可。

再次组织家庭

这段时间发生了一件事,给张乾二生活带来很大变化。这事与吴思敏有关。

吴思敏出身于基督教牧师家庭,其父在泉州南安凤来镇传教,后被土匪杀害。吴家的后代都是虔诚的基督徒,还集资捐款修建了凤来礼拜堂。"文化大革命"中,特别是"清队整党"中,因吴思敏抗战时期曾在印度等地做翻译,儿子又到英国工作,而怀疑他是特务。他家住在鼓浪屿,又是安息日教会家庭聚会点,更是公安局关注的重点。吴思敏虽然已退休十几年,"清队"中还被军宣队、专案组定为"牛鬼蛇神",拉到系里来批斗。刚开始,牛鬼蛇神只是上午、下午要到系里报到,中午、晚上还可以回家休息,但每个人胸前要挂一个大黑牌。这时,张乾二的妻子已去世,孩子又随岳母住,家里只有他一人。张就问吴思敏是否要到他那里休息,吴思敏当然十分愿意,一是休息时间较长,二是不用挂着黑牌招摇过市。

后来,"清队"运动进一步深入,专案组勒令牛鬼蛇神要住在牛棚(指定在芙蓉一111房间),上午劳动改造、下午写交代材料。老先生在风烛残年被拉来批斗,从没干过体力活,现在却要挑担、拉车,实在力不从心。在这样的危难时期,张乾二很同情他们,主动挑起劳动的重担。这令牛棚里的难友们心生感激,但谁也不敢吭声,因为牛鬼蛇神还有相互揭发的任务。在这种群众专政的日子里，为保自身安全和少受皮肉之苦，大多数人只能保持沉默。

到了1971年末，林彪事件发生后，知识分子的待遇有所变化。张乾二获准晚上回家，白天可参加工农兵学员的教学工作。再过一段，唐敖庆、卢嘉锡、蔡启瑞开始联袂主持"化学模拟生物固氮"研究大课题。张乾二受到启发，晚上在家偷偷研究分子轨道系数规律。

这段时间张乾二正沉浸在科学钻研中。有一天上午，他在化学系上完课，有机组许志文老师来找他。许与张乾二同是惠安人，性格比较活泼、调皮，平时比较谈得来。他和妻子分别毕业于泉州培元与培英中学。来到厦门后，校友都是年轻人，又有相同的宗教信仰，因而经常聚会交流。吴思敏的大女儿超君也参加他们的聚会。有一次聚会，许志文说起张乾二的经历，吴思敏的大女儿超君也在场。回到家里，她就向父亲询问张乾二的情况。吴思敏在家里介绍了张乾二的情况："张是卢嘉锡的得意门生。早年在水溶液中培养晶体，六十年代又到长春研究理论化学，三十多岁就升了副教授。'文化大革命'中因家庭问题受牵连，被关进牛棚。他经常帮助老教师，为人很好。有段时间，中午我还到他家里休息。可是他妻子因难产、抢救不力去世了，只剩三个孩子跟着他。"

超君听后，觉得可以介绍二妹肖君与他认识。她把这想法与聚会的这群年轻朋友交流，大家都觉得是个好主意。有人提议让许志文带张乾二来与大家认识，聊聊天。

许志文对张乾二说："我给你介绍个对象。吴思敏你是很熟悉了，我想给你介绍他的二女儿肖君。她在厦门二中教政治。50年代因误诊为肺结核，在鼓浪屿住院多时，后到上海确诊没有结核病。以后文化革命就发生了。你想不想与她认识？"张乾二说："自己家庭背景复杂，又带着三个孩子，她能不能接受？"许志文说："这是她大姐提出来的，这些事吴先生肯定知道。"于是张乾二跟着许志文去参加她们的聚会。

聚会后，大家觉得不错，超君就将这事与二妹肖君交流，吴思敏先生又说了张乾二许多好话，肖君对张乾二的印象慢慢好起来。吴思敏的夫人也非常关心，大女儿超君就说，那我们请他来家里坐坐吧。大姐告诉许志文，许志文带着张乾二来到吴思敏家，把他介绍给肖君。吴夫人留张在家里吃饭，以后张乾二就与肖君开始交往，过了一段时间，准备结婚。他也征求了香玲母亲的意见，香玲母亲当然高兴，她说这些孩子也需要一个母亲。

张乾二要结婚的消息在一些较熟悉的教师中传开。惠安老乡林连堂知道后，就告诉了当时在化学系就读的学生卢葛覃（卢嘉锡的女儿），卢葛覃就给父亲打电话，卢嘉锡听了很高兴，就交代女儿为他准备一些礼物。第二天林连堂与卢葛覃带着礼物到张乾二家，为他送上祝福。

不久，吴思敏夫妇远赴英国，到他儿子那里居住。鼓浪屿的房子就留给张乾二居住。张乾二的孩子也搬来与父母一起住。

第六章
喜迎改革春风

拨乱反正　冤案获平反

　　1978年厦门大学校党委根据上级指示，对"文化大革命"中的冤假错案逐一进行平反。1979年6月化学系党总支恢复，刘正坤担任总支书记，她力排众议，坚持为物构组的归侨教师郑淑颖平反。郑淑颖的冤案平反后，化学系的平反工作得以顺利进行[①]。一些靠着"整人"过日子的干部见势不好，纷纷调离学校。张乾二觉得绑在身上的"枷锁"终于卸下了，心里说不出的轻松。

　　大学要高考了，教学应该怎么搞？由于"文化大革命"中批判"十七年教育黑线"，化学系已将教研室打乱，以专业联队代替，且仅限于应用型专业，如催化、电化、分析等专业联队。而一些基础理论，如结构化学、量子化学等专业则全部取消，教师分散到专业联队中上课。听到恢复

---

① 刘正坤访谈，2012年12月10日，厦门。资料存于采集工程数据库。

高考的消息，时任化学系主任的刘正坤马上对系里的编制进行调整，撤销了专业联队，恢复了"文化大革命"中解散的一些教研组。其中物构教研组由张乾二任组长，老物构组的林连堂、王南钦、杨华惠回归了，"文化大革命"中从外校调回的卢嘉锡早期研究生胡盛志、施彼得、黄泰山、周牧易等也加盟进来，一时物构组兵强马壮。

学校首先整顿了领导班子，接着整顿教学秩序，提出"要贯彻'以学为主、兼学别样'的原则，保证教学时间占百分之八十，学工、学农、学军时间每年平均五周"。后又提出理科数学、物理等基础课要单独设课，配备水平较高的教师；文、理科外语均为必修课；学工、学农、学军每年两周，教学逐步走上正轨。张乾二又开设"物质结构"课了[①]。1978年2月，时隔十二年，经过高考录取的1977级新生入学了；同年10月，1978级新生也接着注册入校。

1978年3月，全国科学大会开幕，科学的春天来了。大会上厦门大学化学系、生物系、海洋系被表彰为先进集体，11项科研成果获奖，其中张乾二参与的吉林大学为首的"配位场理论方法"项目获奖。为了拨乱反正，提高教师地位，厦门大学决定评选优秀教师。化学系回顾了近几年的教学工作，在对工农兵学员的基础课教学中，张乾二讲授"初等数学"课程，对基础较差的学生采用了图示、比喻等方法，使他们能很快理解，而对基础较好的学生则因材施教，深得学生好评。他编写的教材深入浅出，好学易懂，很受欢迎。评选中，张乾二名列为化学系第一位，获得学校表扬。1978年厦大提升了一批教授，张乾二也在其中。

张乾二家里也是好消息不断：恢复高考的消息传来，大儿子、女儿快高中毕业了，前几年毕业后就是上山下乡，而现在可以考大学了，孩子们都投入紧张的复习备考阶段。大儿子张泃遗传了父亲喜爱数学的天性，1977年考上厦门大学数学系，女儿张影准备继承父母的专业，1978年考上福州大学化工系。

1977年的春天，万象更新，张乾二觉得现在可以公开搞科研了。他找

---

① 朱力工主编：《厦门大学校史 第二卷（1949-1991）》。厦门：厦门大学出版社，2006年，第207-208页。

到林连堂，问他想不想搞科研？林连堂回答，当然想。张乾二就对他说，"我当时教初等数学，还真是没有白教，我最近在思考休克尔矩阵的一些问题，觉得分子轨道系数与三角函数有不少关系，应当是有搞头"①。张乾二就要林连堂再找一、两个人，组成一个科研小组。林连堂想，60年代一起研究的王银桂调去物构所了，而王南钦还在，两人随即一拍即合。

张乾二告诉他们，"文化大革命"中他在观察直链共轭烯烃分子轨道系数时，发现一些规律：若用无理数、分数表达轨道系数，与三角函数中某些角度的正弦、余弦的数值恰好相同，这只是巧合，还是有更深刻的规律？需要做更多的验算。同时，三角函数的半角、倍角公式等也为表达分子轨道系数提供方便。林、王两位听后，茅塞顿开，十分兴趣地投入研究中。当时张乾二住在鼓浪屿，林连堂住在厦大芙蓉一，王南钦住在厦大凌峰楼。上课以外的其他时间里，三人常聚在芙蓉一林连堂的房间中讨论、研究问题；若张乾二不在，其余两人或在林的房间，或在王的房间一起研究、计算，整理后交给张乾二，张乾二回家再思考，提出解决方案后，赶紧来校开展进一步更深入的讨论。林连堂回忆道："张乾二老师都走在大家前面，基本上他先想好了，然后叫大家怎么样去运算、去验证，计算结果与预料完全一致，大家非常兴奋"②。十几年压抑的科研、探索激情迸发出来，那一段研究搞得热火朝天。

图6-1 张乾二（中）与林连堂（左）、王南钦讨论问题（1978年。张乾二提供）

研究组先研究了链型共轭分子，直链共轭分子 π 轨道系数规律最明显，与三角正弦函数一一对应，只要掌握方法，随手可以写出。接着又研究了苯环、萘等稠环分子的轨道系数：先研究单环，以苯环为例，可看成

---

① 张乾二访谈，2012年11月28日，厦门。资料存于采集工程数据库。
② 林连堂、王南钦、王银桂访谈，2012年10月10日，2012年10月18日，厦门。存地同①。

六个原子链状环合而成，根据平分分子的对称面，π 轨道系数分为两类，一类为对称状态，系数按三角余弦半角函数分布；另一类为反对称状态，轨道系数与三角正弦半角函数对应，这是一种方法。还可将苯环看成由七个原子叠合的情况，这样对称状态系数与余弦函数对应，反对称状态轨道系数与正弦函数一一对应。再研究稠环情况，从萘推广到蒽、菲，都分对称、反对称状态讨论，接着扩展到有支链的共轭分子、含有杂原子的共轭分子，然后进一步将特殊推广到一般。根据共轭体系中原子排列的几何性质，利用"原子团"轨道联系的几何表示，把许多共轭分子链状化，并提出了这种分子轨道系数的计算方法。

在此基础上，张乾二带领林连堂、王南钦两人，提出分子轨道"碎片法"，以解决不能链状化的共轭体系的分子轨道系数计算。根据分子的几何结构，把分子分成几个碎片，整个分子的分子轨道可表示为多个"碎片轨道"的线性组合，整个体系的久期方程可用一个联系各碎片的特征多项式和"键合端"的原子轨道系数的关系获得。以后再发展到具有 Ck 轴对称的共轭体系、类交替烃的休克尔矩阵约化，最后讨论同谱分子。

以上科研成果，张乾二以"分子轨道几何剖析"为题，连续在《厦门大学学报（自然科学版）》1978 年第 1 期发表两篇论文（Ⅰ. 类共轭链分子；Ⅱ. 分子轨道"碎片法"）。随着课题的进一步深化，张乾二与林连堂、王南钦合作在《厦门大学学报（自然科学版）》1979 年第 2 期发表了《同谱分子》、《直链共轭高聚物分子 π 电子能谱的图形方法》、《交替烃分子轨道图形方法》等系列学术论文。在这些研究成果的基础上，张乾二等总结出《Hückel 矩阵的图形方法》（Graphical Method of Hckel Matrix），发表在《中国科学》1979 年 A 辑与英文版。文章发表后立即受到关注，科学出版社马上约稿，科研组随即投入写书的忙碌中。

《休克尔矩阵图形方法》（张乾二、林连堂、王南钦）一书在 1981 年由科学出版社出版。量子化学主要用薛定谔方程解化学体系，但由于太复杂，除了氢分子能得到精确解外，其他体系都只能用近似方法。在许多近似方法中，休克尔方法以其方法简单、近似合理著称，在处理共轭分子 π 电子体系，获得很大成功。张乾二的图形方法，在休克尔方法基础上，使用分子结构图形使方法更直观；计算中使用三角函数，即使未学过高等数学也能掌握。全书共分六章：第一章简介了分子对称性与分子轨道法、休克尔近似和图形方法的思路；第二章介绍分子轨道先定系数法，即对给定的共轭分子体系，根据几何构型先定轨道系数再求解久期方程；第三章至第五章以大量计算实例阐述类双原子共轭体系、链状图形、具有轴对称图形，这三种图形约化规则与应用；第六章介绍类交替烃的休克尔图形，然后将图形方法推广到同谱分子。

这本书出版时，适逢庆祝中国化学会成立五十周年大会。图形方法因其图像直观、方法简单、结果准确而大受欢迎，一下子就销售了上千册。科学出版社参展代表十分高兴，对张乾二说"以后您有什么学术著作，我们出版社负责出版"。1984年，"休克尔矩阵图形方法"获福建省高教厅科技成果一等奖，张乾二获国家人事部颁授的"中青年有突出贡献专家"的称号。1985年《休克尔矩阵图形方法》一书被选送参加在德国法兰克福举行的国际书展，深受读者好评。图形方法的内容现已被收入《结构化学》教科书[①]，每年有数千学生在学习这个方法。

开始招收研究生

继 1977 年恢复高考后，1978 年全国恢复招收研究生。厦门大学开始招收"文化大革命"后第一届研究生，全校 7 个系 17 个专业共录取 62 名研究生，大大超过以往招生数。化学系招收物理化学专业研究生，张乾二开始招收量子化学方向的研究生。他把这个消息告诉唐敖庆，唐敖庆很高兴并告诉他，60 年代在长春进修的几位老师也都招研究生了。当时高校许多教师下放尚未归来，师资力量不足，多年无人搞科研，没有图书出版，书籍资料极端缺乏。唐敖庆为了让学生受到最好的教育，决定把几个学校

---

① 林梦海、林银钟执笔，厦门大学化学系物构组编：《结构化学》。北京：科学出版社，2004 年。2004 年的首版由张乾二审定，到 2014 年已出第三版。

的学生集中到长春吉林大学一起培养。主干课"量子力学"与"量子化学"由唐敖庆自己上,专业课"群论"、"量子统计力学"、"分子振动"、"配位场理论"等则由他的弟子孙家钟、江元生、邓从豪、鄢国森、戴树珊等轮流上,两年后研究生再回原校做毕业论文。

张乾二在厦门大学为化学系物理化学专业研究生和教育部催化进修班开设"量子化学"课。学生都十分珍惜现在的学习机会,学习热情空前高涨,每次上完课都围着老师提问讨论。张乾二也非常高兴,终于可以讲授自己专长的课程了。

1980 年,张乾二第一批研究生林梦海、程文旦从长春回到厦门。在做毕业论文期间,他先引导学生查阅络合物结构化学的基本问题"球谐函数对称化"的相关文献。早在 1929 年,Bethe 提出用球谐函数作为立方对称络离子的近似波函数,20 世纪 60 年代经 Ballhausen、Sugano、Griffith 等的各自研究发展,特别是唐敖庆等发展了不可约张量法,使配位场理论计算方案标准化。但旋转群向 O 群分解,仅限于四角场,而配合物中有相当多八面体沿三次轴畸变;近年又合成出一些二十面体的配合物,但尚未讨论旋转群向 I 群的分解。因此张乾二安排两个研究生,一个研究三角场中旋转群向 O 群分解,另一研究生研究三角场中旋转群向 I 群分解,后又一起讨论五角场中旋转群向 I 群分解[①]。当时国内还没有计算机,学生用计算器算的各种数据,张乾二都用正交归一方法一一进行验算。最后撰写毕业论文时,他先与学生讨论、确定论文提纲,再让学生去写,然后一遍遍修改。最后要求研究生在课题组预答辩,由学生先报告,再由研究组提意见。正式答辩时,由于福建省缺乏同行专家,张乾二特别邀请了远在长春吉林大学的孙家钟出任答辩委员会主席。答辩完成后,张乾二还请他到鼓浪屿家里作客,亲自下厨做了几道海鲜菜肴,用家宴款待他。

1980 年,张乾二招收第二届研究生。张乾二认为,理论化学方面的人才与实验化学不同:实验化学,如催化专业,做实验时要建立研究系统,实验 24 小时不间断进行,需有人轮流值班,要相当的人力资源;而理论

---

① 程文旦访谈,2012 年 7 月 3 日,厦门。资料存于采集工程数据库。

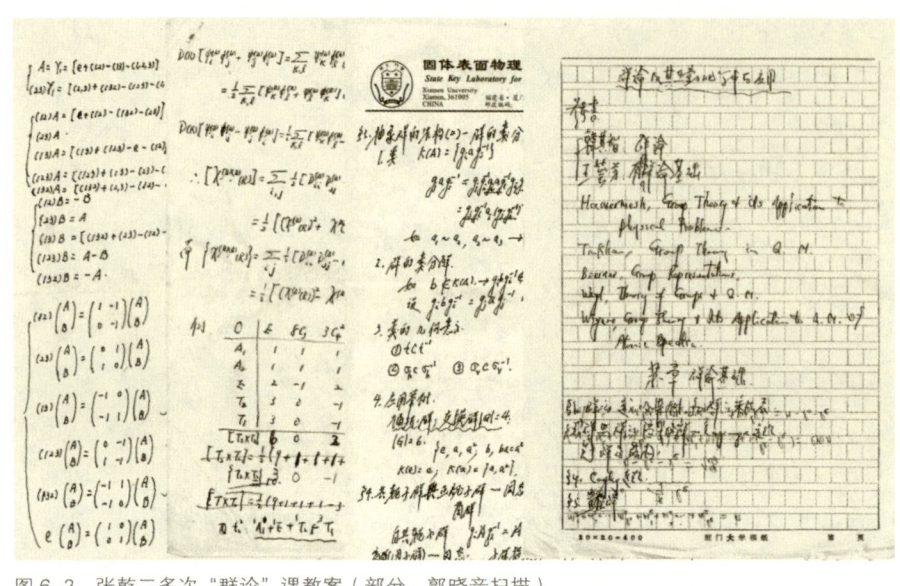

图 6-2 张乾二多次"群论"课教案（部分，郭晓音扫描）

化学则人不在多，而在于精，要选择数理基础好、化学直觉强的学生。因此刚开始时，张乾二两年招收一届研究生。根据学科发展与科研要求，张乾二制定了物理化学专业量子化学方向的研究生学位课程是"量子化学"、"高等物化"、"群论"、"原子结构与角动量理论"，还要选修"数理方法"、物理系的"固体物理"等。张乾二率先为化学系全系研究生上"量子化学"课，先介绍量子力学基本原理，然后介绍量子力学在原子结构、分子体系的应用。他自己上了三轮后，才把它交给其他教师。他还为全系研究生先后开设了"谱学基础"、"群论"等课程。张乾二严密的逻辑思维，娴熟的数理功底，以及对理论化学的挚爱，都给学生留下深刻的印象。另外，他还推选了另一位理论基础较好的苏文煅为学生开设"高等物化"，讲解量子统计力学。

张乾二为本专业学生开设的"群论"课独具特色[①]。国内大学化学系为研究生开设的"群论"课一般参考书选用科顿（F. A. Cotton）的《群论在化学中的应用》（*Chemical Applications of Group Theory*），只介绍点群及其在化学中的应用。张乾二认为，科顿是位杰出的无机化学家，培养出数

---

① 张乾二访谈，2012 年 11 月 28 日，厦门。资料存于采集工程数据库。

十名无机合成的顶级专家,他是从化学家的角度介绍群论中的点群,讨论点群在化学中的应用。而群论方法有一个很重要的问题是群表示理论,原子结构、分子结构与多体问题等很多方面的应用都需要它,所以张乾二感到这本书对量子化学研究生而言好像显得不够一些。他反复阅读了魏格纳(E. P. Wigner)写的《群论及其在量子力学原子光谱中的应用》(*Group Theory and its Application to the Quantum Mechanics of Atomic Spectra*),又深入阅读了海莫默什(M. Hamermesh)写的《群论及其在物理方面的应用》(*Group Theory and its Application to Physical Problem*)等书,并将这些名著融会贯通后,才编出自己的讲稿。

从现存的"群论"教案来看,从 20 世纪 80 年代初到新世纪初,张乾二为研究生开设了近十次的群论课,现存教案完整的有五份,零碎的还有两三份。讲课教案不断变化,开始时第一章介绍群论基础,第二章介绍分子点群,然后是群的表示理论,表示的直积与分解等;几年以后,讲课的内容就有调整,在群的表示理论后,增加了置换群的内容。再后来群论基础就不是以点群或置换群为例,而是以一个抽象群为例。这说明,张乾二每上一次课就认真地备一次课,每备一次课就写一份教案,反复琢磨、多

图 6-3 张乾二(中)、林连堂(左二)与研究生在一起(资料来源:张乾二提供)

次提炼，付出了大量心血，讲课时再结合群论的应用，列举各种例子让学生懂得如何去应用这些理论。

张乾二开设的群论课，介绍置换群、旋转群、点群等，着重介绍群的表示理论及它们的应用，这些内容达到物理系理论物理专业学生学的难度。他说，只有学了这么多，在处理原子结构、分子光谱、配位化合物、原子簇化合物和稀土化合物等体系时，才能运用自如、游刃有余。

张乾二为研究生开设的专业课"角动量理论与原子结构"，是国内独一无二的。这门课比较难，为此，张乾二反复研读了魏格纳的著作、埃德蒙兹（Edmonds）写的《量子力学中的角动量》（*Angular Momentum in Quantum Mechanics*）和西尔弗（Silver）写的《不可约张量法》（*Irreducible Tensor Methods*）等经典著作后，才确定这门课的框架。魏格纳是德国的一位数学家，他所写的《群论及其在量子力学中的应用》中，有三章专门写三维空间的变换群理论。张乾二觉得这书写得太好了，这三章他起码看了七八遍，不仅学习书中的内容，还从中品味作者的思维方式。他感觉该作者的思想非常灵活，体会到如果能把角动量理论跟原子结构讲深讲透，使学生也有这样的思维方式，是非常有意义的教学工作。

这门课先介绍旋转群的不可约表示和转动矩阵元，讨论角动量偶合的3-j系数，Wigner-Eckart定理及其应用；然后进一步介绍6-j符号、9-j符号及它们的应用；最后再讨论多电子原子态的分类和亲态比系数计算。介绍层层深入，难度逐步提高，一环紧扣一环，整门课一气呵成[1]，成为厦门大学量子化学专业的特色。20世纪80年代外文书籍购买不易，图书馆只有一两套，为了方便研究生学习，教研室还影印了一批埃德蒙兹的角动量原著、海莫默什的群论原著，供教研室年轻教师与研究生阅读。上世纪80年代初，研究生招收人数较少，本专业一届就只有两三个学生，但张乾二每次讲课都声音洪亮、胸有成竹，拿着一张小纸片，连讲两三个小时，板书连写三四版，从没差错。而学生每次都是集中精力记笔记，有时也都还有差错，所有学生都对张乾二佩服万分。

---

[1] 张乾二、王银桂：《角动量理论与原子结构》。厦门：厦门大学出版社，1991年。

赴日美考察

1981年2月,经教育部批准,时任厦门大学副校长蔡启瑞带领张乾二、刘士毅、赖伍江、丁马太和曾德聪(校长办公室主任),组成赴日、美考察团[①]。当时所有成员都得先经过政治审查,并进行出国前的政治学习,同时还规定了许多纪律(如在国外时不能一人单独行动等)后才能出国。

2月18日,他们先飞往香港,受到香港厦大校友会黄保欣夫妇等校友接待,20日再从香港飞往日本东京。代表团大部分人都是第一次出国,东京高楼林立、市容繁华,人群涌动,给大家留下很深印象。考察团先乘车到大阪大学,由科学部高分子系中村(A. Nakamura)接待,他介绍了学校情况,并与丁马太进行了学术交流。接着代表团转往京都,这是个古色古香的老城,京都大学规模很大,在化学系受到熊田(K. Kumada)的接待,并交流了学校情况,张乾二结识了提出"前线轨道理论"并获诺贝

图6-4 考察团在日本合影(1981年2月。左起张乾二、刘士毅、蔡启瑞、曾德聪、赖伍江。
资料来源:张乾二提供)

---

① 1981年蔡启瑞等赴日美考察资料,厦门大学科技处档案。

第六章 喜迎改革春风

图 6-5 张乾二在京都大学（1981 年 2 月。资料来源：张乾二提供）

化学奖的福井谦一，他对中国很友好。考察团再返东京，与东京大学化学田丸（K. Tamaru）及东京工业大学化工系同行就"化学模拟生物固氮"等方面进行了学术交流。最后前往筑波科学城化工技术研究所和筑波大学考察交流，在东京结束了近一周的访日之旅。

2月26日，考察团从东京乘中国民航班机飞往美国西海岸旧金山。虽是冬天，但旧金山由于湾区有暖流，比日本要暖和得多。考察团先到加州伯克利大学，它是美国顶尖的一所公立研究型大学，其36个学科中有35个在全美名列前十名，此外，伯克利的1000多名教授中有200多位美国科学院、工程院院士，学生中研究生比例占三分之一以上。考察团先到化学院与穆特迪斯（E. L. Muetterties）交流，又到劳伦斯实验室会见美籍华裔科学家、诺贝尔奖获得者李远哲，他主要进行分子束动力学实验研究。接着，考察团又参观了斯坦福大学，这是一所私立大学，被公认为世界上最杰出的大学之一，培养了几十位科学院院士。20世纪60年代工学院将1000英亩地以极低廉、象征性的地租，长期租给工商界，再由他们与学校合作，提供各种研究项目和学生实习机会，后来形成美国加州著名的"硅谷"。接待考察团的Murray介绍，斯坦福大学的学制与其他大学不同，把一年分成四个季度，学生们每段都要选不同的课，必须在九个领域完成必修课，比两学期制大学的学生学习课程更多，压力也更大。考察团又到加州理工大学、南加州大学，分别与格拉布斯（R. H. Grubbs）、麦肯纳（C. E. Mckenna）等化学同行交流了催化学，蔡启瑞向同行介绍了他提出的固氮模型，美国同行也介绍了他们的研究情况，此外还联系了派遣留学生、进修教师等事项。

图 6-6　在麻省理工学院（1981 年 3 月，与奥姆－约翰逊团队交流。前左坐者蔡启瑞，右二坐者奥姆－约翰逊，后排右二张乾二。资料来源：张乾二提供）

3 月 7 日至 10 日间，考察团前往伊利诺伊州立大学、美国西北大学等校访问，接着再前往依阿华州立大学、克里夫兰州立大学等校参观及交流。3 月 18 日，考察团来到位于新泽西州著名的贝尔实验室（AT&T）。贝尔实验室的工作大致可分为三个类别：基础研究、系统工程和应用开发，其中基础研究主要是数学、物理和材料科学。在这里张乾二认识了年轻的华裔科学家张文卿，他的研究方向是金属原子簇化学。应张文卿邀请，张乾二作了"原子簇化合物结构"的学术报告。

3 月 23 日，考察团又前往波士顿，这个二十几平方公里的小城有上百所大学，应该算是"大学城"了。在波士顿学院会见理论化学家潘毓刚，他主要进行量子化学计算，又是全美华人协会会长，不久前他还去中国长春，为唐敖庆的研究生、进修班讲课。潘毓刚还带考察团去附近一栋百层高楼参观，登上高楼，可以俯瞰波士顿大学城全景。随后考察团来到一河之隔的麻省理工学院（MIT），它堪称世界最著名的理工科大学，大学设有六个学院，其中工学院与理学院最著名。接着又来到哈佛大学化学系与诺尔斯（J. R. Knowles）等交流。

考察团最后来到纽约，但返回中国的民航班机刚飞走，要等一周后才

第六章　喜迎改革春风

有航班。由于经费有限，不敢到处走，张乾二与刘士毅只好在纽约中国领事馆住宿等待。蔡启瑞有朋友在华盛顿特区，就坐车去华盛顿，访问杜邦实验室。一周后，考察团坐上中国民航航班回到香港，再转机回到厦门。

回国后，考察团进行了总结、汇报，厦门大学校领导对考察团介绍的美国一些国际一流的大学的教学、管理很感兴趣，对蔡启瑞等为厦大一些青年教师联系的出国留学事宜深感满意。后来，厦大又派了几个不同专业的考察团赴国外交流。

"多面体分子轨道"研究

1982年，唐敖庆带领弟子们在20世纪60年代所做的"配位场理论方法"获国家自然科学一等奖（包括张乾二），相关专著《配位场理论方法》一书，1979年由科学出版社出版①。学术界惊叹该研究达到的深度与广度，当之无愧应获国家自然科学最高奖。

在荣誉面前，张乾二并不满足，他觉得60年代由于时间限制，尚未获得群变换系数的封闭公式，还需要进一步研究。张乾二认为，真正能阐明客观世界的科学理论一定是简洁明了的，若研究结果是十分繁琐的，那说明还必须进一步研究，直至得到它最简洁的表示方法。当时原子簇结构的研究是一个很重要的方向，物构所卢嘉锡在化学研究会做了题为"当今国际上原子簇发展的方向"的报告，国内特别是物构所做了很多原子簇方面的合成与它的理论研究。张乾二发现在原子簇结构理论方面，角动量理论方法可以发挥很大的作用，应该可以做一些工作。现在他回想起来，有一些科学研究得益于理论方法，还得益于物理化学上的思维。

20世纪80年代初，年轻教师赖善桃也加入物质结构研究组，研究生林梦海、余亚雄、林银钟等先后毕业留校，加上张乾二招收的硕士生、博

---

① 唐敖庆、孙家钟、江元生、邓从豪、刘若庄、张乾二、鄢国森、古正、戴树珊：《配位场理论方法》。北京：科学出版社，1979年。

士生，一个组也有十来人。研究组每周召开一次例会讨论研究内容，研究生汇报每周的研究进展。张乾二想从多面体分子实体出发，推导旋转群与点群之间的变换系数。他提出"共变基向量定理"，研究组进行一系列推导与计

图6-7 张乾二（前排右一）在物构组政治学习会上（1986年。资料来源：张乾二提供）

算，从转动矩阵元得出"轨道性格"的表示式，讨论了构造具有 σ、π、δ 等特征的多面体分子轨道、杂化轨道和定域分子轨道。他带领研究生从八面体、立方体、十二面体、二十面体等正多面体入手，寻找正多面体群变换系数的一般公式，获得 SO（3）群 –O 群，SO（3）群 –K 群不可约表示之间的变换系数，进而推导出计算旋转群 – 点群变换系数的闭合公式。研究组又从封闭硼烷多面体和碳烷多面体出发，用交替烃图形方法，讨论金属原子簇多面体的成键规则。以后又在多面体中划分标准三角形，定义群不变量 BΓ，然后用 BΓ 的符号判断分子轨道成键性质。

这些研究成果以系列论文形式在《厦门大学学报》（1981）发表：《多面体分子轨道的理论方法：Ⅰ.多面体分子轨道构造的一般方法；Ⅱ.球谐函数的对称化；Ⅲ.构造多面体骨架的成键分子轨道》。还在期刊发表了《正二十面体分子对称性轨道》、《多面体轨道群重叠法》等论文[1]。张乾二将这些成果进一步提升到理论层面，在国际杂志发表了《对称性轨道与重叠

---

[1] 张乾二、林连堂、王南钦等：多面体分子轨道的理论方法Ⅰ多面体分子轨道构造一般方法。《厦门大学学报》，1981年第20卷第2期，第209-220页。张乾二、林连堂、王南钦等：多面体分子轨道的理论方法 Ⅱ球谐函数的对称化。《厦门大学学报》，1981年第20卷第2期，第221-225页。张乾二、林连堂、王南钦等：多面体分子轨道的理论方法 Ⅲ构造多面体骨架的成键分子轨道。《厦门大学学报》，1981年第20卷第2期，第226-232页。程文旦、张乾二等、正二十面体分子对称性轨道。《结构化学》，1982年第1卷第2期，第25-42页。张乾二、余亚雄、多面体轨道群重叠法。《分子科学与化学研究》，1984年第4卷第4期，第437-450页。

积分》(英)、《张量面谐函数方法》(英)。①

从1982年至1985年,张乾二主持科学院科学基金课题"原子簇化学键理论"。他带领林连堂、王南钦、王银桂、赖善桃、余亚雄等对多面体结构进行了较系统研究,建立了多面体分子轨道理论的群论方法,并将这些工作总结后,准备写专著。张乾二把研究人员分成几个小组:自己写第一章,提出问题,并将问题深入、展开;林连堂与王南钦对"轨道性格"比较熟悉,负责写第二章;赖善桃与林梦海负责第三章,写旋转群向点群分解的系数计算;张乾二与刚调回来的王银桂、余亚雄一起探索群不变量、单粒子矩阵元计算等,然后再统筹、整理全书;王南钦和林银钟还将计算方法编成计算程序。在写书过程中由于李湘柱提出用双陪集处理球谐函数对称化,因此第三章重写。

研究组撰写的专著《多面体分子轨道》(张乾二等),1987年由科学出版社出版。全书共分四章,第一章介绍三维旋转群的不可约表示:三维空间的一个旋转可用具有三个参数的实正交矩阵表示,所有这类矩阵构成三维旋转群;书中还介绍了旋转群的不可约表示和旋转矩阵元的性质和意义。第二章阐述基向量变换定理后,引入"轨道性格"概念,即配合物中心原子状态函数,表达为配体局域坐标函数的组合,其组合系数即"轨道性格",进而讨论多面体对称轨道的构造;第三章介绍点群、置换群的双陪集分解方法后,用其处理球谐函数对称化及群之间变换的变换系数,利用双陪集投影算子得到变换系数的闭合式,从而把原子结构的成果充分用于配位场的计算;第四章提出处理多面体分子的一般模型,以"标准三角积分"为模型的群重叠法,引入一个群不变量B_Γ,将多面体群轨道的积分展开为群不变量与标准三角积分的乘积,简化了单粒子作用能矩阵元计算,确立群轨道成键性质的判据,并将其应用于四面体、八面体、六面体及二十面体。书后附录还收录了轨道性格表、旋转群与点群不可约基向量的变换系数表、约化旋转矩阵元表,还有构造多面体分子轨道的计算程序等。

---

① Zhang Q E: Symmetry determined orbital and group ovelap. *Int. J. Quant. Chem.*, 1983, 23: 1479-1492。Zhang Q E: Notes on the tensor surface harmonic method。*J. Mol. Struct.* (*Theochem*), 1984, 18: 215-221。

此书出版后，唐敖庆看了十分欣慰。英国剑桥大学教授斯通（Stone）称赞该方法很优美。国际数学化学会的教授麦哲福（Mezev）发函邀请张乾二参加学会时写道："你在化学问题上所做的著名研究，意味着一个很有意义的数学分支。"1987年"多面体分子轨道方法"获国家教委科技进步奖二等奖。

名师带高徒

张乾二给学生科研课题前，自己都先进行了研究，基本摸索出科研途径后，再布置给研究生。他考察第一个博士生李湘柱时也是如此。当时他给李湘柱出了几个题目，这些题目他自己还没解决，但已猜想其结果应是如何。李湘柱很快地就把这些问题解决了，受到张乾二的欣赏。当时的考试除了笔试外，还有口试，在面试过程中，张乾二认为"他思想非常敏捷，我自己还没有转过来，他却已经回答了，所以我感到这个学生很有培养的前途"。[1] 于是张乾二找了一些理论化学当中的问题交给李湘柱做，都很快得以解决，所以他感觉这是一个好苗子。

当时量子化学课题组正在研究球谐函数对称化的问题，张乾二让李湘柱也讨论一下这个问题。对于球谐函数对称化，研究组已经做了相当多的研究，张乾二想看看这个学生对这方面了解多少。没想到李湘柱并不是沿用前人研究的老路，而是另辟蹊径，用群论中学到的双陪集来讨论球谐函数对称化问题。张乾二看后十分高兴：以前研究组讨论问题，大多是自己提出方法，其他人做些补充，很少有人能提出其他方法来解决问题。他觉得在科研上找到了知音，这个学生有可能"青出于蓝而胜于蓝"，他逢人便说"李湘柱真行，我甘拜下风"。研究组本来已经在整理多面体分子轨道的工作，准备要出专著。张乾二召集大家开会，决定用李湘柱提出的双

---

[1] 张乾二访谈，2012年11月28日，厦门。资料存于采集工程数据库。

陪集方法来处理球谐函数对称化。他心里暗暗思索，以后可以带领李湘柱研究一些有挑战性的课题了。

张乾二指导李湘柱的硕士论文是《投影算子与对称性轨道》。利用投影算子寻找高对称性分子的分子轨道会遇到许多困难，李湘柱提出将双陪集用于高对称性分子点群。正多面体群可产生（顶）点集和根据多面体参量表征的面集、棱集等超点集。用这些双陪集来构造多面体分子轨道，得到正多面体分子轨道的一般表达式和计算群重叠积分的公式。在张乾二的指导下，李湘柱用双陪集技巧导出不可约张量中对称性系数的计算公式，包括计算点群 V 系数、旋转群 - 点群 S 系数、SO（3）-Cn、SO（3）-Dn 耦合系数的闭合表达式。

李湘柱博士论文阶段，张乾二选择了量子化学体系最基本、也最有挑战性的多电子相关体系让他进行研究。李湘柱的论文提出一种对称性匹配无自旋价键型函数，用键表来表示。正则键表构成一个完备集合，它的哈密顿矩阵元计算，可由酉群生成元、它们的乘积对键表作用，约化键表的重叠积分来实现，这些方法可用来处理大规模的组态相互作用等。应用键表方法，李湘柱还处理了化学子体系的相互作用。化学中分子间相互作用和分子内相互作用是两种最主要的子体系相互作用类型，以往用分子轨道理论分割这些相互作用存在一定困难，而用键表酉群方法从置换群非标准基的角度与键表组合，构造对称性分割波函数，可描述两个子体系间相互作用及电荷转移等。这些工作先后发表在《国际量子化学》(International Journal of Quantum Chemistry)、《分子物理》(Molecular Physics)、《分子结构》(Journal of Molecular Structure)、《中国科学》等国内外主要杂志。[①]

李湘柱通过博士论文答辩后，张乾二积极帮他联系国外导师，让他出国做博士后。他虽然很喜欢这位学生，但他希望学生能登上更大的舞台，接触更多的导师，做出更好的工作。李湘柱在国际一流杂志发表了多篇论

---

① Li X Z、Zhang Q E: Bonded tableau unitary group approach to the many-electron correlation problem. Int. J. Quant. Chem., 1989, 36: 599-632. Li X Z、Zhang Q E: A note on permutation symmetry in many-particle systems. Mol. Phys., 1989, 67: 525-535. Zhang Q E、Li X Z: Bonded tableau method for manu-electron systems. J. Mol. Struct., 1989, 198: 413-425. 李湘柱、张乾二: 多电子体系键表的酉群方法.《中国科学 B 辑》，1989 年第 9 期，第 919-927 页。

图 6-8 化学系 85 届硕士研究生毕业合影（前排右起许书楷、余乃梅、林祖赓、王火、张乾二、蔡启瑞、周绍民、潘容华、林连堂、郭奇珍、黄开辉。资料来源：林连堂提供）

文后，加拿大著名理论化学家帕尔杜斯（Paldus）主动发出邀请，希望其能到他的研究所一起工作，李湘柱很快便去了加拿大。

20 世纪 80 年代出国还是比较稀罕的事，不仅是李湘柱，张乾二大力支持组内其他年轻教师出国留学，并积极帮忙他们联系。因此，物构组的年轻教师都有出国留学的经历。张乾二所希望的是弟子们都能在专业上有所成就，理论上有所创新，出国留学可以开阔视野，了解自己专业上的前沿问题。后来的博士生吴玮在毕业时，一个计算机公司要以高薪聘请他，先定三年合同保证工作，以后根据情况再聘任。吴玮征询导师意见时，张乾二让他自己决定，"如果想生活改善得好一点就出去吧，如果想多做学术就留下来"[①]，最后吴玮还是留了下来。

不少教师先后出访美国、德国、以色列、意大利、日本等多个国家，眼光开阔了，能力提高了。许多教师回国后成为国家杰出青年基金获得者，成为长江学者、闽江学者，物构组成为厦大化学系以至全校人才密集度最高的地方。

---

① 张乾二访谈，2012 年 11 月 28 日，厦门。资料存于采集工程数据库。

第六章 喜迎改革春风

进行国际学术交流

1982年6月,应国际量子分子科学研究会邀请,唐敖庆带领邓从豪、张乾二等赴瑞典斯德哥尔摩参加第四届国际量子化学会议。会议在瑞典最古老的大学——乌普萨拉(Uppsala)大学召开。该大学也是北欧的第一所大学,有两位物理学家、两位化学家曾获诺贝尔奖。世界著名量子化学家Löwdin为大会主席,唐敖庆作了题为"特征算符与厄米算符分解的酉不变性"的报告,张乾二提交了"对称性轨道与群重叠"的学术报告,先介绍一种计算多面体群重叠积分的新方法,再用群重叠积分计算对称性轨道系数[①]。

1985年夏天,第五届国际量子化学学术研讨会在加拿大蒙特利尔大学召开。该校是加拿大最大的研究型大学,也是世界上用法语授课的最大学校。唐敖庆带领他的弟子们孙家钟、邓从豪、鄢国森、张乾二、刘若庄、江元生、刘春万等参会[②]。唐敖庆任"分子间相互作用和分子动力学"专题会议主席,张乾二提交了"双陪集与对称性轨道"的报告,介绍了用群的双陪集获得群分解系数,进而构造对称性轨道。会议期间国家给的补贴很少,每天只有20美元,只够一顿晚餐。好在四星级旅馆都带早餐,大家早餐时尽量吃饱。国际会议都设有茶休,有饮料、点心等,大家就在茶休时充充饥,中午饭就省了。

1988年8月,时任四川大学校长的鄢国森带领孙家钟、张乾二、刘若庄、邓从豪等前往以色列参加第六届国际量子化学学术研讨会。到了当地,大家看到那里的土壤十分干旱,但以色列人用滴灌技术解决缺水问题,生产出的水果出口到世界各地;当地并没有珠宝矿产,但却拥有很好

[①] Tang A C、Guo H:Characteristic operators and unitarily invariant decomposition of hermitian operators. *Int. J. Quantum Chem.*,1983,23:217–226. Zhang Q E:Symmetry determined orbital and group overlap. *Int. J. Quant. Chem.*,1983,23:1479–1492。

[②] 鄢国森访谈,2012年11月30日,厦门。资料存于采集工程数据库。

的钻石加工水平。这说明以色列的机械加工能力、农业生产水平都是世界一流的。没去之前，只知道犹太人很会做生意赚钱，到了那里才知道它的科学技术也是世界一流的。

中国代表团到希伯来大学参加国际量子化学研讨会，张乾二作了"自旋无关的酉群方法矩阵计算"的学术报告。在会上遇到了国际著名量子化学家加拿大滑铁卢大学帕尔杜斯，谈起张乾二的学生李湘柱，帕尔杜斯赞赏他的基础理论扎实，逻辑思维能力敏捷，且很有创新能力。回国后，张乾二又投入到繁忙的科研、教学、行政工作中。

图6-9　赴加拿大出席第五届国际量子化学研讨会（1985年8月。前排左起邓从豪、唐敖庆、刘若庄，后排左起张乾二、孙家钟、黎乐民、侯伯宇等。资料来源：张乾二提供）

第七章
两重担一肩挑

主持化学系　　培养年轻学术带头人

1984年，张乾二出任厦门大学化学系系主任，年底新化学大楼落成。它是教育部批准在全国有关高校建立的少数几座化学大楼之一，大楼建筑总面积达1.9万多平方米，主楼是教学科研用房，还配有学术报告厅、图书阅览室、仪器药品供应室、后勤设备加工场所等。新楼是由上海化工建筑设计院设计、承建的，质量、安全系数都很高。从1978年恢复高考，特别是规模招收研究生后，化学系实验室用房一直十分紧张，因此大家都希望能增加实验用房。张乾二上任的第一件大事就是分配新化学楼用房。张乾二考虑到，新楼是教育部为解决蔡启瑞催化组科研用房紧张而批给厦门大学的，首先应满足催化组的用房需求，于是他把三楼整层分给催化组。电化组有田昭武和周绍民的课题组，经过"文化大革命"结合实际课题，这两组人员增长很快，将他们分在四楼。而对自己所在的物构组，张乾二表示，结构化学部分要合成、测试晶体，需要一些实验室，量子化学部分搞理论研究，用房可少一些，结果量化研究组只分了两个单元。由于张乾二严于律己、做出表率，新楼用房终于顺利分配完毕，接着就进行繁忙的搬迁工作。

1984年，厦门大学制定了发展规划（经教育部批准）是：到1990年在校学生规模10200人，其中本科生7900人，研究生1200人，留学生200人，其余为进修生、培训生。还要与福建省联合办学，学校总规模为12000人。发展过程中，可适当提高研究生、留学生的比例，重点放在提高质量，办出特色。[①] 化学系在全校向来是排头兵，各种活动都要走在前列。张乾二当上系主任后，带领全系领导班子讨论落实学校发展规划。根据一般的化学人才在福建省比较充裕，缺乏的是高层人才的情况，化学系在近年的发展中，重点发展研究生教育，首先是将硕士点从物理化学、分析化学，扩展到无机化学、有机化学；其次要办好物理化学博士点，然后扩展到全系各学科，争取到90年代在化学一级学科建立博士点。目前本科生与研究生的比例为3∶1，争取到1990年达到2∶1，90年代后期达到1∶1。另一方面要努力提高教师的师资水平，张乾二要求各个教研室把骨干教师的名单报上来，化学系尽量向教育部争取教师公派出国进修名额，同时鼓励教师联系自费公派，争取到国外留学。

张乾二曾于1981年出国访问，深知国内外办学条件及学术水平的差距。随着改革开放的步伐，厦门大学向世界银行贷款，化学系引进了一批先进的分析、测试设备，如光电子能谱仪、X光四圆衍射仪、色质联用仪、红外光谱仪和电子显微镜等。物理化学（包括催化、电化等）专业科研人员可利用这些仪器，开展催化化学、仿生化学、表面化学、电化学、结构化学等各学科的教学科研工作。为了保证引进设备正常运行并发挥作用，化学系在78级毕业生中挑选了一批人员进行培训。这些仪器的使用，极大地提高了化学系的科研水平。

随着时间的推移，化学系不仅物理化学专业招研究生，无机、有机、分析等专业也都招收了研究生。张乾二要求全系研究生的学位课程统一制

---

① 厦门大学校史编委会：厦大校史资料 第四辑（1966-1987），p441.，厦门大学出版社，1990.

定，以保证质量①。统一的学位课程包括"量子化学"、"高等物化"、"高等无机"、"化学合成"等，学生必须任选三门，还有些限选课，如"数理方法"、"自然辩证法"、"化学文献"等。系里有些教师忙着叫学生做实验，对学生的教育提高有所忽视，如分析组的一些导师就希望研究生不要花那么多时间去学习"量子化学"这样的理论课。张乾二则认为，不修理论课的学生将来无法解释光谱，坚持要所有学生修"量子化学"与"高等物化"。量子化学专业的研究生除此之外还要学习"群论"、"角动量理论"、"量子化学计算方法"、"固体物理"等多门理论课程。

之前到物构所工作的王银桂调回厦大，早期的研究生也有些留校，这样量子化学研究组成员加上研究生已有十几人。研究生的培养方法也有所改变：进校后在学习学位课程的同时，张乾二要求他们多看文献，了解科研发展动态，寻找自己感兴趣的课题。一年后要做文献阅读报告，提出自己想要做的研究方向，张乾二再根据组内各个教师的特长，将学生分配给林连堂、王南钦或王银桂负责。以后在每周的组会上，不仅学生要汇报学习情况，教师也要汇报工作。

张乾二接任化学系主任后不久，就遇到创办材料化学本科专业的问题。该专业的设立是根据20世纪80年代中期福建省国民经济建设需要提出的，当时厦门市正在筹建中外合资的大型感光材料厂，时任福建省委书记项南同志要求厦门大学予以帮助。感光厂表示他们每年可接受该专业50名毕业生，最开始提议设立"感光材料"本科专业，由从美国南加州大学化学系进修回国的丁马太牵头，以化学系材料化学教研组为基础组建。经过校系两级反复讨论，又到上海复旦大学、华东理工大学调研后，丁马太提出专业方向设置太窄，将来毕业生就业可能存在一定问题。张乾二等系领导最后决定拓展专业内涵，改为设立材料化学专业。材料化学无论在国民经济发展，还是在人们的日常生活中都发挥着越来越大的作用，而我国还没有设置过这样的专业，正需要尽快创办。

化学系这一决定得到了国家教委的高度肯定与认同，1987年由国家

---

① 厦门大学化学化工学院：《任重道远、继往开来——纪念厦门大学化学学科创建90年暨化工系创办20年》。厦门：厦门大学出版社，2011年，第70页。

教委正式批准设立了材料化学本科专业。这是由厦大提议、并在全国综合性大学中率先设置的第一个材料化学本科专业，并实现了当年设置、当年招生。该专业基础课部分与化学专业的相同，丁马太编著了《材料化学导论》（厦门大学出版社，1995年）等教材以满足学生专业课的需要。①

1981年美国科学院院士、化学家多林（William von E.Doering）提议，1982年国家教育部批准、复旦大学负责具体组织工作的中美化学研究生项目（Chemistry Graduate Program，CGP），将中国化学学科的优秀毕业生送到美国一流大学培养，学成后再回国工作。② 这计划持续了七八年，后因学成归国人数太少而终止。但厦门大学化学系1977级毕业出国的人才，不论是去美国，还是英国、法国，都有不少青年学者学成归来。1986年5月，郑兰荪作为第一批CGP送出去的人才，第一个从美国莱斯（Rice）大学拿了博士学位回来了，孙世刚拿了居里大学博士学位从法国回来了，田中群拿了南安普顿大学博士学位从英国回来了……时任厦门大学校长的田昭武与系主任张乾二商量：由于文化大革命的破坏，高校教师知识老化，教师队伍处于青黄不接的状况，这批学成归来的年轻人带来了世界最新的科研成果，要好好培养，尽快让他们走上学术带头人的岗位。

郑兰荪原在催化组蔡启瑞手下做博士后，但由于催化组经费紧张，他想开展的课题一直无法进行。张乾二了解到这个情况，就请他到物构组来。当时张乾二正承担国家自然科学基金"七五"重大课题子课题，便用这项经费支持郑兰荪。在美国莱斯大学时，郑兰荪看到斯莫利带领团队研制的激光等离子体飞行时间质谱仪，并得到了C60等飞秒时间存在的富勒烯化合物。有了经费支持后，他想在中国、在厦门也制造一台激光等离子体飞行时间质谱仪。他画出设计图纸，组织精干的年轻团队，建立起实验室。张乾二吸收他参加"原子簇的合成及化学键的研究"课题组，之后又协助他申请到首批国家自然科学基金。郑兰荪经过几年的努力，终于试制

---

① 厦门大学化学化工学院：《任重道远、继往开来——纪念厦门大学化学学科创建90年暨化工系创办20年》。厦门：厦门大学出版社，2011年，第77-78页。

② （美）威廉·多林著，郭涛译：中美合作化学研究生项目（CGP）的历史回顾。《大学化学》，2009年第4期，第8-16页。

图 7-1　80 年代刚回国的郑兰荪（资料来源：厦门大学化学化工学院院史资料）

成功激光质谱仪，填补了我国这方面的空白。2001 年，他成长为年轻的中国科学院院士，组建了很大的研究团队。这架"战机"经过助跑已经起飞，现已遨游在蓝天。

1987 年，蔡启瑞的第一个博士生廖代伟[①]留学回国，也苦于无启动经费，张乾二就从自己的科研经费中拨出一万元帮他建设实验室。张乾二对留学刚回国或从其他单位引进的人才，总是关怀有加，不仅关心科研经费，对于住房安排、子女就读等方面也一一关照，使新来的教师能很快投入工作，融入化学系这一大集体中。

张乾二很慷慨地帮助许多人解决经费问题，是否他的经费很宽裕呢？实际上张乾二对自己却很"吝啬"。据王南钦回忆，有一次他陪张乾二到北京参加重大课题的中期汇报，飞机到北京机场已是黄昏，排队等的士时，见到每公里 1.8 元、2.1 元的车子，张乾二都不上车，一定要等到最便宜的每公里 1.6 元的车。王南钦开玩笑说"想傍你坐回好车都没捞到"。张乾二则说"科研经费有限，能省就省一点"。[②]

科研中张乾二领衔申请课题，研究中起着决定作用，但在分配劳务费、奖金时，却总是和大家平分。说起奖金分配，林连堂与王南钦回忆起一件事，20 世纪 80 年代"休克尔矩阵图形方法"获奖，两人商量：每次科研都是以张乾二为主，可获奖后分配奖金却是三人平分，这次我们做

[①] 廖代伟，1945 年生，1967 年毕业于厦门大学化学系，1978 年考取厦门大学物理化学专业研究生，1985 年毕业，获理学博士学位，是我国培养的第一位催化领域的博士，也是福建省高校授予的第一位博士。

[②] 林连堂、王南钦访谈，2012 年 10 月 18 日，2012 年 11 月 30 日，厦门。资料存于采集工程数据库。

主，把奖金领出来，给他多分点（当时奖金也就两三百元）。张乾二知道自己多拿了点奖金后，就为他们两位的妻子各买了件外套，送给她们，结果却花了更多钱。

张乾二出任化学系系主任，自然也负责化学系的职称评定工作。同时还兼任学校职称办公室理科组的副主任。因为掌握着这些权力，自然有许多人会找他反映情况，也有人会为提升职称而请他帮忙。还有些人会为别人说情。

张乾二刚上任就碰上一件事。当时校领导的儿子小曾就在化学系读研究生，毕业后留校任教，还未评定职称。八十年代中期，正是国家刚刚打开国门，许多青年纷纷计划出国留学，小曾也是如此。他托老师找张乾二，看能否先给他解决职称问题。按规定，硕士研究生留校工作两年后，考核合格就可晋升讲师职称。而小曾在读研究生前，曾在中学任教两年。说情的人对张乾二说，小曾有两年中学教龄，说明他能胜任教学工作，应该可以提前给他评定职称。张乾二回答他，中学教学与大学教学是两个层次，能胜任中学教学未必能胜任大学教学，等他工作两年后再说吧。小曾工作一年后，说客又来了。张乾二对他说，小曾是校领导的孩子，大家的眼光都看着，我要是给他提前评职称，其他人要攀比怎么办。我按原则办，也是维护校领导的权威。直到小曾工作两年后，按规定评上职称后，他就顺利地出国留学了。

七八十年代，职称评定还是三年、五年评定一次，九十年代后，职称评定常态化，两年一次。各系、学校成立了由著名教授组成的各级职称评定委员会，张乾二是学校理科与学院两级评定委员会的组长，找他解决职称问题的人更多了。

在张乾二课题组里的林连堂、王南钦等老师，在职称评定时，张乾二都未过问。他们与张乾二一起获得国家自然科学二等奖，因而很顺利评上教授。其他人就不那么容易，因为教授名额有限，一般要有空额才能填补。化学系教授多，每次教授晋升名额就是一两名。张乾二的研究生升教授时，他都坚持不打招呼、不过问，以至几个研究生都是申请几次才晋升为教授。

而对于中青年人才，张乾二站在学科发展的角度，要提前晋升。九十年代，一批从国外留学回国的博士后，了解国外学科发展的最新的方向，在国际前沿的某个方向已做出成果。例如，郑兰荪博士设计并建立了国内第一台激光等离子体飞行时间质谱仪，填补了国内空白；孙世刚博士在国内率先开展原子水平上的金属单晶表面电催化过程研究，为国内外同行瞩目；田中群博士建立并发展了电化学时间分辨拉曼光谱技术，受到同行专家的赞赏。但他们一般缺乏教学经验。对于这样一批年轻人，田昭武校长与张乾二商量，是否能开放一个绿色通道，让他们尽快晋升教授。学校提出了改革职称评聘方法，破格晋升教师高级职务的决定。这些年轻人在做完博士后一两年后，就晋升为教授，很快成为该方向的学术带头人。再过一二十年的发展，他们大多成长为中科院院士。

勇担科研重担

1981 年 5 月，为了发展中国的科学技术事业研究，推动科技体制改革，改变科研经费拨款方式，中国科学院 89 位学部委员联合致函党中央、国务院，建议设立面向全国的自然科学基金，得到党中央、国务院的首肯。在邓小平同志的亲切关怀下，国务院于 1986 年 2 月批准成立国家自然科学基金委员会，由唐敖庆出任基金委主任。[①] 自然科学基金坚持支持基础研究，坚持自主创新，项目分"面上项目"（占 60% 以上），"重点项目"和"重大项目"，后来又专设"青年基金"，支持年轻学者。

国家基金委突破了传统的计划拨款体制，为我国基础研究开辟了一条稳定持续的资助渠道，极大地激发了科技人员爱国奉献、开拓创新的热情。唐敖庆把自己在几十年科研经历中形成的对科学研究规律的深刻认识和把握，凝结成对科学研究管理的先进理念。他上任后悉心组建领导班

---

① 乌力吉：唐敖庆——中国理论化学学派的缔造者.《自然辩证法通讯》，2011 年第 33 卷第 2 期，第 107 页。

子，广泛征求国内外专家、外籍华裔知名学者的意见，提出"依靠专家，发扬民主，择优支持，公正合理"的十六字评审方针，使国家自然科学基金评审工作得到科技界的广泛好评。

图7-2 张乾二（左）与游效曾合影（20世纪80年代。资料来源：张乾二提供）

唐敖庆组织基金课题时，并不是由他个人决定，而是集思广益，邀请许多专家一起讨论，在基金分配方面，也是比较民主的。例如讨论理论化学重大课题时，就邀请了吴征铠、徐光宪，以及后来接任国家自然科学基金委主任的张存浩等共同讨论。据鄢国森回忆，"唐老师处理这些问题，他掌握政策，兼顾各个方面，讲究平衡，做得非常好。他召集会议时，一般人恐怕很少能够做到这一点，就是在座的若有七个单位，他讲话基本上每个单位的长处都可以点到，这很不容易。所以基金委对他的反映都非常好。"[①] 张乾二、鄢国森等多次参加讨论，对唐敖庆的领导、管理能力，十分敬佩，也学到了不少管理方法。

唐敖庆觉得我国实验科学的仪器设备与发达国家的差距较大，而理论方面中国人的数理基础较好，有可能做出世界领先的工作，因此设立了理论化学的大课题，带着他的弟子们冲击世界科学前沿。先后组织了多个重大课题。大课题并不是每个弟子都参加，有时是这几个弟子参与，下一次换另外几个。唐敖庆很看好张乾二的科研能力，每次都要他参加。而对于组织、管理能力强的弟子，如鄢国森、邓从豪，则分别推荐他们担任四川大学和山东大学校长。

"七五"期间的重大课题"量子化学及其应用"中，张乾二承担"固体表面量子化学及多电子体系对称性理论研究"。张乾二带领课题组把群

---

① 鄢国森访谈，2012年11月30日，厦门。资料存于采集工程数据库。

论和生成轨道法结合起来研究原子簇簇骼多面体分子轨道，导出当时理论界认为无法得到的旋转群－点群耦合系数的闭合表达式，建立一种多面体分子对称性轨道的群重叠方法，并把配位场理论、杂化轨道理论、定域分子轨道理论和原子簇簇骼分子轨道等有关对称性轨道的构造和计算问题统一于一种方法进行研究。

"八五"期间的"量子化学与非平衡态统计理论及其在化学中的应用"重大课题中，张乾二承担了两个子课题："价键法的酉群理论研究"和"固体表面吸附过程的理论研究"。20 世纪 90 年代以来，张乾二等把原子簇化学键理论推广应用于固体表面反应，提出金属及金属氧化物的表面簇模型计算方法。

"九五"期间的大课题是"化学微观过程及反应控制理论研究"，张乾二承担"固体表面理论化学及其应用"子课题。张乾二带领团队将群论和价键理论相结合，提出一种与经典结构相对应的多电子体系波函数（键表），建立了价键理论的键表酉群方法；在此基础上提出了从头计算价键理论的对不变式方法，有效地计算价键矩阵元；编写完成了一个先进实用的价键方法计算程序。

兼任中科院物构所所长

1987 年在恩师卢嘉锡的建议下，张乾二在担任厦门大学系主任的同时，又北上福州，兼任中国科学院福建物质结构研究所所长。他经常往返于福州与厦门之间，那时没有动车，甚至连高速公路都没有，普通公路在乡镇中穿过，路程较远，即使专车接送，单程也要六七个小时。张乾二不要专车接送，而是坐长途汽车，每趟则要八九个小时。这样的路途张乾二起码两周要走一趟，有时甚至一周要往返一次。后来他干脆选择坐火车，躺在车上睡一夜十几个小时，舒服一些。除此之外，他经常还要到北京中国科学院院部汇报工作，因此常常是京、福、厦三地间奔波。

张乾二住在物构所的招待所，刚开始他到食堂打饭吃，因为食堂工友都认识他，或多或少会多给他打些好菜。他觉得这样不好，只好经常自己在房间里用煤油炉煮面条吃。他在物构所的学生发现后，觉得长期这样吃营养不够，就帮他买些菜，张乾二就在煤油炉上做些菜吃。一方面是很重的工作压力——既要处理刚来物构所的工作，还要兼顾厦门大学的工作；一方面是不大有规律的生活，导致张乾二这段时间发生了好几次胃出血。①

物构所与化学系相比，人员多（全所500多人），而且结构也复杂得多。全所共有12个研究室，其中4个结构研究室、4个晶体室，还有催化室、分析室、计算机站和物构所二部。根据中央的科技方针、卢嘉锡的建所理念，物构所的科研方向为：围绕结构化学学科，探讨新型化合物的晶体与分子结构及其与性能之间的关系；以过渡金属络合物（特别是原子簇化合物）、生物大分子和晶体材料为主要研究对象，进行系统的基础研究和应用研究；适当地进行结构研究方法的探索，提高研究水平；紧密结合经济建设的需要，开展催化剂、新技术晶体材料和金属腐蚀与防护的应用。②

刚到物构所时，张乾二感到所里有少数人搞"小圈子"，若不把这股力量控制住，许多事情将很难开展，所以他一开始就要改造学术委员会。科学院跟高等院校党委领导下的校长负责制不一样，实行明确的所长负责制。物构所经常采用书记与所长联席会议的形式，但所长决定

图 7-3　张乾二住在物构所简陋的招待所（1988年。资料来源：张乾二提供）

---

① 黄锦顺访谈，2012年7月2日，福州。资料存于采集工程数据库。
② 《中国科学院福建物质结构研究所三十年所庆介绍》，1990年。存于中科院福建物质结构研究所档案馆。

权很大，党委书记应协助所长做好工作。当时物构所学术委员被一些人把持着，由他们决定升职的名单。所以张乾二首先要解决学术委员会的人员构成，坚持任人唯贤，要有各方面的人参加。他先将四人破格提拔升为教授：结构化学方面黄锦顺、吴新涛两人，分析化学方面一人，晶体方面本已有两名学术委员，又再补充一名，一共四人。这样改造后的学术委员会可以反映各方面的意见，有利于各项事务的决定。张乾二觉得科研机构中学术领导人要起重要作用，这点是非常重要的。①

张乾二在物构所广大职工的心目中和蔼可亲、平易近人。有位国外留学回国的科研人员讲过这么一段往事：刚回国时，80年代末的夏季所里用电非常紧张。一天他有急事到配电房，看见几位电工师傅在交谈，其中一位老同志比较引人注目，主动与他打招呼，并递给他一支烟。交谈中老同志说话幽默，常把人逗得哈哈大笑。中午吃饭时，又遇见这位老同志在食堂排队等候打饭。他一直以为这是位电工师傅，就与他交流在夏季用电高峰期实验室错峰用电和节约用电的事。事后他才得知，与他交谈的老同志不是电工，而是著名的量子化学家、物构所所长张乾二。他十分惊讶，没想到这位大名鼎鼎的科学家竟这样朴实，深入群众，没一点架子。

加强重点学科建设

1988年国家教委审核批准一批学科为重点学科。国家教委提出被核准的重点学科，应承担教学、科研双重任务，能够自主地、持续地培养与国际水平大体相当的学士、硕士、博士；能接受国内外学术骨干人员进修，进行较高水平的科学研究；解决四化建设中重要的科学技术问题、理论问题和实际问题；能为国家重大决策提供科学依据，为开拓新的学术领域、促进学科发展做出较大贡献。经过反复评审，厦门大学化学系物理化

---

① 张乾二访谈，2012年11月28日，厦门。资料存于采集工程数据库。

学学科被国家教委核准为重点学科。学校领导十分重视，张乾二参加了学校召开的重点学科规划座谈会。全校共有7个学科为重点学科，5个为文科，理科只有化学系的物理化学与生物系的动物学。学校要求所在系科提出规划，学校各职能部门积极配合，通过重点学科的建设，把其他学科也带动起来。

图7-4　张乾二使用计算机处理数据（1986年。资料来源：张乾二提供）

张乾二召集化学系的领导班子，讨论学科规划问题。大家先分析了物理化学学科的现状：蔡启瑞、田昭武、张乾二等三位学部委员在学术上的执着追求为中青年教师树立了榜样。蔡启瑞在化学模拟生物固氮研究取得重大成果后，现在正在C1化学的催化剂研究方面冲击国际先进水平。田昭武提出新型电化学纳米加工技术——约束腐蚀层技术，可望应用于大规模集成电路方面。张乾二带领的理论化学团队，在多面体分子轨道、价键理论酉群方法等做出了丰硕成果。还有周绍民带领的电化学团队，在金属电沉积、防腐等方面也取得了显着成绩。

中年教授林祖赓、万惠霖分别在化学电源基础研究和催化剂基础理论研究方面取得很好成果，并发挥了承上启下的中坚作用。物理化学学科还有一群从国外留学归来的年轻博士，是学科重要的生力军。

在建设重点学科的过程中，重点是培养年轻接班人，建立一个老中青三结合的攻坚团队。在催化方面，除了开展C1催化剂研究外，还要继续化学模拟生物固氮的研究，争取在一段时间内达到国际先进水平。在电化学方面，积极开展国际学术交流，发展有潜力的课题研究。在理论化学方面，除了开展价键键表等理论研究，还要与催化、电化合作，开展应用研究。为了保证科研的开展，化学系要积极引进先进的仪器设备，通过世界银行贷款，解决经费不足的问题。

张乾二担任物构所所长期间，他将厦门大学这边研究生的"量子化学"课交给王南钦，"角动量与原子结构"课交代给王银桂。化学系的行政工作由常务副系主任林连堂主管，有重要事情则通过电话与张乾二请示、交流。当时张乾二还在厦门大学主持"七五"重大课题的子课题"固体表面量子化学及多电子体系对称性理论研究"。

早在1982年，张乾二的亲戚得知他搞量子化学研究需要使用计算机，就从香港邮寄了一台给他。这台计算机就成了全组公用的计算机，将旋转群－点群之间变换系数的公式编成软件后，以前算几个月的数据，计算机只要几小时就算出来了。但一些量子化学计算的专用软件，则因容量太大而无法在微机上运行。

1986年教育部统一为重点高校从国外引进大型计算机，1987年北京师范大学量子化学组从国外引进了量子化学计算软件高斯80（GAUSSIAN80）程序，并在暑期开设了软件推广班。研究组选派年轻教师林梦海、陈明旦去

图7-5 张乾二（右）与老教师林硕田（中）、林连堂（左）在厦大化学楼前合影（1987年。资料来源：张乾二提供）

学习，他们回来后为研究生开设了"量子化学计算方法"课程。研究组中一些研究课题和研究生的一些研究论文，开始使用大型计算机进行计算。特别是研究组当时承担的"固体表面化学体系的量子化学研究"，例如催化表面、电极表面等，由于研究对象较大，很难用准确的理论方法处理，所以要先建立模型，再用大型计算软件高斯程序计算。

张乾二经常对林连堂说，"我们两人都是物构组的，一定要多考虑其他教研组"。① 20世纪80年代后期，微型计算机（电脑）还是个稀罕物品，

---

① 林连堂、王南钦、王银桂访谈，2012年10月10日，2012年10月18日，厦门。资料存于采集工程数据库。

除了物构组量子化学研究组购买了几台用于科研外,其他教研室则很少拥有微机。张乾二觉得这样会影响化学系教学与科研的发展,便与林连堂商量,能不能在化学楼找一间房,作为计算机房,配上一二十台电脑,供全系教师与研究生使用。林连堂想,在化学楼找一间房间,虽有难度,但还可以想办法,可是购买十几台电脑要不少经费(当时一台电脑要一两万元),而学校一年给化学系的教学拨款才十万,买不了几台电脑。张乾二就说,"我们量化组的电脑比较多,可以拿一些出来一起用"。就这样,量化研究组的一些电脑,成了化学系的公用电脑。

张乾二则心胸宽阔,从不为小团体谋利,还拿自己组的经费支持有需要的教研组。当时催化组经费比较紧张,张乾二就对林连堂说:"蔡启瑞先生是我们化学系的顶梁柱,一定要支持他们。"量化研究组虽有一些经费,但也十分有限,张乾二要求从中拿一些出来,支持催化组。对于一些刚引进的人才,张乾二更关注他们的需求,因为他认为到一个新单位,若没有经费、空间的支持,再好的人才也无法开展工作,时间一久,人才就会想离开。他希望化学系能成为人才进得来、留得下、干得好的地方。

组建物理化学国家重点实验室

1986年国家计委的科技部规划,要在全国布点建立一批国家重点实验室。催化组学术带头人蔡启瑞的"分子催化"在全国很有名气,计委准备在厦门大学设点建设"分子催化"国家重点实验室。蔡启瑞得知后,考虑到厦门大学化学系"物理化学"专业一贯很强,希望催化与电化、量化三个方面能集合在一起,形成一个"拳头"。催化组早在20世纪60年代,就在蔡启瑞带领下,承担国家重点研究任务"建设以乙炔为基础的基本有机合成,解决合成橡胶单体生产的关键问题";70年代又承担"化学模拟生物固氮"等多项课题。改革开放后,催化组进行了许多国际交流,努力跟上国际先进水平。电化方面,既有田昭武带领的电极过程研究组,又有周绍民带领的电化学防腐蚀研究组。结构化学与量子化学方面，张乾二等人近年所做的研究也很突出。

蔡启瑞、田昭武和张乾二三人协商后，觉得催化、电化和量化用"固体表面物理化学"这个词概括最合适。大家觉得，实验室建立后，催化与电化的交叉，实验与理论的结合，将促进每个学科的发展。张乾二提议，实验室是主要因为蔡启瑞的分子催化而建立的，因此经费分配应按催化 3/6，电化 2/6，量化 1/6 的比例分配，得到了大家的赞同。[①] 1987 年，计委和教委批准建设厦门大学固体表面物理化学国家重点实验室，1990 年建成验收，并向国内外开放。田昭武任国家重点实验室首任主任，张乾二任副主任，蔡启瑞任学术委员会主任，卢嘉锡题写了室名牌匾。

实验室以固体催化剂和固体电极以及功能膜材料的表面和界面化学为主要研究对象，研究表面的组成和结构，吸附和化学反应，反应的动力学和机理，固体表面能谱及其解析、吸附化学键。实验室还要发展多相催化理论、电极过程理论，表面态吸附与性能的表征实验技术和理论方法，解决与化工、能源、材料和环保等有关的重大科学技术问题。

催化方面主要进行多相催化和均相催化小分子及简单有机物的络合活化，高位能中间态的部分稳定化等研究。特别是烷烃、烯烃在固体催化剂上的催化活化和选择性研究，CO 和合成气催化转化的表面物理化学和催化反应机理研究，还有催化的现场和瞬态谱学研究。

电化学方面主要进行电极表面过程、光电化学研究，能源与材料学中的电化学问题研究，还有生物和医学科学中的电化学研究。

实验室购置了单道和多道拉曼光谱仪（Ramanor U-1000，Ramanor S-3000），傅里叶变换红外光谱仪（Nicolet-730，Nicolet-740sx）等；转靶 X 射线衍射仪（D/Max RC），四圆 X 射线衍射仪（CADASDP44）等和电化学测试系统和小型计算机（MicroVAX II 和 III）。这些仪器为实验室的科研工作更上一层楼，立下了汗马功劳。

1991 年，张乾二申请国家自然科学基金重大项目子课题"固体表面量

---

① 张乾二访谈，2013 年 1 月 16 日，厦门。资料存于采集工程数据库。

子化学及多电子体系对称性理论研究"。量子化学研究组的人员，基本分成两部分，一部分（主要是刚毕业的年轻教师和博士生）跟着张乾二，继续进行多电子体系的群论方法研究；另一部分由王南钦带领，结合

图7-6 课题组讨论表面模型相关课题（1991年。左起徐昕、张乾二、王南钦、吕鑫。资料来源：张乾二提供）

催化进行反应底物、催化剂吸附分子、催化反应机理等研究。张乾二带领年轻人继续进行键表酉群方法的研究，与博士生李湘柱等合作，在《中国科学B辑》《物理化学》等杂志上发表了多篇论文[①]。张乾二想进行理论研究，这段时间还到物理系去招生，该系理论物理的硕士生吴玮就报考了张乾二的博士生（1990年博士毕业，后为厦大理论化学研究中心主任）；化学系徐昕也报考了研究生（1991年博士毕业，现为复旦大学教授），之后还有莫亦荣（1992年博士毕业，现为美国西密歇根大学教授）、吕鑫（1996年博士毕业，现为厦大化学系主任）等成为他的博士生。

在国家重点实验室，催化组研究的许多实验现象迫切希望有理论方面的解释，但催化研究的体系都非常大，而理论化学所能计算的范围很小。理论人员只能在化学体系的活性中心挖取一块能模拟大体系的小模型，因此课题组中王南钦带领徐昕等另一部分成员建立了催化表面的簇模型。最简单的是单原子簇，而这个原子模拟的是大的表面状态，因此提出了金属态的Slater基组用于计算。这一思想在研究组与张乾二等讨论后，又进行了许多具体的验算，发现获得较好的结果。在国际杂志上发表了"簇表面

---

① 李湘柱、张乾二：多电子体系键表的酉群方法。《中国科学B辑》，1989年第9期，第919-927页。李湘柱、张乾二：化学子体系相互作用的键表方法。《物理化学》，1990年第6卷第2期，第151-158页。张乾二、余亚雄等：簇骨分子轨道成对定理及其应用。《庆祝唐敖庆教授执教五十年学术论文集》，1989年，第176-181页。

图 7-7　固体表面物理化学国际重点实验室学术委员会合影（1996 年 10 月。前排右起张乾二、邓景发、蔡启瑞、田昭武、林励吾。资料来源：张乾二提供）

近似研究"（Studies on the cluster-surface analogy）的系列论文[①]：《化学吸附从头算的金属态 Slater 基》、《一氧化碳在铜表面化学吸附的从头算》、《一氧化碳在镍表面化学吸附的从头算》、《镍表面氧化物化学吸附的簇模型计算》等。催化组的实验人员感到非常高兴，他们还有许多体系迫切希望有理论人员配合计算。

　　实验室刚成立时，张乾二出任实验室副主任。1990 年 2 月建成通过国家验收，正式向国内外开放。张乾二 90 年代以后出任实验室学术委员会主任，直至 1995 年。在这段任期内，张乾二每年要主持固体表面物理化学国家重点实验室的学术会议与年终评估。这些年国家重点实验室除了固

---

① Wang N Q、Xu X、Zhang Q E：Studies on the "cluster-surface analogy"：metallic slater basis sets for ab initio calculations of chemisorption。*J. Mol. Struc.*（*Theochem*），1992，94：105–116。Xu X、Wang N Q、Zhang Q E：Studies on cluster surface analogy–abinitio calculations for the CO/Cu Chemisorption System。*Surface Science*，1992，274(3)：386–392。Xu X、Wang N Q、Zhang Q E：Studies on cluster surface analogy–abinitio calculations for the CO/Ni Chemisorption System。*Surface Science*，1992，274（3）：378–385。Xu X、Wang N Q、Zhang Q E：Studies on cluster-surface analogy：cluster model calculations for L/Ni（L = CN，CO，NO）chemisorption systems。*J. Mol. Struc.*（*Theochem*），1993，99（2–3）：161–168。

定人员进行了催化、电化、量化等学科的研究，还进行一些交叉学科的研究。实验室开展了许多开放课题研究，并多次召开国际性的学术会议，如1987年召开的第三届中日美催化会议，1994年召开的中日双边理论化学会议，1995年召开的第46届国际电化学会议。实验室评估多次获"优"，1994年和2004年均被授予先进集体称号，荣获"金牛奖"。

配合国家建设需要成立化工系

1991年，厦门大学在化学系的基础上组建了化学化工学院，张乾二任院长。除了化学系、材料系，还组建了化工系。早在1958年工业大跃进时期，福建省迫切需要工业人才，省委决定在厦门大学设立工学院，其中化工系由李法西组建。后因金门炮战，省委又将工学院迁往福州，组建了以工科为主的福州大学。30年后，台湾著名企业家王永庆的台塑集团拟在厦门海沧台商投资区投资大型石化项目（国家901工程）。石油化工人才需求量很大，而我国高校设置石油加工专业为数不多，该工程及在建的福建炼油厂，所需专业人员只能自己培养。以福建省高校目前情况，厦门大学相对有条件创办石化专业。一方面化学系始建于20年代，拥有较高水平的师资队伍。物理化学是国家级的重点学科。其中催化专业，从1958年起，在蔡启瑞教授带领下，长期从事催化化学与石油化工的教学与科研工作，形成了一支60多人的专门队伍，其中高级职称23人，先后承担石化部、石油总公司等委托的五期工程师级的培训班，厦门大学的技术学院设有电子工程、计算机、科学仪器工程等专业，可为石化专业开出化工仪表及自动化等相关专业课。另一方面，化学系资料室有英、俄、德、日、法和中文期刊1600种，催化组在乙炔合成丁二烯、苯等催化剂取得优异成绩，聚烯烃负载型高效催化剂已获国家专利，乙苯脱氢催化剂达国际先进水平。

1990年，学校向国家教委发出申请报告。国家教委1991年10月批复同意增设石油加工专业。

为适应厦门化工人才的需求，由蔡启瑞倡导，厦大化学化工学院筹建化工系。关于化工系的创办，当时院领导经历了一个办或不办，该怎么办的艰难过程。当时有两个观点：一种认为应创办应用化学系，从化学系里选几个研究应用化学的教师组建；另一种认为应当创办化工系，才能适应日益增长的石油化工人才的需求。经过讨论，最后还是决定创办化工系。针对师资力量不够、设备条件不足等种种困难，张乾二和院里老师积极引进国内高校的优秀化工人才，努力创造条件。1991年10月，国家教委下文（教高［1991］21号）同意厦门大学增设石油加工专业，学制四年，1992年秋季正式招生（早在1990年，已在化学系招收石油加工专业学生）。[1]

为了办好化工系，学院筹备组先后走访了浙江大学、华东理工大学、南京化工学院、中国石油大学等国内著名的化工院校，了解分析这些院校的教学计划与教学大纲。办系伊始，化工系学生必修的四大化学基础课：无机化学、有机化学、分析化学和物理化学，包括课堂教学与相应的实验教学，都由师资力量雄厚的化学系承担。工科专业建设中，实验室建设占很重要的地位，而其中最需解决的是空间问题。化学系本来空间已很紧张，要从什么地方腾出空间建实验室？这个问题摆在领导面前。张乾二与其他领导协商后，决定把原来的煤气站厂房改造为化工原理实验室及石油加工专业实验室。这些实验室采用学院支持一部分经费，化工系自筹一部分，再向其他单位筹借一部分经费的方式进行改造。经过刚应聘来校的年轻教师和工业催化组教师的共同奋斗，终于如期完成实验室建设，使化工系新生不仅有良好的理论教育，还有很好的化工实验训练场所。

键表酉群方法研究

1989年，量子化学研究组将"休克尔矩阵图形方法"、"多面体分子

---

[1] 厦门大学化学化工学院：《任重道远、继往开来——纪念厦门大学化学学科创建90年暨化工系创办20年》。厦门：厦门大学出版社，2011年，第125页。

轨道方法"及"多电子体系酉群键表方法"组合起来，称"群论方法在量子化学中的新应用"，申请国家自然科学奖。休克尔矩阵是量子化学中最常用、最方便的一种近似方法；张乾二的图形方法是直观地看出分子中可以约化的对称元素（对称面、对称轴等），利用简单的约化规则，从研究的共轭体系画出约化的休克尔图形，再从图形出发，得到展开的本征多项式，它相当于原本征多项式、经因式分解所得的因子式，所以它的幂比原本征多项式要低得多，计算也就简单得多。同时，应用图形方法对几何结构类同的同系物体系（如直链多烯烃、交替共轭链、直并环分子、交替环分子等），可以进行系统研究，在许多情况下同系物的本征方程、能级分布、原子轨道系数等还能给出统一的解析形式。

日益增多的原子簇化合物化学键是当代理论化学的重大课题。张乾二课题组根据群表示理论，利用生成轨道的轨道性格和群重叠积分，方便地解决了对称轨道的构造和有关对称性系数的计算，同时应用群论双陪集分解，得到旋转群－分子点群各类变换系数的闭合表达式和一整套变换系数的不可约表示张量集。在多面体分子轨道计算中，将群重叠积分和能量矩阵元，分解为几何因子和物理因子：几何因子即群不变量 $B\Gamma$，它取决于多面体的几何对称性；物理因子取决于配位体原子轨道的物理性质及多面体定义的各种标准三角形，根据这两个因子可方便地判断分子轨道成键性质。这方面工作的代表性论文是《对称性轨道与群重叠》、《关于张量面谐函数方法》、《簇骼分子轨道成对定理及其应用》、《多面体分子轨道的成键性质》等。[1]

多电子体系的电子相关问题是量子化学的一个基本难题，张乾二带领研究生，用键表为基函数进行酉群方法处理。正则键表构成一个完备集合，它的哈密顿矩阵元可由酉群生成元及其乘积对键表的作用计算，然后

---

[1] Zhang Q E: Symmetry Determined orbital and group-overlap. *Int. J. Quant. Chem.*, 1983, 23（4）: 1479-1492。Zhang Q E: Notes on the tensor surface harmonic method. *J. Mol. Structure* (*Theochem*), 1984, 18（3-4）: 215-221。Zhang Q E、Yu Y X: The bonding properties of polyhedral molecular-orbitals. *J. Mol. Structure* (*Theochem*), 1986, 29（1-2）: 45-55。张乾二、余亚雄等：簇骨分子轨道成对定理及其应用。《庆祝唐敖庆教授执教五十年学术论文集》，1989年，第176-181页。

进一步约化为键表的重叠积分来实现。一般采用置换群标准投影算子，构造自旋对称性匹配多电子态，需用一个完备基合；而键表方法只要用一个投影算子。键表即是价键型函数，矩阵元的计算仅涉及标准转动矩阵元。用键表方法研究化学子体系相互作用，提出两种构造子体系对称性匹配分割波函数的方法，即置换群非标准基投影算子方法和键表耦合方法。可在价键（VB）结构相互作用或组态（CI）相互作用水平上，处理分子间或分子内的基团或壳层的相互作用。《键表酉群方法处理多电子相关问题》《多粒子体系的置换对称性》《化学子体系相互作用理论的键表方法》等论文是这方面工作的代表作。[①]

以上这些工作，合称为"群论方法在量子化学中的新应用"，完成人为张乾二、林连堂、王南钦、余亚雄、李湘柱、王银桂等人，获得了1989年国家自然科学奖二等奖。张乾二获全国教育系统劳动模范称号。

张乾二在选择科研课题时，常从一些经典的量子化学著作中提出研究课题。当时为了要搞多电子体系理论，他就认真学习了置换群理论方法，因为置换群理论是解决多电子体系理论的一个最基础的出发点。后来置换群理论需要应用酉群的方法，要使这个方法更简化，需要应用李代数跟李群的方法。而这些方法张乾二以前没有接触过，他就去旁听了物理系相关的课程，再进一步地学习。可惜兼任福建物构所所长后，没有机会再深入研究。张乾二一直深感自己的数理基础还是不够，如果数理基础够了，可能还可以做出比较好的工作。

选择课题的时候，张乾二也经常选择"啃硬骨头"，选择较困难、较艰深的问题去研究，这可能是他兴趣所在。张乾二认为："一般的问题研究起来没有什么意思，做研究一定要对理论发展有好处，这样一定会碰到一些比较难的问题。这些理论问题是人家没有解决的，所以一定是比较难

---

① Li X Z、Zhang Q E：Bonded tableau unitary group approach to the many-electron correlation problem。*Int. J. Quant. Chem.*，1989，36（5）：599-632。Li X Z、Zhang Q E：A note on permutation symmetry in many-particle systems。*Molecular Physics*，1989，67（3）：525-535。李湘柱，张乾二：化学子体系相互作用理论的键表方法。《物理化学学报》，1990年第6卷第2期，第151-158页。

的。'啃硬骨头'对学生有好处，对教师自己的提高也有好处。"[1]

张乾二为学生开设了多门基础课、专业课，在备课过程中他反复研读相关的经典著作，搜索当时国际学术权威还无法解决的难题，其重要性与难度自不待言。为了开展这样的基础理论研究，学生必须先要读懂这些经典著作，再查阅时间跨度相当长的大量文献，跟踪课题的进展。这样的工作对于刚进入研究领域的研究生来说，并不轻松。由于课题难度较大，研究进展缓慢，张乾二鼓励学生不要放弃，带领他们一起探索，也使学生们由此打下了坚实的基础理论功底。他经常以他的老师、也是同学的邓从豪的例子勉励学生：

> 邓教授从 1955 年就开始研究氦原子的量子化学计算，一直到临终前还在从事这个问题的探讨。他啃的都是硬课题，但每一次汇报他都说他没有什么成绩。大家劝他这样做不行，应该说有什么阶段性成果，否则基金委工作人员就难以汇报。而唐敖庆老师则从来不催他，让他慢慢做。最后他把氦原子的计算做出来了，在国际上都有影响。[2]

学校当时一些研究生的奖励制度与发表研究论文相挂钩，而量子化学专业的研究生非常努力地花一年多的时间看书、查文献，还未进入研究领域，根本不可能写出论文。张乾二一方面要求学生沉下心看书学习，另一方面也积极与学校联系，改变奖励方法，将奖励名额分配到各系各专业，由各专业推荐奖励名单，较好地解决了这个矛盾。

张乾二带着吴玮、莫亦荣等对酉群键表方法进一步研究。价键理论与组态相互作用是研究电子相关的两种多体理论方法，组态相互作用由于普遍采用 Gelfand 纯数学分类基，没有明确的物理意义，难于用化学经验定出主要贡献的态函数。张乾二等采用键表作为体系的态波函数，它是酉群不可约表示的基函数，具有价键意义，一个键表对应一个化学键结构。因为键表哈密顿矩阵元的和，可约化为键表的重叠积分，所以计算变得相当

---

[1] 张乾二访谈，2012 年 11 月 28 日，厦门。资料存于采集工程数据库。

[2] 同[1]。

简便。张乾二与吴玮建立了键表的相互作用和多组态自洽场方法,发表论文《键表的自洽场方法》。[①] 此后,张乾二又带领莫亦荣等研究 π 共轭体系的键表处理方法。

理论方法虽然建立了,但在处理具体体系时,N 个电子体系就需要解 N! 的行列式,随着电子数的增加,也变成一个难题。他们选择各方面研究已较透彻的 π 共轭体系,将其 σ 骨架采用有效核芯势固定,由 HF-SCF 计算得到分子轨道。正则键表数目仅由 π 电子数决定,由于分子轨道之间及 π 电子原子轨道基之间相互正交,这样键表之间的重叠矩阵元和哈密顿矩阵元的计算都可以大大简化。

张乾二与吴玮、莫亦荣等的这些工作发表在《对称群杨－亚马诺奇表示的一些问题》、《对称群的正交与自然表示》、《价键结构函数与键函数Ⅰ.理论处理;Ⅱ.水分子的计算与分析》等论文。[②]

这段时间还有多位博士到张乾二课题组做博士后研究,先是吉林大学毕业的李加波,接着是四川大学的曹泽星,后来是德国锡根大学的廖孟生、四川大学的先晖。有的博士已婚,来时带着家属,张乾二便十分关心他们的住房、家属的工作安排、小孩的入托入学等问题,使这些年轻人很快地安顿下来。新博士报到后,张乾二都会召开研究组会议,介绍新人与大家认识,同时研究组各人介绍自己的工作,看博士后是否有兴趣参加,再根据博士后的特长与兴趣安排科研课题。如李加波比较擅长编程,正好价键理论研究方法正在编写计算程序,他就参与编写 VB-XIAMEN 计算程序。另一位博士后廖孟生在德国就有课题,他继续对重金属元素的化合物开展理论研究,撰写了不少有质量的科研论文,出站后又申请到美国工

---

① 吴玮、张乾二:键表的自洽场方法.《高校化学学报》,1991 年第 12 卷第 11 期,第 1517-1521 页。

② Wu W、Zhang Q E: Some problem on the Young-Yamanouchi representation of symmetric group (Ⅰ). *J. Molecular Science*,1991,7(1):54-65。Wu W、Zhang Q E: Some problem on the Young-Yamanouchi representation of symmetric group (Ⅱ). *J. Molecular Science*,1991,7(2),98-108。莫亦荣、吴玮、张乾二等:价键结构函数与键函数Ⅰ.理论处理及甲烷的应用实例.《化学学报》,1995 年第 53 卷第 1 期,第 9-13 页。莫亦荣、吴玮、张乾二等:价键结构函数与键函数Ⅱ.水分子的计算和分析.《化学学报》,1995 年第 53 卷第 2 期,第 116-119 页。

作，都得到张乾二的支持。

  1995 年 12 月，曹泽星进入博士后流动站不久就患上胆结石，人生地不熟，张乾二就帮他联系较好的医院、医生，进行微创手术。另一方面，张乾二还考虑到他家属在医院陪伴，小孩没人照顾，又安排了研究生到食堂给孩子买饭。[①] 曹泽星身体恢复后，张乾二就将价键方法的基本原理、自己课题组进行的工作，特别是键表西群方法，一一介绍给他，引导他用价键方法讨论化合物、化学反应。曹泽星博士后出站后，张乾二又费了不少周折，才将他留在厦门大学。之后又派他到台湾，向台湾"中央研究院"的林圣贤学习分子光谱。回来后曹泽星开展催化反应中原位光谱的研究，特别是一些生物大分子活性中心的研究，获得了很好的成果，2002 年入选教育部跨世纪优秀人才培养计划。个别博士后虽然基础较好，但不大愿意作刻苦的研究，张乾二就找她谈心，告诉她在科研道路上没有平坦的捷径，有付出才有收获。这位博士后慢慢勤奋起来，出站后到国外工作得很好。

---

  ① 吴玮、曹泽星、莫亦荣、吕鑫访谈，2012 年 6 月 28 日，厦门。资料存于采集工程数据库。

第七章 两重担一肩挑

第八章
在物构所大显身手

努力建设结构化学实验室

张乾二接任物构所所长时，结构化学实验室是 1986 年经中科院首批建立的开放实验室之一，卢嘉锡任主任，张乾二任第一副主任兼学术委员会会主任。[①] 张乾二确定实验室的主要研究方向有五个方面：一是过渡金属原子簇化合物的结构；二是化学仿生学中的结构化学；三是生物大分子晶体结构；四是结构化学实验方法（各种光谱、波谱和能谱、质谱等）的改进与创新；五是与材料有关的其它化合物的结构。张乾二到所后，坚持实验室"开放"与"流动"的特色。在 1986 年初次开放研究课题的基础上，审定了第二批七个开放课题，包括武汉大学、南京大学、兰州化物所、大连化物所和福州大学等外单位的科研课题和本单位的两个课题。为了摸索经验，开放实验室选择了一批科研人员水平高、在国内外有竞争力的课

[①] 中国科学院计划局：《中国科学院对外开放实验室简介》。出版时间不详，第 35 页。

题，自带课题、经费，实验室补助经费，并开放仪器设备供其使用。这样共吸收了9个课题为实验室的管理课题，经过各种方法调动科研人员的积极性，并大大提高了实验室高端仪器的使用率。①

图 8-1　卢嘉锡（中）、张乾二（右）听取科研工作汇报（1987 年。资料来源：物构所提供）

结构实验室同时积极开展国内外学术交流，与物构所于 1987 年 6 月联合举办"第一届全国金属原子簇化合物学术研讨会"，1988 年 10 月承办"第四届全国结构化学学术讨论会"，1988 年 11 月承办"第五届全国波谱会议"等一系列学术会议。在过渡金属原子簇的研究领域，卢嘉锡与加拿大波谱学家林慰桢合作开展过渡金属磁性研究，为活性元件组装思想打下实验基础。卢嘉锡、唐敖庆与诺贝尔奖获得者霍夫曼（R. Hoffmann）、伊博斯（J. A. Ibers）合作，开展活化小分子的簇合物合成、机理与化学键理论的研究。实验室人员卢嘉锡应邀到意大利、北欧、英国、美国、苏联、波兰、印度等国讲学，刘汉钦研究员在美国哈佛大学、西北大学等八个单位讲学。张乾二参加了粤闽港化学会，并应邀在香港中文大学讲学十天。结构室研究人员先后参加在希腊的第 24 届国际配位化学会议，在日本的中、日、美有机金属学术会议，在澳大利亚的第 14 届国际晶体学会议。实验室先后邀请了美国、英国、法国、德国、日本、荷兰等国 17 位专家、学者来访与学术交流。

1986—1988 年，实验室通过开放、合作研究、学术交流，共合成过渡金属原子簇化合物 150 多个，稀土镧系配合物 26 个，不仅扩大了过渡金属化合物品种，而且在合成与结构规律探索方面取得新进展。共发表学

---

① 中科院福州结构化学开放实验室工作年报。中科院福建物质结构研究所档案室，1988 年。

第八章　在物构所大显身手

术论文164篇。这些工作可分为几个方面：一是由钼铁硫簇合物总结出的"活性元件组装设想"，过渡金属原子簇（特别是含 $\mu_2\mu_3$ 桥联原子）类立方烷簇，构成基本元件，在一定活化条件下，构成单立方烷簇、双立方烷簇、桥联双立方烷簇等，该成果获中科院自然科学一等奖；二是采用谱学等动态研究手段，从宏观性能与微观结构两方面研究原子簇簇骼与配体之间的协同效应；三是结合结构参数与 Mo_3S_3 簇骼电子结构分析，提出这类结构单元的电子结构存在一定的离域化、组成共轭大 π 键，从而具有一定程度的"类芳香性"；四是应用霍夫曼的"等瓣相似原理"指导合成同核或异核过渡金属羰基簇合物；五是开展一些生物大分子，如天花粉蛋白的空间结构研究，天花粉蛋白是国际上第一个核糖体失活蛋白模型，是继胰岛素系列结构测定后，我国又一个独立完成的蛋白质结构测定。该成果获中科院自然科学奖一等奖，国家自然科学奖二等奖。

卢嘉锡提出"活性元件组装"和"类芳香性"等理论，并由张乾二实施。这些工作许多已跻身国际先进行列，获得国内外同行的好评，英国萨赛克斯大学、美国艾克森公司等专门收集结构室的原子簇研究资料，有些单位要求与结构室开展交流合作。经过几年不懈的努力，结构化学开放实验室在全国综合评比中，为17个A级实验室之一。1992年2月经国家计委批准，开始筹建国家重点实验室，1994年10月通过国家验收。

参加原子簇化合物的科研

1988-1992年中，张乾二还参加了物构所卢嘉锡主持的原子簇化合物的研究，主要是类立方烷原子簇化合物，特别是钼铁硫簇合物的研究。早在20世纪70年代，卢嘉锡、蔡启瑞和唐敖庆三位化学泰斗携手研究"化学模拟生物固氮"。固氮酶活性中心就是过渡金属与硫等组成的原子团簇。

当时我国大量兴建合成氨化肥厂，在高温高压下合成氮肥，而自然界中豆科植物的根瘤菌借助固氮酶可在常温常压下吸收土壤中的氮肥。该课题就是要搞清楚根瘤菌的工作原理，这也是世界级的难题。经过十几年的研究，卢嘉锡提出了固氮酶活性中心的"福州模型"，蔡启瑞则提出"厦门模型"，两种模型都是以一钼三铁与硫形成的类立方原子簇为核心。

图8-2 张乾二（右）与卢嘉锡讨论原子簇化合物
（1990年。资料来源：厦门大学化学化工学院院史资料）

20世纪70年代"化学模拟生物固氮"的研究，使卢嘉锡接触到许多生物蛋白和生物酶，它们的活性中心是过渡金属元素与硫等非金属元素组成的各种簇合物，目前虽无法直接合成，但对其活性中心进行模拟研究，进而可实现化学仿生。1978年在全国结构化学大会上，卢嘉锡作了"原子簇化合物的结构化学"的专题综述报告，首先介绍了原子簇化学发展历程，阐述了一些重要类型原子簇化合物的Wade规则，提出了A_4B_4型原子簇和固氮酶活性中心模型的演化过程，强调了原子簇化学中合成化学与结构化学之间的辩证关系。最后指出，开展原子簇化学研究可以更深刻地认识化学键本质，并在表面化学、催化化学、化学仿生等领域有重要应用前景。以后物构所就全面开展"金属原子簇化合物"研究。

1981年卢嘉锡赴北京出任科学院院长，物构所的原子簇研究，他在北京遥控，由福州的学生所长实施。1987年张乾二接任所长，他接着带领物构所团队研究钼-铁-硫原子簇合成机理。1989年卢嘉锡和合作者提出了"过渡金属类立方烷簇合物合成中的活性元件组装设想"，发表在《结构化学》第4期。从弱酸条件下陆森红盐自兜成陆森黑盐，成簇过程中保持不变的是菱形四元环元件。进一步研究表明，"元件组装"的关键是元件的活化条件，其中包括过渡金属价态、桥基与端基的性质及其对簇合物稳定的作用，还有结构单元中的活性区位。

1988年卢嘉锡带领张乾二组织了四个单位（物构所、兰州化物所、吉林大学、福州大学）共约80人参加的自然科学重大项目："原子簇化学研究"。

主要研究内容为：以"活性元件组装设想"指导合成三大系列簇合物，模拟生物酶活性中心的M–Fe–S（M=Mo，W，V）簇合物、稳定态钼钨及钒铌等贫电子过渡金属簇合物、合成Ⅵ、Ⅷ族过渡金属簇合物；研究簇合物的化学键理论（包括"类芳香性"规律与"等瓣相似原理"）；研究配位不饱和簇合物的活化、催化反应性能。卢嘉锡提出思想后，由张乾二具体负责，联系4个单位、共22位高级研究人员参加的豪华研究阵容。①

卢嘉锡正担任中科院院长，行政工作十分忙碌，一有空闲他就赶来福州物构所，一来他就找张乾二讨论原子簇的化学键。② 过渡金属构成的原子簇骨架多是多面体。根据韦德（Wade）的（$n+1$）规则，可以讨论它们的成键规律。这时张乾二的团队也在研究多面体分子轨道的成键性质，他提出以"标准三角积分"为模型的群重叠法，引入一个群不变量B_r，将群轨道积分计算展开为群不变量与标准三角积分的乘积。根据多面体的几何性质及相关对称性，将分子轨道按奇、偶宇称分类，然后判断分子轨道的成键性质。张乾二配合卢嘉锡探索了这类化合物的合成规律，发表了"双齿配位体八配位镧系元素配合物的结构"系列文章。在《碎片法合成金属原子簇——Isolobal Analogy 的应用和推广》③一文中，讨论了"等瓣相似原理"，应用于混合金属原子簇化合物的合成，满足（$9n-1$）规则的金属簇合物等瓣相似与满足（$4n-1$）规则的碳烷。以金属羰基化合物与金属茂基化合物为基本反应组分，合成双核、三核、四核至五核的金属簇合物。

化合物的芳香性原在二维的环状平面共轭分子中存在，以苯环为典型

---

① 国家自然科学基金委重大项目联合研究申请书（项目名称：原子簇化学研究，主持人：卢嘉锡），中科院物构所档案室，1988年。

② 黄锦顺访谈，2013年11月13日，福州。

③ 黄锦顺、王银桂、张乾二、卢嘉锡：碎片法合成金属原子簇——Isolobal Analogy 的应用和推广。《化学学报》，1990年第48卷第4期，第343–348页。

代表。Hückel 提出著名的（4n+2）规则（n=1，2…），即含有 4n+2 个 π 电子的平面单环共轭碳烯具有芳香性。如今，大约有 30% 的有机化合物属于芳香性化合物，它们具有异常的热力学稳定性，易于发生取代反应而难于发生氧化和加成反应，有较大的反磁化率 NMR 化学位移，化学键长介于单键和双键之间。

这些年芳香性的概念不断延伸，产生了双环芳香性、螺形芳香性、十字型芳香性等。判断体系是否有芳香性，可通过实验测定热力学平衡常数或 NMR 谱的化学位移，也可通过理论方法如轮烯芳香性信息论指标或定域分子轨道的离域度。

现在物构所的研究团队发现在三维的金属原子簇化合物中也可能存在芳香性。例如 HLi 与苯环结合，呈现三维芳香性；又如 Mn（CO）$_3$ 与环戊烯基可形成立体芳香性。物构所研究团队，在 [Mo$_3$S$_3$] 簇环和异核过渡金属类立方烷原子簇化合物都发现了芳香性。因这种芳香性与上面的芳香性完全不同，卢嘉锡称它为类芳香性。它将芳香性的概念从有机化学引伸到无机化学的过渡金属簇合物，从平面环推广到三维折叠体系，继 Hoffmann 的等瓣相似原理之后，在有机与无机之间架起的又一座桥。

研究组发表了《某些 [Mo$_3$S$_4$]$^{4+}$ 簇合物中 [Mo$_3$S$_3$] 簇环类芳香性本质的初探》、《异核过渡金属类立方烷原子簇化合物 M$_3$S$_4$L$_9$M'X$_n^+$ 的电子结构》、《三核钼原子簇化合物的定域分子轨道与类芳香性》等论文[①]。在国际上首先提出三维芳香性概念，引起众多学者关注。在短短几年内，物构所陆续合成和表征了两三百种过渡金属簇合物，使物构所在这个领域的研究位于国际先进水平。此工作获得中国科学院自然科学奖一等奖，后又获得国家自然科学奖一等奖。报奖的时候，卢嘉锡在福建省立医院住院，他

---

① 陈志达、张乾二、卢嘉锡等：某些 [Mo$_3$S$_4$]$^{4+}$ 簇合物中 [Mo$_3$S$_3$] 簇环类芳香性本质的初探.《科学通报》，1990 年第 4 期，第 269-273 页。程文旦，张乾二，卢嘉锡等：异核过渡金属类立方烷原子簇化合物 M3S4L9M'Xn+ 的电子结构.《结构化学》，1990 年第 9 卷第 4 期，第 243-248 页。Cheng Z D, Lu J X, Zhang Q E: Localized molecular orbitals and the problem of quasiaromaticity in trinuclear molybdenum cluster compounds with cores of the type [Mo$_3$ (micro 3-X)(micro -Y)$_3$]$^{n+}$ (X, Y = O, S, n = 4; X = O, Y = Cl, n = 5). *Polyhedron*, 1991, 10: 2799-2807。

让副所长黄锦顺去找他。卢嘉锡躺在病床上,考虑原子簇化合物研究的报奖名单,反复多次修改,既考虑各个研究人员的贡献,又考虑合作单位的方方面面。黄锦顺记下了好几个名单,并请卢嘉锡过目签字。卢嘉锡本想将张乾二放在第四名,但每一次报奖、署名时他都谦让,最后还是排在了最后一名。[1]

1988年,张乾二应香港中文大学结构化学家麦松威(Thomas Chung Wai Mak)邀请,到香港讲学十天。讲课主题是"过渡金属簇合物的化学键",共分为四讲:第一讲"一些类型过渡金属簇合物的化学键",介绍了双中心双电子的常规单键,双中心多电子的多重键,多中心双电子的缺电子键;第二讲"金属簇合物骨架电子对理论",先介绍常见三角多面体,由每个金属原子提供3个轨道,组成簇合物骨架,再介绍闭合多面体成键的 $n+1$ 规则,巢式簇合物 $n+2$ 规则,网式簇合物成键有 $n+3$ 规则,余下轨道是孤对电子或与配体键合,并介绍了电子计数规则;第三讲介绍"成对定理的图像表示";第四讲"一些过渡金属原子簇的电子结构",讨论了 $Mo_6Cl_8^{4+}$、$Nb_6Cl_{12}^{2+}$、Nb_6Cp_6、$Cp_6Ti_6O_8$、$Cp_4Co_4S_4$、$Cp_4Fe_4(CO)_4$ 等化合物的化学键。

非线性光学晶体材料的研制

早在20世纪60年代,张炳楷、颜明山随卢嘉锡到物构所,建立了晶体生长实验室。颜明山负责的磷酸二氢铵(ADP)单晶培养组,经过三个多月的精心呵护,终于培养出10公斤的ADP大单晶,1964年获得中科院年度优秀成果奖。1965年中国科学院调整课题,晶体组险些下马,多亏张乾二请卢嘉锡关注,才得以保留。经过"文化大革命"冲击,80年代颜明山东山再起。这时全世界正加大对激光的应用,需要大量的大口径磷酸二

---

[1] 黄锦顺访谈,2013年11月13日,福州。

氢钾（KDP）类型的倍频晶体。大口径的 KDP 与 DKDP 晶体是高功率激光核聚变唯一可用的倍频晶体，因为激光通过 KDP 晶体倍频后，能大大提高核聚变效应。

张乾二到物构所时，晶体组人员正为培养大口径 KDP 晶体，自行设计、制作了三个 600 升的大培养缸及配套设备。培养出 KDP 大单晶不容易，且有时被激光通过时很容易发生破损，这令业内人士头疼不已。原因是晶体内存在微小杂质和有害金属离子，导致激光受阻而散射、晶体温度升高而造成破损。借鉴国外采用的 EDTA 钠盐除杂后，效果并不理想。经过反复的思考、试验，颜明山改用 EDTA 钾盐除杂，效果非常好，溶液中铝、铬、铁等杂离子含量下降到百万分之一。大尺寸的 KDP 晶体测试时发现，它的激光损伤阈值会降低。研究发现，并不是

图 8-3　中科院物构所研制的大口径 KDP 晶体（资料来源：物构所提供）

晶体自身本征阈值降低，而是晶体中混有霉菌、杆菌等有机物导致，所以在晶体生长过程要用紫外线辐射，避免微生物生长。再加上课题组对晶体生长缺陷、位错密度的监测，大晶体的拼接等一系列问题的攻关，使物构所培养的 KDP 晶体达到世界第一的水平。[①]

由于张乾二坚持以结构化学与固体物理研究为基础，发挥多学科交叉合作的综合优势，20 世纪 80 年代中后期物构所逐渐成为国际上公认的具有较高学术水平、较强综合实力的新技术晶体材料研究单位之一。这几年有十几种新材料及器件、激光器达到国际先进水平，特别是非线性光学材料研究始终保持国际领先地位。非线性光学频率转换晶体，按其透光波段可分为红外波段、可见光到红外波段、紫外波段。可见光到红外波段的转换晶体研究得最多，有磷酸盐、碘酸盐、铌酸盐等，KDP 晶体称为全能冠

---

① 王钦敏：《西岸英才》。福州：海峡文艺出版社，2005 年，第 351 页。

军。紫外波段的晶体，20世纪70年代用分子设计，发现尿素晶体具有优良的紫外频转功能，但它的生长工艺要求苛刻，应用时晶体又极易潮解，限制了它的使用。国际上一直在寻找适合的晶体。卢嘉锡意识到具有共轭 π 键的阴离子基团一定容易受到其周围阳离子或不同取代基的诱发，从而产生出相当大的偶极距，共轭 π 键可能是非线性光学性能的结构敏感部位。但是有机化合物一般存在化学稳定性和热稳定性差的缺点。

按照卢嘉锡的这一思想，以后物构所在无机化合物中寻找具有共轭 π 键类苯环、又无对称中心结构的物质。从硼酸盐晶体结构中发现，偏硼酸盐具有 $(B_3O_6)^{3-}$ 类苯六元环形基本结构，可能满足这些结构要求。从而选择了硼酸盐作为探索非线性光学新材料的研究对象。

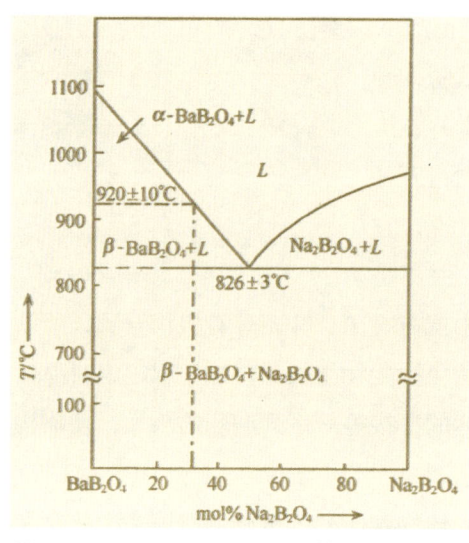

80年代初，王耀水提出用高温固相反应法试合成偏硼酸钡钠，由陈长章、高东寿为主进行高温固相反应合成，几天内就烧结出倍频效应较高的偏硼酸钡。在梁敬魁带领下，物化组做了偏硼酸钡的相图，发现只有低温 β 相（β-BaB$_2$O$_4$，BBO），才有倍频效应。陈创天对BBO的光学倍频能力作了理论研究。

图 8-4　BaB$_2$O$_4$-Na$_2$B$_2$O$_4$赝二元体系相图

在物构所这个晶体培养基地，赵书清、吴以成、江爱栋等研究出晶体培养方法。相比高温溶液法，β-BaB$_2$O$_4$熔体提升法生长速率要高几十倍到上百倍。β-BaB$_2$O$_4$在相变温度上进行生长，关键在结晶原料的制备，只有采用某种方法制备的具有 β-BaB$_2$O$_4$结构的原料，才能生长出 β-BaB$_2$O$_4$晶体。制备晶体时，按预定配比称量、研磨后，熔融原料，装入铂金坩埚，放入晶体生长炉，在高于熔融温度几十摄氏度的条件下，恒温几十小时，使原料熔融均匀。加热由高温射频感应控制，既能提供清洁的生长环境，又能精密控温。坩埚上方有一根可旋转、升降的提拉杆，下有一夹头，装上籽晶，调整到温度，然后缓慢地向上提拉和转动晶杆，同时开始缓慢降温，籽晶就逐渐长大。小心调节加热功率与转杆的旋转速度，就能得到所需直径的晶体。

物构所很快形成了低温相偏硼酸钡晶体器件的生产能力，培养出晶体光损伤阀值高达 13.5GW/cm^2，在 200—1500nm 波段可实现相位匹配，有效非线性系数在 1064nm 时达到 KDP 的六倍。在红外、可见、紫外光区的激光倍频、和频和光参量震荡器件中有广泛应用。

LBO 是 LiB$_3$O$_5$（三硼酸锂）的简写。它是物构所合成的又一个优秀的大功率紫外倍频晶体，可透光波段范围宽（160—2600nm），光学均匀

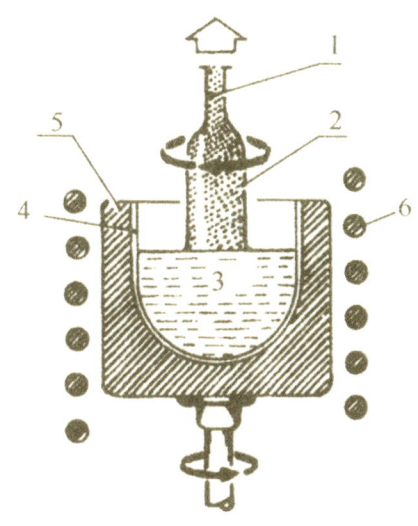

图 8-5　熔体提拉法晶体生长示意图
1. 籽晶，2 单晶，熔体，4 铂金坩埚，
5. 石墨加热器，6 射频加热线圈

性好，内部包络少，倍频转换效率较高（相当于 KDP 晶体的 3 倍），高损伤阀值（1.3ns 脉宽的 1053nm 激光可达 18GW/cm^2），接收角度宽，离散角度小。

LBO 晶体结构中存在（B$_3$O$_7$）硼氧阴离子基团，Li 原子分布在（B$_3$O$_7$）基团骨架间隙，（B$_3$O$_7$）基团由硼氧六元环与 BO$_4$ 四面体连接而成的三维结构，它们沿 c 轴方向形成螺旋结构，每个螺旋结构又通过硼氧桥键相连接，构

图 8-6　早年研究晶体培养的部分主要人员（前排右三卢嘉锡、右二张乾二、右一张炳楷，后排右二颜明山。资料来源：物构所提供）

成整个晶体。

LBO晶体一般采用高温溶液法生产。按LBO：B_2O_3=2：1比例称取Li_2CO_3和H_3BO_3，经研磨均匀后放入铂金坩埚，在950℃恒温几十小时，使其熔融均匀，快速降到833℃。然后引入籽晶，适当转动，生长几天后，再程序降温，至晶体生长结束，最后取出晶体。由于（B_3O_7）骨架间隙较小，比Li+离子大的阳离子难以进入，因此LBO晶体不含细小包裹体，具有优异的光学质量和紫外透光能力。LBO晶体突出的优点是：宽的透光范围、宽的光学均匀性和高的激光损伤阈值等。近年使用激光半导体晶体和LBO晶体，并使用倍频技术，可获得红、绿、蓝（RGB）三基色相干光输出，即可用于彩色激光显示器。

物构所的主要拳头产品偏硼酸钡（BBO）、三硼酸锂（LBO）、Nd：YAP（Nd：$YAlO_3$）等，近年来逐步走向世界，打入国际市场，1987—1989年连续三年每年创汇突破100万美元大关。物构所的功能材料已销售到美国、欧洲、日本、苏联等二十几个国家与地区，并与国外100多个公司、研究机构、大学建立了联系。BBO晶体被美国《激光与光电子学》杂志评为1987年度国际激光领域十大最佳产品，LBO晶体又被该杂志评为1990年度最佳产品。

张乾二在这基础上，1990年在物构所组建了"中科院福州新技术晶体材料开发实验室"，在无机非线性光学晶体方面，继续发展磷酸二氢钾（KTP）、氧化镁－铌酸锂（MgO：$LiNbO_3$）晶体，重点研究和开发偏硼酸钡（BBO）、三硼酸锂（LBO）的性能、器件，并探索在紫外区（2000A以下）、中远红外区的高功率激光用的新型非线性光学晶体。在有机高分子非线性光学材料方面，重点发展以半导体激光直接倍频的有机分子晶体，如MNA（2-乙基，4-硝基苯胺）、NPP（N-4硝基苯-(s)-辅氨醇）、DAN（3-乙酰氨基，4-二甲氨基硝基苯）材料。有机聚合物材料研究与国外差距较大，物构所作为国内晶体材料的排头兵，需迎头赶上。在激光基质晶体材料方面，物构所的Nd：YAP晶体与器件和NYAB（掺钕硼酸铝钇）晶体研究达国际先进水平，但激光基质材料的研究工作与国外相比还存在较大差距。

成立新技术晶体室主要开展了以下几方面的研究[①]：

开展无机非线性光学材料的分子设计学研究，在晶体非线性光学效应的基础上，系统计算各种材料的二阶、三阶非线性光学系数，从中总结有关的结构性能规律，设计和研制若干种有创新性的非线性光学调谐材料；

研究有机非线性光学材料分子的微观 β 值，宏观的二阶非线性系数 χ（2），晶体的吸收边、双折射率和结构之间的相互关系，研究共轭基团分子类型，不同电子授受基团及分子间氢键等因素对光学非线性的贡献；

新型电光材料的基础理论研究，在研究结构对电光极化影响的基础上，逐步扩展到晶体结构与低频电场对晶格位移及其对基团电子能级影响之间的关系，由此探索合成具有特殊性能的新型电光材料；

激光材料主要围绕可调谐、新波段、高效率和复合功能的激光晶体开展研究。

在张乾二领导下，物构所晶体材料研究长期处于国际领先位置，为晶体的生产、销售产业化打下坚实的基础。

在物构所招研究生

在开展科研工作的同时，张乾二意识到要注重人才的培养，要在出成果的同时也出人才。早在 1986 年他给副所长黄锦顺的信中写道：

> 能否在物构所以我的名，招二三名研究生，以解决人手不足的问题，请你同庄牧同志商量一下……能否把已测量好的结构数据（主要列出键长、键角），给我再作进一步分析，可由一位研究生来做量化计算，以研究其化学键性质。

信中还与黄锦顺探讨了他合成的新化合物的化学键情况。张乾二根据

[①] 中科院福州新技术晶体材料开放实验室申请书。中科院物构所档案室，1990 年 10 月。

计算，新化合物若是四面体、六面体或棱柱体，反键分子轨道数为多面体棱的数目，成键轨道数也有一个公式计算，符合电子计数法。①

张乾二于1986—1988年申请了中科院的科研课题："镧系元素络合物和原子簇合物的合成、结构和化学键理论"，物构所黄锦顺、程文旦等参加。② 前过渡金属中镧系元素因含有f轨道而备受化学家关注，镧系元素的价轨道包括4f、5d、6s，这几个轨道能量非常接近。以往的观点是一部分人觉得4f轨道参与成键，否则难以解释稀土络合物高配位的现象；另一部分人则认为是5d、6s、6p轨道参与成键。现在合成手段与方法有许多发展，计算机又提供了理论计算的便利，要合成一系列Ln-S和Ln-M键的镧系元素络合物和原子簇化合物，并总结其合成与结构化学规律。张乾二想招些研究生，带着他们一起研究这些问题。

1987年张乾二在物构所招收了博士生董振超。该学生硕士阶段是在厦门大学化学系，也是物理化学专业结构化学方向，有较好的理论基础和较强的合成、测试能力。他的博士论文题目为"具有奇特结构的固态稀土化合物的研究"。③ 董振超获博士学位后，先赴美国爱荷华州立大学（艾姆斯国家实验室）做博士后，后到日本国家材料研究所（NIMS）工作，先后被聘为主任研究员、主干研究员等。新世纪被中国科学技术大学聘为教授、博士生导师，并入选教育部"新世纪优秀人才支持计划"。近年来重点研究分

图8-7 张乾二（右）指导博士生董振超
（资料来源：物构所提供）

---

① 张乾二致黄锦顺的书信。1986年1月2日，黄锦顺保存。
② 中科院科研课题申请书（项目名称：镧系元素络合物和原子簇合物的合成、结构和化学键理论，主持人：张乾二）。中科院物构所档案室，1986年。
③ 黄锦顺访谈，2013年11月13日，福州。

子尺度上的光子态调控、单分子电致发光等，做出了许多突出工作，目前负责科技部重大科研计划等。1990年，张乾二在物构所又招收了一名博士生徐立，他的论文题目是"具有奇特结构的氧、羧基配位Cr、Mo、W八核与三核金属簇的结构化学"，他毕业后留在物构所工作。

1992年，张乾二招收颜端超为博士生，他的研究课题是"氧桥稀土、异核金属多核簇合物的结构化学研究"。他是颜明山的孩子，也是块好材料，博士毕业后赴德国留学，现留在德国工作。1993年张乾二主要回到厦门大学工作，与黄锦顺还合作带了两名博士生：陈久桐的博士论文是"稀土过渡金属氧、硅氧、硫氧及氯氧化合物的合成与结构"，郑发鲲的博士论文是"含有类立方烷单元的V-Cu（Ag）-S簇合物的合成和结构化学"。两位拿到博士学位后也都赴国外留学，学成后都回到物构所。陈久桐现为物构所某测试中心主任，郑发鲲是科研处处长，成为所里的中层骨干。

物构所坚持三结合

物构所自1958年建所以来，结构化学的合成与表征方面聚集和培养了大量人才。卢嘉锡在任所长时，提出物构所在科研中要实行三重双结合：实验与理论相结合（以实验为主），化学与物理相结合（以化学为主），结构与性能相结合（以结构为主）。张乾二回忆物构所时的情况说：

> 卢先生"理论与实验相结合"这方面大家都知道，另一个就是"物理跟化学相结合"。化学方面合成出来的化合物有用还是没用，是什么性能，化学人员并不知道该怎么用，所以要靠物理研究，搞清楚它的性能。这个"结合"特别是对物理的人说的，比如搞晶体的人认为，晶体主要是他们物理的人搞出来的。实际上没有化学，物构所的晶体不可能搞得这么好。其中材料的合成，没有化学理论不行，需要很多物理化学的方法。比如说当时偏硼酸钡（BBO）晶体的问题，没有物理化

学相图的办法，不知道它到底什么相的结构会产生那样强的双倍频效应。物理的人不知道，这许多都是靠化学的人来帮忙解决的。①

当时科学院院部有些人想把研究激光晶体的人、理论做得最好的人调到北京去，张乾二觉得他一离开物构所，就很难获得更大成就。因为在物构所结构化学的环境中、在物理化学的氛围下，大家综合起来才能做出成绩，若单从物理方面做是不可能的。张乾二刚到物构所时，化学合成与晶体材料（物理）两方面的人才结合不多，他就经常给他们讲这个道理，并采取了一些措施让两方面融合起来。

张乾二兼职物构所所长期间（1987—1992年），正是国家进行科技体制改革的时期。当时中科院将下属科研机构分为两类，一类基础研究，另一类开放研究、进入国民经济。张乾二还是坚持按卢嘉锡的办所方针，使工作稳步发展，当时主要靠1985年成立的结构化学开放实验室加强结构化学的基础研究。张乾二在所长任期内做了很多工作，一定要发展它进入"国家队"，成为国家重点实验室。时任中科院院长周光召到福建调研时，听取张乾二汇报物构所今后的研究方向后说："你好像很强调基础理论"，张乾二就直接很肯定地回答"是"。② 当时中科院院部想把物构所研究方向都转向生产、转向晶体，但张乾二还是坚持卢嘉锡定下的这个原则：物构所以发展结构化学、基础研究为主，然后利用结构化学的方法，研究晶体，这样才有特色，而且晶体方面要坚持走"技、工、贸一体化"的道路。卢嘉锡经常说"以轻养重"，晶体赚钱了，更要把结构化学这一片搞大搞强。时任物构所副所长的黄锦顺回忆道：

> 那时候科学院进行体制改革，张所长也很不容易，当然他敢这样做，主要也是因为背后有卢嘉锡先生的支持。卢先生为了科技体制改革的事，还曾与赵紫阳有过争论。当时上级提出科学院要70%搞应用，30%搞基础研究。卢先生则认为，现在科学院已经大部分都是搞

---

① 张乾二访谈，2012年11月28日，厦门。资料存于采集工程数据库。
② 同①。

应用研究的，少数在搞基础研究，我们更要坚持基础研究。那时中科院院部还有一股力量想把物构所的晶体部分转移到上海硅酸盐所去，也是靠卢先生的支持，最后物构所领导硬顶住压力。汇报工作时张所长就是据理力争、打前锋的，那时候周光召院长对他还很生气。①

张乾二在物构所工作时，重点抓结构化学与晶体材料两个大方向，同时又关心、支持分析组的人员开展学术讨论，为稀土组、理论化学组的人员讲授"配位场理论"、"角动量理论"等课程。他非常重视

图 8-8　张乾二（中）在福建物构所 30 周年所庆大会主席台上（资料来源：物构所提供）

年青优秀人才的发现与培养，给他们压担子，让他们尽快成长起来。对于前任所长卢嘉锡开创的原子簇合成化学基地，张乾二不仅大力扶植、重点培养，而且参与他们的课题讨论，用量子化学理论诠释原子簇化合物的化学键，获得很好结果，开拓了合成人员的思路。② 对于非线性光学晶体材料的研制与发展，他也付出了大量心血。张乾二十分重视晶体材料的产业化发展，为物构所及所属福晶公司的知识产权保护事件做了许多工作，与一些企图抢夺知识产权、搞垮福晶公司的人作了坚决斗争。

经过前三十年的发展，特别是 20 世纪 80 年代以来，原子簇化合物的合成与表征成为物构所的重要研究方向，建立了一支基础扎实、创新目标明确、朝气蓬勃的科研梯队，合成出大量各具特色的金属原子簇化合物。同时开展化学键的研究，在国际上首先提出金属簇合物的类芳香性概念。

---

① 黄锦顺访谈，2012 年 7 月 2 日，福州。资料存于采集工程数据库。
② 罗遵度访谈，2012 年 10 月 26 日，福州。存地同①。

科研硕果叠出，呈现"井喷"态势。[①] 其中最具高度的成果有"钼铁硫等原子簇合物的合成化学与结构化学"，"天花粉蛋白的一级结构、二级结构和空间结构"，"多核金属硫簇合物及协同效应和簇骼转换研究"等。另一方面新型晶体材料，特别是非线性光学材料偏硼酸钡的研制、开发，获得突出的成果，是物构所又一个重要研究方向。在研制二阶非线性光学材料的基础上，又向性能更好的三阶非线性光学材料的研制进军。其中最具创新性的成果有"新型非线性光学晶体低温相偏硼酸钡单晶（BBO）"，"新型非线性光学晶体三硼酸锂（LBO）"，"自激活激光晶体材料硼酸铝钕（NAB）"等。来自源头创新而形成的、拥有自主知识产权的高技术晶体产业，在国际市场打响了"中国牌"。与此同时，催化、金属腐蚀与防护等领域，也得到相当的积累和发展，在服务国民经济方面做出重要贡献。

赴德科学考察

图8-9 在德国大学访问（右一张乾二、左一鄢国森、左二孙家钟，张乾二提供）

1990年6月，应德国国家科学基金委邀请，中国国家自然科学基金委化学部组织张乾二（厦门大学化学系主任兼福建物构所所长）、鄢国森（四川大学校长）、孙家钟（吉林大学理化所所长）、韩万书（基金委成员）等赴德国

[①] 中国科学院福建物质结构研究所：《中科院物构所建所五十年纪念册》，2010年。存于物构所档案馆。

各大学讲学交流。①

考察团先从北京飞到德国法兰克福机场，休息后前往北莱茵-威斯特法伦州的锡根大学化学系，与著名量子化学家施瓦兹（Schwarz）交流。施瓦兹的研究领域很宽，已先后接待过多位中国访问学者。接着考察团前往科隆市，经过著名的科隆大教堂到波恩大学。波恩大学是一所公立大学，三百多座建筑散布在波恩市内，历史上有四位科学家获诺贝尔奖，最著名的校友是音乐家贝多芬。考察团到数学和自然科学系与化学系同行，同时也是德国科学基金委的官员（他们都是兼职）派瑞霍夫（Peyerimhoff）进行交流，不仅是学术方面，也交流了科学基金的管理、基金的申请等情况。

图 8-10　考察团在柏林金色女神柱前合影
（左起韩万书、张乾二、鄢国森、孙家钟。
资料来源：张乾二提供）

接下来，考察团沿着莱茵河顺流而下，来到靠近德国与法国、瑞士交界的海德堡大学，这是一所非常国际化的学校，有许多外国留学生，很多课程用英语授课。在与化学同行交流后，考察团再向东前往慕尼黑。慕尼黑大学是德国数一数二的大学，先后十二位教授获诺贝尔物理奖，其中包括发现X射线的伦琴、开创量子时代的普朗克、量子力学家海森伯等；此外还有十二位学者获诺贝尔化学奖。考察团与慕尼黑大学化学系理论化学同行交流。交流中，德国同行对中国的大学、科研机构的情况也很感兴趣。

---

① 鄢国森访谈，2012年11月30日，厦门。资料存于采集工程数据库。

考察团最后来到柏林，参观柏林自由大学。该校始建于1948年，当时柏林大学划在东柏林区，部分师生不满苏联管辖下学术自由受限制，而出走到西柏林。该校为德国精英大学之一，在纽约、北京、莫斯科三处建立了国际交流办公室。考察团到访之时，正是东西德统一之年，接待者带他们参观了勃伦登堡与著名的国会大厦（希特勒曾在此制造国会纵火案），以及柏林墙拆除后的遗迹。

候选中科院院士

1991年由物构所提名推荐张乾二为中科院院士候选人。物构所对他做了简介后，列举了他在科学技术方面主要成就与贡献如下：①

四十年来，张乾二教授致力于结构化学和量子化学的基础理论及应用的研究。他的研究特色是化学直观性强，善于从实验现象中概括出结构化学规律，并给予简明的理论诠释。例如在探索簇合物的电子结构基础上，提出了多面体分子轨道理论方法，既能定量地用于簇合物电子结构的研究，又能定性地给予诠释。研究方法方面，他不满足于单纯的理论公式推导，善于找出数值计算结果的规律性，推进了基础研究的进一步深入发展。他坚信：'一个正确理论的数学表达形式一定是简洁的，而其结果又应能给予简单的理论阐述'。因而，他能在结构化学与量子化学的研究工作方面建立一种既直观又严格的研究方法，并在量子化学研究中做出了系统而又有特色的贡献，研究成果也必然具有创新性、直观性和系统性，赢得了国内外同行的很好评价，并荣获全国自然科学二等奖（1989）和多项教委、省委奖励。

---

① 中科院院士推荐书。中科院物构所档案，1991年。

候选材料回忆了50年代张乾二在卢嘉锡教授指导下攻读研究生并开展结构化学及晶体材料生长的研究，发表了数篇有关结构化学规律及晶体生长动力学的文章。在国内开创性地开展水溶液中生长晶体材料的研究，并培养了一些从事晶体材料研究的人才。

1963年，张乾二参加吉林大学唐敖庆教授主持的全国物质结构讨论班学习与研究。该研究集体两年的研究成果《配位场理论方法》获1982年国家自然科学一等奖。张乾二教授对其中的SO（3）-O群约化耦合系数对称性的计算以及弱场和强场理论的相互关联贯通和统一计算方法的研究做出了贡献。

70年代后期，张乾二提出"分子轨道先定系数方法"，将三角函数与分子轨道图形结合起来，用于研究有机共轭分子的 π 电子能谱及电荷分布。用图形方法找出同谱分子的同谱点及无约束点。建立了一种用图形变换来约化分子轨道矩阵的方法。并由科学出版社出版了《休克尔矩阵图形方法》一书，该书被选送参加国际书展，并于1984年获福建省高校系统科技成果奖一等奖。

80年代，张乾二专注原子簇化学键理论研究，把群论和生成轨道法结合起来研究原子簇簇骼多面体分子轨道，导出当时理论界认为无法得到的旋转群－点群耦合系数的闭合表达式，建立一种多面体对称性轨道的群重叠方法；并把配位场理论、杂化轨道理论、定域分子轨道理论和原子簇簇骼分子轨道等有关对称性轨道的构成与计算，统一于一种方法进行处理。其研究成果在国内外杂志上发表了十多篇有影响的文章，由科学出版社出版专著《多面体分子轨道》，并于1986年获国家教委科技进步奖二等奖。

80年代后期，张乾二开展多体理论研究，把群论与价键理论结合，提出一种与经典结构式相对应的电子波函数（键表），建立了计算多电子体系相关能的键表酉群方法。该方法不仅为'共振论'提出数学描述，并为其在定量计算的应用开辟了广阔的前景，解决了多电子体系研究中棘手的相关能计算问题。研究成果发表成十几篇论文。这部分成果与分子轨道图形方法、多面体分子轨道研究成果结合起来，以《量子化学中群论方法的新应用》项目名称，于1989年获国家自然科学奖二等奖。

图8-11 参加中科院第七次院士大会部分厦门大学校友合影（左起黄本立、田昭武、蔡启瑞、张存浩、张乾二、梁敬魁。资料来源：张乾二提供）

除科研工作外，张乾二也热心致力于教学与人才培养，先后在厦门大学化学系讲授过十几门课程，并把研究成果贯穿于教学之中。迄今已培养出15名硕士、9名博士、1名博士后以及数名具有教授、副教授职称的助手，建成一个从理论研究到量化计算及应用等较为全面的研究队伍。他培养的博士、博士后已经能独自承担化学前沿课题的研究任务。有一位博士获全国优秀青年化学家称号，两位博士获国家自然科学基金和霍英东基金。党和国家为表彰张乾二的突出贡献，1984年授予其有突出贡献的科学家称号，1989年被评为全国教育系统劳动模范，并多次获部、省级奖励。80年代，张乾二出任厦门大学化学系系主任，1987年又应邀兼任中国科学院福建物质结构研究所所长。

院士评选经过一轮轮投票，到最后一轮是由科学院院士投票表决候选人。听说还有一个小故事：在投票前，要由老院士来介绍候选人。轮到介绍张乾二时，量子化学泰斗唐敖庆站起来要介绍，结构化学泰斗、曾任中科院院长的卢嘉锡说这是我的研究生，怎么由你来介绍呢。唐敖庆说他近来的科研工作主要在量子化学方面，我先来介绍，你再补充好了。唐敖庆介绍后，卢嘉锡又补充了张乾二将量子化学与结构化学相结合做出的新成果。两位泰斗争相介绍张乾二，给许多院士留下了深刻印象，最后他以高票当选为中国科学院院士。

第九章 为保护知识产权而战

物构所成立福晶科技公司

1985年3月，中共中央作出《关于科学技术体制改革的决定》（以下简称《决定》）。《决定》的主要内容是：改革拨款制度，开拓技术市场，使科学技术机构具有自我发展的能力和自动为经济建设服务的活力，改变研究机构与企业相脱离的状况，促进人才的合理流动等。基本精神是促进技术成果的商品化，加快技术成果向生产能力的转化，以适应社会主义商品经济发展的需要。

正是在科技体制改革大潮的推动下，张乾二作为物构所的主要负责人，他敢于担当，首先是想方设法把物构所的晶体材料研发纳入"863"计划。当时晶体材料进入科技部"863"计划，还有"71504"专题，都是物构所申请的。其次，张乾二还注重提升物构所的科研水平，并根据国家科技体制改革的精神，着力促进科技成果转化为生产力。在这方面，物构所研发的BBO、LBO等非线性光学晶体已属于世界领先、具有中国特色的技术成果；并且从上世纪80年代开始起，光学晶体已远销到美国和西欧，在美国还设立了两个经销点，1990年一年销售额已分别达100万美元、20万元人民币。

1990年9月，物构所正式成立了一个以晶体材料生产为主的具有独立法人资格的技术开发公司——福晶科技股份有限公司（CASTECH，以下简称"福晶公司"）。福晶公司立足于物构所拥有的领先世界的科技成果BBO和LBO，亦即公司对外营销的"拳头产品"。这两项成果的性能特征主要是：

偏硼酸钡（$\beta-BaB_2O_4$，简称BBO）是具有综合优良性能的非线性光学晶体，具有较宽的透光波段（190—3500nm）和位相匹配范围（409.6—3500nm），大的非线性光学系数，高的抗光损伤阈值，较宽的温度带宽及优越的光学均匀性，为各种非线性光学应用提供实际可能性。BBO晶体主要应用于Nd：YAG和Nd：YLF激光器的二倍频、三倍频、四倍频和五倍频的产生；染料激光器的倍频，三倍频以及混频的发生；钛宝石和紫翠玉激光器的2，3，4，5次谐波的产生；可用于多种先进的激光技术的研发。例如全固态、宽波段调协激光，超短脉冲激光，以及DUV激光等。

图9-1　张乾二在物构所阅读科技资料
（1989年。资料来源：张乾二提供）

三硼酸锂（LBO）是优秀的紫外大功率倍频晶体，具有宽的透光波段（160—2600nm），光学均匀性好，内部包络少，倍频转换率较高（相当于KDP晶体的3倍），LBO晶体的光损伤阀值是常用无机非线性光学晶体中最高的，因此，它是高功率二次谐波发生器和其他非线性光学应用的最佳选择。LBO晶体的非临界相位匹配具有无离散、接受角度宽、有效系数大的特点。使用LBO的Nd：YAG激光在脉冲模式下获得的二次谐波转化率大于70%，三次谐波转换率大于60%，在连续模式下获得的二次谐波转换率大于30%，且光束质量好，输出稳定。

有了科技成果，创办了开发公司，实现了科技成果向生产能力的转化，又有了销售市场，标志着物构所已具有自我发展的能力和自动为国家经济建设服务的活力。这在福建省科技体制改革方面应该是一件大好事，也是具有开拓性、前瞻性的科学发展良好开端。

为保护知识产权而不懈斗争

1992年1月，为了引进研发资金和国外技术力量，促进以BBO、LBO晶体为关键材料的医疗激光器的研制，以器件产品的形式扩大技术成果市场，物构所又由当时福建省属国有企业"香港福建华闽公司"牵头，与"香港凤凰激光有限公司"合作，成立了"福州科凤股份有限公司"（以下简称"科凤公司"）。

在合作的公司成立之前，张乾二花费了不少心力，做了大量的准备工作，也满心希望能拓展研发能力和扩大市场，促进物构所的科学研究和技术开发水平的提高，并创汇增收，增强科研实力。

按照物构所与港方公司成立时的合同规定，科凤公司注册资金是1515万美元，其中物构所属下的福晶公司（甲方）出资515万美元，占总股份的34%，以技术入股；香港凤凰公司（乙方）与香港华闽公司（丙方）各出资500万美元，各占股份的33%，以资金入股。

合资的"科凤公司"正式成立于1992年1月。公司董事长是香港人陈鑫燊，副董事长是张乾二与华闽公司的总经理孔繁梨。合资的合同规定，乙方和丙方在合同签订后须按四期分别将资金汇入科凤公司（资金到位截止期限为1994年2月），以便保证公司科技开发的正常运行；而甲方技术投入则视生产需要相应到位。

万万没想到的是，港方公司应出的资金并未按时到位，作为甲方代表的副董事长张乾二心急如焚，三番五次催促乙、丙双方尽快落实。但港方的公司竟然说："资金要到位，你们就要把我的全球销售权、专利权马上转到美国去。"对此，张乾二坚决不肯，他认为专利权绝对不能转出，若全球的代理权一转出，那物构所就一无所有了。此后在几次董事会上，张乾二与对方再三谈判，终究未有结果。后来，投资方又借口利用合资的政策，在国内银行贷款，拿国内的钱来发展，但最终资金一直都未到位。究其对方真实情况，事实证明香港凤凰公司是个缺乏资金和技术实力的空架子。据后来接任物构所副所长的黄锦顺说："香港凤凰激光有限公司实际上就是美国的凤凰公司，为了要来合资，在香港临时搞了这个公司。他当时说有技术人员40个，注册资本8000万港币，实际上什么都没有，就是一个皮包公司。"①

更加令人气愤的是，科凤公司成立后，出资方以各种手段，与福晶公司总经理王某合谋，以高工资、高福利的手段，先后将物构所和福晶公司的30多名高中级科研人员、技术骨干等"挖走"。当时科技人员工资待遇还很低，住房也紧张。而科凤公司却给"挖走"的科技人员每人一套三室一厅的房子，每月工资数千元，以此为诱饵，企图把福晶公司搞垮。

1992年5月，张乾二卸任物构所所长（但仍保留福晶公司副董事长职位），由新任副所长黄锦顺主持物构所工作。张乾二虽然离任，但面对福晶公司的混乱局面和物构所的科研工作，仍然记挂在心。忧虑焦急心情促使他虽然离开物构所岗位，还时时打电话询问情况。

物构所针对上述状况，为保护自身的权益，被迫诉诸法律提出仲裁：甲方（物构所）要求解除原订的合同，以保护中方利益。但香港凤凰公司不同意。因此事涉及外商，必须到北京国际法律仲裁委员会提请仲裁。

在首次进行法律仲裁时，张乾二还担任着福晶公司副董事长，他亲自写了一封委托书让黄锦顺代他参加董事会。甲、乙、丙三方各派出3名代表参加仲裁会议，会议主要裁定是否搬迁公司以及资金问题。参加投票的结果是八比一，除黄锦顺外，其他人都站在港商一方。对此，物构所不予

---

① 黄锦顺访谈，2012年7月2日，福州。资料存于采集工程数据库。

认可，重新提出再次裁决，但经过一段努力却没有结果。

张乾二一直关心着这件事，他特意找到著名的国际经济法专家、厦门大学法律系博士生导师陈安，向他咨询相关的国际法问题。黄锦顺也几次带着物构所的科研及技术人员到厦大向陈安求教。陈安态度明确，支持物构所的请求，但同时也深感甲、乙、丙三方情况及人员的复杂性，认为要在重新仲裁时获胜，必须如实向中央和有关部门继续反映情况，以争取中央和国家有关部门的支持。

鉴于上述复杂情况，为保护物构所和福晶公司的合法权益，为维护物构所知识产权不被外商侵犯，张乾二毅然以全国政协委员身份和个人署名的方式，向中共中央和中央统战部递送了一份题为《损害中方合法权益的合资企业应予清理——关于提请中央关注仲裁后"科凤"问题的报告》，向中央反映情况。报告的全文如下：

> 中共中央、全国政协、统战部：
>
> 　　以中国科学院福建物质结构研究所专利高技术作价入股而组建起来的中港合资企业"福建科凤股份有限公司（简称"科凤"）"，曾因股东之间发生重大经济纠纷而诉诸法律。1993年10月，受理此案的中国国际经济法律仲裁委员会作出"合同继续有效"的仲裁结论。有关结论是否公正另当别论，而仲裁后一年多来，港商违法行为有增无已，合资企业的中方利益包括知识产权继续遭受严重侵害。我作为中方股东主办单位即福建物构所的前任所长，曾参与合资公司的组建工作，并担任过该合资公司副董事长，对仲裁后出现的严重局面尤为关切和深感痛心。在此谨以个人名义郑重提请中央及有关部门密切关注"科凤"问题并予解决。
>
> 　　科凤公司成立于1992年1月18日，组成该合资公司的三家股东分别是：甲方中国科学院福建物质结构研究所晶体技术开发公司（简称福晶公司）、乙方香港凤凰激光系统有限公司（简称香港凤凰公司）和丙方香港华闽（集团）有限公司（简称华闽公司）。根据合同规定，以技术折价515万美元入股的甲方即福晶公司占34%股份，分别

以500万美元资金入股的乙方香港凤凰公司与丙方香港华闽公司各占33%股份；另规定乙、丙方资金必须在合同签订后分四期到位（最后一期资金到位的截止时间为1994年2月底），甲方技术投入则视生产需要相应到位。

但是，据我所知，乙方香港凤凰公司和丙方华闽公司按合同应投入的资金除首期各150万美元以外，至今各尚有350万美元（包括二、三期资金）均未到位（即以第四期截止时间而论已逾期一年），而由于合资公司为港商及其追随者所把持，投产获利两年多来拒不付给占股份34%的甲方福晶公司任何利润分成。与此同时，"科凤"在未经福建物构所同意的情况下，以高工资高福利的手段先后非法"挖"走物构所和福晶公司30几名（其中福晶公司28名，占该公司员工50%以上）高中级科研人员、技术骨干及员工。造成物构所科研工作严重受影响、经济上重大损失及福晶公司生产、开发、销售等方面的严重困难。

必须指出：未经中方股东主办单位同意而"挖"走掌握高技术机密和技能的中方人员，实乃严重侵夺知识产权的违法行为，是对中国知识产权法的野蛮践踏！这是每个爱国的人士所不能容忍的！应该说，在参与组建合资企业的过程中，福建物构所始终十分重视自身的知识产权，当初为解决纠纷而走法律仲裁的道路，也是保护知识产权的一种努力。令人遗憾的是，面对合资公司中方合法权益遭受严重侵害，我们国家却没有相应的保护措施，以致受害单位长期处于任人宰割的被动局面。

当初被迫诉诸法律之际，福建物构所及福晶公司确实希望解除合同以确保中方利益，同时也是为了寻求新的可靠的合作伙伴（事实证明香港凤凰公司是一个一缺乏资金二无技术实力的空架子）以利发展。但是，在仲裁结论下达以后，物构所及福晶公司仍本着维护法律尊严的慎重态度，继续履行合同的甲方义务，并期望其他股东能通力合作，共同办好科凤公司。

然而，仲裁后的香港凤凰公司（原被告单位）包括合资公司中的某些人俨然以"胜利者"自居，粗暴践踏具有法律效应的合资公司合同，采取加速瓦解福晶公司、损害物构所的严重步骤，日益把股东间的关系搞得水火不容。

众所周知，成立于1990年9月的福晶公司，在参与组建合资公司之前已具有相当强的高技术产品（尤其是BBO、LBO晶体）生产和销售能力：年销售额为100万美元、20万元人民币，其出口额占年产值的95%以上，并已开拓出相应的且呈发展势头的国际市场，该公司在世界上已建立了一定的销售网络，在北美地区有两家代理，在欧洲的德国、法国、英国、意大利均有代理，与二十多个国家和地区都有商务联系。事实上，参与合资前的福晶公司已是当时国内为数不多、很有发展前景的外向型高技术企业之一。

在这种情况下，物构所及福晶公司所以支持和参与组建合资公司，为的是借此与美国有关高技术公司联合开发以BBO、LBO为关键材料的医疗激光器，以器件产品形式扩大市场，同时借助港商的资金更新设备、扩大生产，并在平等互利的基础上谋求共同受益、共同发展，却没有想到结果适得其反。

科凤公司投产以来赖以获得可观利润的BBO、LBO晶体生长加工技术、有关国际市场，都是移植和借鉴福建物构所的专利技术以及福晶公司打下的市场基础包括营销经验，这些技术和市场在很大程度上是通过"挖"走福晶公司员工的方式实现的。今天，科凤公司一方面利用非法攫取的甲方股东的高技术和人员以营利，却拒付其应有的利润分成；一方面容忍港方资金逾期不到位，却指责"甲方的技术没有投入"。这种在事实面前颠倒黑白，在重大原则和利益上偏袒一方、打击一方的"合资公司"究竟还有什么实质性的意义？

事实告诉我们，组建高技术合资公司尤其需要注意保护中方知识产权，特别要警惕一些"洋骗子"（香港凤凰公司董事长系美籍华人）及其少数利欲熏心、不顾国格与人格的追随者，利用改革开放之机，以合资为幌子，干那种损害中方利益以饱私囊的勾当。此外，在保护合资企业的中方合法权益方面，我国的法律有待完善，在涉外经济法律仲裁方面尤其是涉及科技的问题上要汲取类似北京海淀区法院审理"邱氏鼠药案"的教训。

我们欢迎外商包括海外华人来中国大陆投资办企业（包括创办高技术企业），但坚决反对任何损害中方合法权益的行为。鉴于科凤问题的教训，我个人认为有关利用中方高技术组建合资公司应持慎重态度，像科凤公司那样由心术不端的港商及其追随者把持，享受中国的优惠、利用中国的高技术营利而肆意损害中方利益的合资公司理应受到清理。

以上所反映情况及个人意见是否妥当，请批复！

全国政协常委：张乾二
一九九五年二月十九日

当时物构所的形势异常复杂、处理起来很棘手，张乾二虽然离任了，但仍为物构所和福晶公司的权益，四处奔波呐喊，他以一位正直的科学家的良知与百折不挠的精神与力挽狂澜的魄力，令物构所领导和全体科研人员感到由衷的敬佩。张乾二带领物构所的领导，共同顶住压力、排除干扰，在中科院后一任院长路甬祥等领导支持下，物构所及时、果断地再次诉诸法律，1998年12月中国国际经济贸易仲裁委员会对合资纠纷做出终局裁决，同意解除合资合同。物构所与福晶公司依靠法律争回了属于自己的权益与尊严。

张乾二回忆道：

讲到这个事情难度太大了，斗争非常激烈，好在科学院的一个人事处处长很支持物构所福晶公司，连我出差到北京去打官司坐什么车他都给安排。华闽公司总经理孔某，是福建省对外贸易公司党委书记的得力干部，所以围绕这个问题打官司打到北京国际仲裁委员会去了。第一次我们打输了，二次再打，仲裁委员会有两个起决定作用的负责人，一个支持我们，一个支持华闽公司。后来仲裁委员会的负责人决定物构所赢了，认为华闽公司他们是错的，侵害了物构所的知识产权。①

但福建省法院却拒不执行仲裁判决，因仲裁只是判决对不对，是否执行还是取决于省里的法院。就此事卢嘉锡又费心思，找了省里有关部门领导，反复申述物构所知识产权被侵犯的情况，希望省委和省政府领导能出面主持公道，切实帮助物构所解决问题。但是却一直得不到回答。这起事件，一直到习近平担任福建省省长的时候，物构所所长向他反映情况。习近平省长很重视，为了了解情况，特地到物构所考察，来晶体楼观看了他们培养的晶体，听取了所领导汇报。在他的支持下，最后才解决这个问题，执行了仲裁。

历史最后还原了事情的真相，华闽公司总经理孔某因经济问题先是被双规，后又被依法逮捕，由于涉案金额大，判刑判得很重，他的后台也被撤职。他交代的经济问题还涉及对北京国际经济贸易仲裁员的贿赂，导致该仲裁员也被双规。最后福晶公司与华闽公司庭外调解，但福晶公司损失很大。华闽公司依然在生产 BBO 晶体、LBO 晶体，并还在出口。部分被华闽公司"挖走"的骨干要求回到物构所，黄锦顺也同意了。福晶公司熬过了最困难的时期，在许多人的帮忙下，逐步恢复了晶体生产，生产慢慢回归正轨。经过 2001 年转制，又经过六七年的发展，至 2007 年，福晶公司出口创汇已超过 7000 万美元，已建成拥有我国自主知识产权、在国内外有重要影响、产值超亿元的上市高科技企业。

当时张乾二作为一个学者、一个科研人员，顶住了很大的压力，坚持真理、不畏强权、仗义执言，坚决与侵犯物构所利益的腐败现象作斗争，当时确实面临很多困难。张乾二回忆这些事时说：

> 后来这个摊子就留给下一任所长黄锦顺去收拾了。他（黄锦顺）当时跟恶势力做斗争，得不到所里一些人的同情，非常不容易。所以说真理总是掌握在一些比较正直人手里，像黄锦顺是一个很正直的

---

① 张乾二访谈，2012 年 11 月 28 日，厦门。资料存于采集工程数据库。

人，不会搞阴谋诡计，很多事也没有办法。物构所许多人不知内情，都说是他跟省领导关系搞坏了，所以这个问题才解决不了。[①]

经过近二十年的不懈努力，福晶公司成为目前世界上领先的 LBO、BBO、Nd：YVO$_4$ 以及 Nd：YVO$_4$+KTP 胶合晶体的生产商，主要从事晶体材料及其器件的研发、生产和销售，其产品广泛应用于激光及光通讯领域。该公司拥有一幢现代化的八层办公和生产大楼，总面积超过一万平方米，员工近 500 人。发展了熔盐法，提拉法和水溶液法等多种晶体生长技术，拥有 IAD、IBS、EB 等多种镀膜加工工艺适应不同的应用需求。公司的检测技术和设备也处于业界领先地位，拥有 Zygo、Nikon、Prism Master 等多台检测仪器，与世界上主要的激光公司建立了良好的检测信息交流平台，于 2001 年通过 ISO9001 质量体系的认证。同时公司多年来致力于品牌的建设，在世界上主要工业国家和地区都设有代理或分支机构。公司产品 90% 以上出口美、日、德等国家和其他美洲、欧洲、亚洲地区，被国际业界誉为"中国牌晶体"。其中 LBO 晶体在中国、美国和日本拥有晶体生长和器件应用专利。

担任政协委员积极参政议政

张乾二于 1956 年 8 月经时任厦门大学副教务长卢嘉锡等的介绍，加入了中国农工民主党。作为一名有着 57 年党龄的民主党派成员，他始终遵循中国共产党领导下的爱国统一战线，与中共团结合作，共同致力于国家的社会主义现代化建设事业。即使在国家领导体制受到极左思潮的影响，民主党派作为参政党的合法地位受到冲击，被迫停止活动的非常时期，张乾二对自己的入党初衷也从未改变，依然坚守自己的信仰。在民主党派重

---

① 张乾二访谈，2012 年 11 月 28 日，厦门。资料存于采集工程数据库。

新取得合法地位、恢复正常活动之时，他则积极参与，履行一名农工党普通党员的义务和权利。

在国家实行改革开放、建设中国特色社会主义新时期，张乾二在其教学与科研的本职岗位上，出色地完成各项工作任务，获得了厦门大学、福建省和国家授予的各种崇高荣誉。1985年10月，他被中国农工民主党中央评为"全国各民主党派、工商联为四化服务先进个人代表"，出席在北京召开的全国民主党派表彰大会。

在民主党派参与国家政权和国家事务管理方面，张乾二根据自己从事的专门人才培养和科学研究的工作实际，曾经先后在农工民主党内和福建省政协、全国政协担任了各种职务：1992年6月至1997年4月，任福建省第七届农工民主党省委副主委；1997年4月至2007年5月先后受聘为农工民主党福建省第八届和第九届省委名誉副主委。1988年4月至1993年3月，当选为全国政协委员；1993年3月至2003年3月，先后任第八、九届全国政协常务委员。

在担任全国或省政协委员期间，张乾二不图虚名，不负众望，积极参政议政，享有良好的口碑。为了推动福建省高等教育事业的发展，他于1993年在出席全国政协八届一次会议上，与钱伟长等7位全国政协委员联名向大会提交了关于集美学村7所大中专学校实行合并、组建集美大学的提案。

创办集美大学，是爱国侨领陈嘉庚先生继独资创办私立厦门大学之后的又一宏愿。1921年4月，厦门大学正式开办。初始，学校设师范、商学二部，师范部分文理两科。旨在为国家培养中等和高等学校

图9-2 出席全国政协九次会议期间合影（1998年3月。左起张乾二、吴新涛。资料来源：张乾二提供）

第九章 为保护知识产权而战

的师资和经济建设人才。其后,厦门大学逐步发展为文、理、法、商和教育等5个学院21个学系的多科性大学,人才培养目标依然如故。当时陈嘉庚在南洋的实业和企业正处于高峰时期,其经营获利甚巨。于是他雄心勃勃,想在家乡集美再办一所系科专业设置和培养目标有别于厦门大学的集美大学。他认为集美学村已办的初等、中等学校和各类职业学校,远远不能解决振兴祖国科学与文化事业的根本,根本的问题在于科学,而科学的崛起与发展,有赖于专门的大学。他说:"科学之发源,乃在专门大学。有专门大学之设立,则实业、教育、政治三者人才乃能辈出"[1]。他想办集美大学,考虑的是厦门大学办不到的系科由集美大学来办。

为了实现这一新的构想,陈嘉庚在1923年间多次写信给时任集美学校校长兼校董叶渊,共商办学之计。按他的设想,开办的经费由他捐资大部分,同时向海外富侨募捐一部分,想可解决。但是,他的这一创意却迟迟得不到侨胞的响应,加之20年代末期30年代初期爆发了资本主义经济危机,陈嘉庚的企业元气大伤,濒临收盘的危局。因此,创办集美大学的宏愿终未实现。

进入20世纪90年代,随着国家实施教育体制改革的新形势,高校合并之风兴起。此举是为了学科交叉融合,发挥教育优势,实现强强联合,提升办学层次和科研水平。在这种形势下,福建省内的高校也在酝酿着这一变革,而在厦门集美学村,将现有的集美航海学院、水产学院等5所高校合并,组建集美大学开始有了风声。省市政府有关部门的领导和福建省高校的专家学者普遍认为,组建集美大学是福建省高等教育深化改革、加快发展的一项重大举措,既实现了陈嘉庚生前的夙愿,又满足了海内外集美校友和关心集美学村建设发展的各界人士的殷切愿望。组建后的集美大学,可实现以学科建设为龙头的教育资源整合,加强学科专业建设,突出集美学校长期办学实践所形成的航海、水产等面向海洋的学科专业特色和优势,根本上改变以前科类单一、规模较小、层次较低的办学模式。组建后,办学条件更为完备,办学规模可以不断扩大,办学层次显著提升,综

---

[1] 陈碧笙、陈毅明:《陈嘉庚年谱》。福州:福建省人民出版社,1986年,第43页。

合实力大大增强，办学效益和教育质量可以不断得到提高。

鉴于上述情况，作为集美学校老校友的张乾二，一直以来都十分关注母校的建设与发展，尤其是集美学村各高校的合并，组建集美大学的体制改革问题。他希望能尽自己的绵薄之力，为实现他一贯尊崇与敬仰的校主陈嘉庚创办集美大学的遗愿，也表现了自己对集美母校的感恩与热爱之情。为此，他不断奔走呼吁，从政策源头上和社会舆论上促进集美大学早日组建成功。1993年3月21日，张乾二作为全国政协八届委员、常委，参与以全国政协副主席、著名科学家、教育家钱伟长为首的，包括汪慕恒（厦门大学南洋研究所原所长）、陈心铭（集美航海学院院长、集美校友）、洪惠馨（集美水产学院院长、集美校友）等五位政协委员共七人联名，向全国政协八届一次会议提交了一份提案《关于组建集美大学的建议》，提出了组建集美大学的三条理由：一是弘扬陈嘉庚精神，二是可以利用遍布全球的校友资源，三是理顺学校管理体制。提案建议集美八所高校，除航海、水产、体院三所本科高校和师专、财专两所专科学校等五所高校外，还包括将设在集美的福建轻工、福建化工和集美水产学校也一起合并。

七位全国政协委员的提案，得到中央和国家有关领导的高度重视，也给福建省和厦门市联合筹备组建集美大学予以很大的促进与推动。就在1993年3月的全国"两会"召开之后，成立了由农业部（水产学院主管部门）、交通部（航海学院主管部门）、福建省和厦门市联合筹建组，着手做好筹备组建集美大学的各项工作。1993年10月21日，在陈嘉庚创办集美学村80周年的校庆庆祝会上，福建省政府正式对外宣布筹建集美大学的决定。

政府部门的领导和教育界、科技界学者专家对组建集美大学进行可行性论证，最后于1994年9月21日，由福建省政府行文，向当时的国家教委申请建立集美大学。10月8日，国家教委下发批文。1994年10月20日，陈嘉庚诞辰120周年纪念大会在集美召开，"集美大学"校牌在集美学村正式揭开，标志着集美学村教育事业改革开放迈出了新步伐。

由原集美财经高等专科学校、集美水产学院、福建体育学院、集美航海学院和集美师范高等专科学校等5所高校合并组建而成的集美大学。

第十章
专攻科研难题

为"211"工程出力

20世纪90年代初,国家教委提出:"到21世纪初,要在中国建设100所国内先进、在国际上有较大影响、某些学科达到国际先进水平的大学。这些学校本科生与研究生教育并重,是培养高层次人才的基地"。1993年3月由校领导成立"211工程领导小组",进行筹备工作,同年10月向全校教职工传达了国家教委指示精神。张乾二当时任化学化工学院院长,化学系一贯是厦门大学理科的领头羊。张乾二深知,建设"211"工程,化学学科就要建设成国际先进水平的学科。目前,物理化学已是国家重点学科,第一步要把其他学科也建成博士点、重点学科。要建设重点学科,人才是关键。一方面要大力培养本单位中青年人才,在职称评定上向年轻人倾斜;另一方面,对薄弱学科要适当引进人才,国内的海外的合适的人才都需要。张乾二首先抓本科教学,要求本科几门主要基础课要配齐主讲教授、形成坚强的教学团队。经过近十年的建设,化学系"结构化学"与

"分析化学"于 2004 年建设成国家级精品课程，并出版了配套教科书与教学网站。2006 年"物理化学"与"无机化学"也成为国家级的精品课程。化学学科成为国家一级重点学科，人才培养基地获评"优秀"，名列全国第二。

1995 年 6 月，国家教委和福建省、厦门市共同组织对厦门大学申请进入"211"工程进行预审。国家教委的专家组由南京大学校长、中科院院士曲钦岳、山东大学副校长、中科院院士蒋民华等 11 位组成。他们检查了厦门大学的教学、科研和后勤管理等，形成了评审意见，一致肯定厦门大学是我国高层次人才基础研究的重要基地之一，已是一所学科门类较为齐全、办学特色鲜明、基础力量和师资队伍较强，在国际上有一定影响的高水平的国家重点大学，一致建议通过厦门大学申请的部门预审。

张乾二向全院教职工传达了预审意见后指出：要把预审意见当作动力，找出化院与国际一流大学化学院校的差距，继续前进。第二步是进行研究生教育的强化。以前本科教学全系统一规划、要求，而研究生教学与培养主要由导师决定，培养人数较少，要求各不相同。现在每个教研组一年的研究生人数在十几人至几十人，为此，张乾二组织了研究生导师开座谈会，沟通思想、统一认识。经过一段时间酝酿准备，化学系统一了研究生培养方案，高标准要求硕士生都要修的学位课程为量子化学、高等物化、高等无机等。另一方面，教研组或课题组要进行研究生开题报告，定期举行研究生课题进展汇报，规范研究生培养。

1997 年 4 月国家教委和福建省、厦门市共同组织厦门大学"211"工程立项论证会。国家教委专家组通过认真审核，对所有的教学资料（包括教学大纲、备课教案、考题考卷及分析等）随机抽查，对科研课题项目管理、完成情况，选择审查。专家组还检查了厦门大学教室、宿舍、食堂等后勤管理情况。最后，专家组一致通过《厦门大学"211"工程建设项目可行性研究报告》。至此，厦门大学"211"工程被列入国家"九五"计划重点建设项目，是全国直属高校第十一所，其中化学化工学院的雄厚实力与持续努力功不可没。

与学生"比赛"搞科研

20世纪90年代,张乾二身兼厦门大学化学化工学院院长与福建物构所所长重任,但仍时时不忘科研追求。据学生们回忆[1],虽然张乾二行政工作很多,但始终没放松对学生的指导。课题中的公式推导,他都先自己推导一遍,不仅要求准确无误,而且还要求过程简洁漂亮。在推导新公式时,哪怕是在晚上或是出差在外地时,张乾二都总是迫不及待地要与学生交流。当时网络通信尚未普及,他经常是通过电话与学生讨论、推导,有时一个晚上来回十几个电话;出差在外时,则用传真送回他最新得到的公式。因此,张乾二做课题研究时不仅是一位导师,有时是学生的合作者,有时还是学生的"竞争者"。学生吴玮回忆道:"今天晚上你推出的公式,说不定明天早上就被张先生超越了,他得到的结果比你更简洁、更漂亮!"张乾二的这种师生合作、教学相长、共同攻关、优势互补的学术风格,常被化学系的师生所称颂。

"八五"期间,张乾二主持国家自然科学基金重大项目"量子化学与非平衡态统计理论及其在化学中的应用"中的两个子课题:"价键法的酉群理论研究"与"固体表面吸附过程的理论研究"。价键理论与分子轨道理论是量子化学计算的两个主要流派,分子轨道理论在描述电子跃迁即动态行为方面简捷明了;而价键理论在分子静态性质,如分子结构、成键特征,及动态性质如键的形成与断裂描述等方面,有分子轨道无可比拟的优越性,因而人们试图将价键理论的应用建立在从头算的水平上。

在基础理论方面,张乾二带领吴玮提出一种"对称群不可约表示矩阵的计算新方法",将不可约表示矩阵分解为3个矩阵相乘,其中两个是与群元无关的三角矩阵,另一矩阵可方便得到。该方法从根本上解决了多电子体系研究中表示矩阵不易计算的困难,同时揭示了对称群三种不可约表

---

[1] 吴玮、曹泽星、吕鑫、莫亦荣访谈,2012年6月28日,厦门。资料存于采集工程数据库。

示之间的内在联系，这不仅是量子化学计算方法的创新，也是群论基础研究的重要成果。发表研究论文《对称群杨—亚马诺奇表示的某些问题》等[①]，其中《两列对称杨表的标准杨—亚马诺奇正交表示估值的高效代数》一文已被美国《数学评论》杂志收录到它的文件库。

图 10-1　课题组成员讨论（左起王银桂、莫亦荣、张乾二、林连堂、王南钦、林梦海。资料来源：张乾二提供）

在价键理论方面，应用对称群的投影算符建立的多电子体系键表，以共振结构为组态函数，可将正交基的能量矩阵与重叠矩阵约化为简单矩阵元，使无自旋正交基的价键计算获得成功，建立了正交基价键从头算自洽场方法（VBSCF）。这些工作发表在国内外主要杂志上：《对称群标准表示矩阵计算新方法》、《从头算非正交基价键计算的新方法》、《实不可约张量算符与分子双粒子算符之间的类比》[②]。

张乾二课题组在计算方法程序化过程中，采用变尺度理论的戴维森－弗莱彻－鲍威尔（Davison-Fletcher-Powell）方法编写轨道优化程序，该方法仅需要计算体系的能量与其梯度，利用历次迭代结果来获得近似的海森（Hessian）矩阵。由于价键轨道的非正交性，计算能量梯度有困难，

[①] Wu W、Zhang Q E: Some problems on the Young-Yamanouchi representation of symmetric group（Ⅰ）. *J. Molecular Structure*, 1991, 7: 54-65. Wu W、Zhang Q E: An efficient algorithm for evaluating the standard Young-Yamanouchi orthogonal representation with two-column Young tableaux for symmetric groups. *J. Physics A*, 1992, 25: 3737-3747.

[②] 吴玮、张乾二：对称群标准表示矩阵计算新方法.《高校化学学报》, 1992 年第 13 卷第 8 期, 第 1122-1123 页. 李加波、吴玮、张乾二：从头算非正交基价键计算的新方法.《科学通报》, 1992 年第 24 卷, 第 2243-2246 页. Zhong S J、Wang Y G、Zhang Q E: Analogy between real irreducible tensor operator and molecular two-particle operator. *Theoretical Chemistry Accounts*, 1997, 96（2）: 135-139.

程序采用广义布里卢安（Brillouin）定理得到近似的能量梯度。采用这些技巧编制的价键程序有很高的收敛效率。《π共轭体系的全电子键表计算方法》、《大基组在价键计算中的处理》等论文，就是采用这些程序做的工作。①

莫亦荣、李加波等将程序应用于共振能计算、分子构型讨论、反应势能面研究、小分子激发态的讨论等多个方面，获得了较好的结果。这些工作也以论文形式发表在国内外主要杂志上：《苯、环丁二烯、丁二烯的理论共振能》、《N_2O_4的价键研究》、《LiH基态和低激发态的价键描述》、《O_3、SO_2和NO_2^-结构的价键描述》②。

张乾二课题组将以上工作综合起来，以"群表示约化方法、程序与应用"项目获得了国家科技进步奖二等奖。

再谈《共振论》

20世纪90年代初，距60年代与林连堂、王南钦一起在《文汇报》上发表《对于"共振论"的几点看法》已三十年。三十年后，张乾二与他的学生吴玮、莫亦荣在国际《理论化学》杂志上又写了一篇《共振论》（On the resonance theory），足见张乾二对"共振论"的重视与偏爱。

60年代，卢嘉锡和有机化学家黄耀曾共同组织人员翻译了鲍林的名著《化学键的本质》，使鲍林的许多学术思想直接与中国读者见面。

---

① 莫亦荣、吴玮、李加波、张乾二等：π共轭体系的全电子键表计算方法。《科学通报》，1992年第11卷，第996-999页。莫亦荣、吴玮、张乾二：大基组在价键计算中的处理。《高校化学学报》，1994，年第15卷第6期，第899-902页。

② Mo Y R、Wu W、Zhang Q E：Theoretical resonance energies of benzene, cyclobutadiene, and butadiene。J. Phys. Chem，1994，98（4）：10048-10053。Mo Y R、Wu W、Zhang Q E：Valence bond studies of N_2O_4。J. Mol. Struct.（Theochem），1994，121：173-178。Mo Y R、Wu W、Zhang Q E：Valence bond description for the ground state and several low-lying excited states of LiH。J. Mol. Struct.（Theochem），1993，102：237-249。Wu W、Mo Y R、Zhang Q E：Valence bond description for structures of O_3, SO_2 and NO_2^-。Chinese J. Chem.，1993，11（6）：490-498。

图 10-2　接待美国天主教大学教授丘应楠（1995 年。左起丘应楠、林连堂、张乾二、吴肖君。资料来源：张乾二提供）

"文化大革命"结束后，70 年代末到 80 年代初，一些学者（许多是卢嘉锡的学生）纷纷发表文章，指出苏联和我国对"共振论"的批判做法的错误性，同时从学术上进一步讨论了共振论的意义和局限性。1981 年 7 月，教育部在青岛举办了"有机化学教学讨论班"。会议代表对共振论的历史、发展情况及其在有机化学教学中的作用等问题展开了深入讨论，对其科学意义给予了客观的评价。会后出版了论文集《共振论的回顾与瞻望》[1]。这些活动比较彻底地澄清了学术界对共振论的模糊认识，结束了我国对这一理论批判的历史。

《共振论》[2]（英文）先回顾了鲍林于 20 世纪 30 年代提出的"共振论"，认为这是上世纪对现代化学键理论发展的最重要贡献之一，鲍林在之后

---

[1] 邢其毅等：《共振论的回顾与瞻望》。北京：北京大学出版社，1982 年。
[2] Wu W、Mo Y R、Zhang Q E：On the resonance theory。*J. Mol. Strut.*（*Theochem*），1993，102：227-236。

第十章　专攻科研难题　　**199**

的专著《化学键的本质》一书中，成功地阐述了大量的分子结构与化学反应。虽然共振论进一步的数学基础在 50 年代尚未找到，但从 30 年代至今，已成功解释一些分子有趣的化学键、探讨化学反应机理等，最近安德森（Anderson）又将共振价键态的思想用于创新高温超导体。文章也回顾了共振价键理论因基函数非正交，计算方法难于程序化，而在计算机发展初期受到冷落，随着超级计算机时代来临，价键理论有望重新崛起。

论文第二部分讨论了共振结构与键表的关系。共振论的关键思想是，化合物的分子结构是正则共振结构的集合。这是来自量子化学基本原理：若波函数 Φ_1，Φ_2，Φ_3 对应一个个态或一个个结构，实际的波函数就可以是这些波函数的线性组合，组合系数由变分法确定。由海特勒 – 伦敦（Heitle-London）开创、斯莱特（Slater）发展的波函数，可表达为反对称算符 A、原子轨道乘积 Ω 和自旋函数 Θ 乘积。经过推导可得：共振结构的波函数 Φk，可表达为偶合系数 Λ_r^λ、投影算符 e_{rp}^λ 分别作用在轨道空间和自旋空间，然后对 r 求和。这就是对称群方法中的共振结构波函数，在无自旋情况下，这就是键表酉群方法中的键表基函数，论文后面又以苯 π 电子的键表结构为例说明。

论文第三部分比较了价键理论与分子轨道理论这两大化学键理论的异同，这两种理论有不同等级层次的计算，若是全 CI 的分子轨道理论与全价键理论，结果是相同的，并以三中心四电子的 O_3 为例说明。用分子轨道表示，可写成一个 π 成键轨道，一个 π^* 反键轨道，还有一个非键轨道。用 STO-6G 基函数，进行 HF 等级的优化计算，获得 O-O 键长 1.2839，键角 116.2°。

第四部分则讨论了共振论与现代价键理论的关系。论文回顾了近半个世纪价键理论的发展，早期价键理论使用纯原子轨道为单电子基集合，现代价键理论采用由库尔森 – 费舍尔（Coulson-Fische）提出并发展的重叠增强原子轨道，因现代价键理论不仅关心体系的基态，还关注体系的低激发态。但这种基也有缺陷，所以论文提出成键变形基组，是一种定域的基组，并将其与重叠增强基组的计算结果做了比较。论文于 1993 年发表在国际《分子结构（理论化学）》(Journal of Molecular Structure (Theochem))杂志上。

既抓科研又抓教学

90年代张乾二主持化学化工学院的工作时，十分重视教学工作，希望教师既要从事教学又要从事科研，应同时具备这两种能力。因为这二者是相互促进、相辅相成的，"搞教学的教师知识面要宽，但若不搞科研，知识达不到应有的高度，教学质量就不能提高；搞科研的教师在某一领域知识要有深度，但若不搞教学，无法开拓他的知识面，科研的方向会很窄，科研水平也很难提高"。① 对化学化工学院全院的课程，他是宏观管理，提出方向，具体工作由负责教学的系主任去做。对于本教研室的课程，张乾二综合考虑了课程的需求、各位教师的特点及将来的发展，分别进行了安排：有的教师安排在本科基础课，有的安排在研究生课程，有的讲"量子化学基础"，有的讲"量子化学进展"，有的讲"量子化学计算"，还有的讲"群论"。学生辈的教师讲授"群论"，与他自己讲授有一定的差距，为此张乾二想把他的"群论"课讲稿整理成书，以方便教学。20世纪90年代中

图10-3 张乾二为年轻教师、研究生讲课
（资料来源：张乾二提供）

---

① 张乾二访谈，2012年12月3日，厦门。资料存于采集工程数据库。

期，张乾二又一次讲授"群论"课，吴玮、徐昕、曹泽星等年轻教师都去听课，并进行了录音，以便将来整理成书稿。

20世纪90年代，教育部要求本科教学以培养通才为目标，因此本科专业应以一级学科的标准进行设置。化学化工学院的材料科学与化学工程是新办专业，学科设置比较合理；而化学系是老系，学科设置有历史原因：50年代学习苏联，把大学办成专门技术人才培养基地，有些专业设置在二级学科，如无机化学、有机化学、分析化学等，而有些甚至设置在三级学科，如物理化学方向的催化学、电化学、结构化学等，专业设置过细，不仅不利于学生的培养，也不利于学生将来的就业。张乾二与化学系领导一起对专业设置进行改革：第一步，先将专业统一到二级学科，即催化、电化、物构合并为物理化学，一些专业课程如"电极反应过程"、"X射线衍射"等并入大物化的专业课，另一些课程，如"量子化学"、"结晶化学"等则提到研究生课程中；第二步，将二级学科的课程统一到一级学科，例如将"高等无机"与"高等有机"合并为"合成化学"；随着计算机的普及，开设"化学信息学"；将全系的专业实验打通，改成"专门化实验1、2、3"，使学生受到更全面的培养。①

图10-4 讨论晶体结构（右起王南钦、张乾二、王银桂、徐昕。资料来源：张乾二提供）

20世纪90年代以来，随着改革的深入，国家取消了粮票、布票制度，农产品较以前丰富很多，但物价也随之上升，图书价格也飞速上涨，原来几毛钱、一两元钱就能买的一本书，都涨到几元、十几元，甚至几十

---

① 厦门大学化学化工学院：《任重道远、继往开来——纪念厦门大学化学学科创建90年暨化工系创办20年》。厦门：厦门大学出版社，2011年，第84页。

元。张乾二考虑到在这样书价上涨的情况下，研究生很难有能力购买科技图书，而理论化学的学生若不把基础理论打扎实，将来就很难搞科研。因此，张乾二决定从省、市政府每年给予自己的院士科研补贴中拿出一部分经费，让研究生们自行购买所需的科技书籍，每人每学期可报销300至500元（硕士300元、博士500元）。90年代时，出版社大量引进了国外科技书籍（特别是教科书）的影印版，但价格都比较高。张乾二的这个制度，使理论化学的研究生都能研读到国际一流的教材。量化专业的学生们都身感幸运、心怀感激，买书风气大盛，读书热情高涨，这也让别的专业学生十分羡慕。

1991年，在厦门大学七十周年校庆即将来临之际，学校编辑出版了一套"南强丛书"，张乾二为研究生开设的"角动量理论与原子结构"课程的教材也被列入其中。这门课从张乾二兼任物构所所长后，就由王银桂接任讲授，因此此书也主要由王银桂执笔。

物体旋转产生角动量。在微观原子、分子中，原子核的转动、电子的自旋都涉及角动量，角动量是量子力学中较难学习、又无法回避的一个内容。问题是如何将难点讲得通俗易懂。《角动量理论与原子结构》一书中，作者提出自由原子或离子的电子运动状态的波函数，是按角动量L、S、J来分类的。由于体系具有球对称性，能量哈密顿在任何转动下是不变的，因此转动变换可看作一种线性算符。全书共九章，前三章是阐述基本概念。先介绍转动变换算符、Euler角、及对称操作对函数的作用，然后介绍三维旋转群的不可约表示，最后介绍转动矩阵元的性质与物理意义，转动矩阵元可作刚体或对称陀螺的转动波函数，本身也可作为标准化基向量。

第四章到第七章是阐述角动量偶合与Wigner-Eckart定理的应用。由于电子转动涉及轨道空间与自旋空间，所以定义了张量算符，讨论空间从$n \times n$维空间，扩展到n^m维空间。从不可约张量算符的偶合出发，引导出Wigner-Eckart定理，该定理将不可约张量算符的矩阵元分解为几何因子与物理因子两部分，几何因子就是偶合系数，物理因子就是约化矩阵元，W-E定理既可应用于原子结构，也可应用于分子结构。

接下来介绍三个角动量偶合，产生四个Wigner系数组成的一个不变量——拉卡（Racah）系数，讨论了拉卡系数的性质和计算；并介绍了四个 3-j 符号产生的 6-j 符号，它的计算与应用：双电子体系能量谱项的计算，旋轨偶合作用能的计算；再介绍四个角动量偶合，产生 9-j 符号，9-j 符号广泛应用于物理学。

教材的最后部分是角动量理论的运用，介绍了置换群后，讨论原子谱项的分类，亲态比系数的计算及其在对称算符矩阵元计算中的应用。

在这本专著的编写过程中，张乾二与王银桂付出了很多努力。先讨论了全书的大纲和每一章的内容安排，再由王银桂撰写，写作过程中遇到问题再进行讨论。为了赶在厦门大学七十年校庆前作为献礼的新著出版，王银桂夜以继日地赶进度，十分辛劳。书中有很多算符、矩阵、上下标，使校对工作十分困难。当时一般的电脑使用微软系统，而出版社使用的是方正系统，二者互不兼容。王银桂把校对好的稿件送到出版社后，过几天再去第二遍校对时，发现昨天纠正过的错误有的没改过来，有些原来对的部分又改成错的。出版社的编辑也叫苦连天，因为他们看不懂这些符号，只能一个个校对，非常吃力。最后《角动量理论与原子结构》一书终于如期于 1991 年由厦门大学出版社出版了，但书中某些因排版校对出现的错漏之处还是让张乾二感到有些遗憾。

建设重点学科　加强薄弱学科

化学系的物理化学学科从抗战时期发展到 1988 年 7 月，国家教委核准厦门大学 7 个学科为国家重点学科，其中化学系的物理化学学科为重点学科。国家教委要求，重点学科应承担教学、科研双重任务，能持续培养与国际水平相当的学士、硕士、博士，能接受国内外学术人员进修深造，解决四化建设中的理论问题和实际问题，还要为拓展新的学术领域、促进学科发展做出较大贡献。

抗战时期有傅鹰等老一辈化学家打下的基础，近年在蔡启瑞带领下，催化组继化学固氮机理和 C1 化学基础研究取得重大成果后，在烷烃临氧定向转化催化剂研制方面达到国际先进水平。电化组在田昭武带领下，提出电化学纳米级加工技术——约束腐蚀层技术，可望在大规模集成电路方面获得应用。周绍民、林祖赓分

图 10-5　张乾二在办公室（1994 年。资料来源：张乾二提供）

别在金属电沉积、化学电源基础研究等方面取得显著成绩。理论化学组在张乾二带领下，一方面开展多面体分子轨道研究、价键键表酉群方法等基础研究，另一方面结合催化、电化实验提出的问题，进行固体表面金属簇模型的应用研究，在分子水平上回答实验提出的许多问题。

设立物理化学重点学科后，化学系高度重视学术梯队的建设和中青年教师的培养。化学系的物理化学博士后流动站，国家每年只给一个名额，而留学回国的博士较多。张乾二与时任校长的田昭武商量，看能否自费接受回国博士后，该要求获国家教委批准。物理化学博士后流动站五年接受了国外学成归来学者 9 名，学科培养博士 23 名，一批才华横溢的中青年教师茁壮成长。郑兰荪博士从美国回来后，设计并建立了国内首台激光等离子体源飞行时间质谱仪，其正负离子同时检测技术达到国际先进水平。田中群博士从英国留学归来，在国内建立了电化学现场的时间分辨拉曼光谱技术。孙世刚博士从法国留学归来，在国内率先开展金属单晶表面电催化过程研究。林昌健博士的金属微区电位电流分布测定技术达国际先进水平。张乾二带领李湘柱硕士提出的键表酉群方法、他与吴玮博士等建立键表相互作用和多组态自洽场方法，使价键方法的从头算这一世界难题开始破解。

除了培养硕、博士，博士后，化学系还重视本科生的培养。化学系

要求教授到一线为本科生上课。随着我国科研的发展，学校和社会对教授等人员的科研要求逐年提高，要求教授要承担多少科研课题。因此有些教授认为教学是软任务，科研是硬任务，把工作精力都用在科研上。张乾二担任系主任后，十分重视教授的教学工作，他认为一个教师感悟知识的最高境界是将知识传授给学生。他要求教授要搞教学，老教授更要到基础课承担教学任务。一度厦门大学的低年级学生（一、二年级）在漳州分校上课，老师要乘船过海去给学生上课，既耗时又辛苦。为了调动教师积极性，化学系率先为赴漳州的课程增加学时分，使教师安心工作。

张乾二在担任厦大化院院长时，站在全学院和各系角度，比较了化学系学科的发展，发现各学科很不平衡。其中，物理化学方向基础较好，各专门化分别有学科带头人：催化专门化在蔡启瑞的带领下兵强马壮，近年来承担大量国家急需的科研课题，与国际同行也经常交流；电化专门化在"文化大革命"中发展很快，田昭武带领一支队伍主要攻关电极、电池等方面，并大量开展国际交流，周绍民的队伍研究各种材料的防腐蚀也有声有色；量化与结构教研组虽不大，但教学科研也都很有特色。

相对而言，无机、有机专业的基础较薄弱，教学任务又重。无机教研组除承担本系的课程外，还要为生命学院、海洋学院、医学院开设必修课、实验课，为物理系、建筑系、材料系、化工系开设选修课，教师忙着上课，搞科研的人较少。

为此，张乾二想出了一个办法：应为无机组引进一个学术带头人，这人就是在物构组的青年教师郑兰荪。郑兰荪课题组与无机组研究内容有交叉，更重要的是到无机组后，他自己的发展空间也将更大。与院系领导讨论后，郑兰荪考虑到老先生对自己的培养以及化学系的需要，毅然从物构组来到无机组。他到无机组后，又从国内外引进几个年轻人，带动组里大多数教师参加科研。不久，郑兰荪成为原子团簇化学的首席科学家，组里的年轻人成长为国家杰出青年奖获得者。整个无机组实现了华丽转身，教学、科研开展得风起云涌,十分出色[①]。

分析组在20世纪五六十年代基础很好,以前在陈国珍带领下,从事各种分子光谱实验,培养了大批研究生,研制了许多分析仪器,出版了多种检测方法的教科书与专著,在国内有相当影响。陈国珍调到国防科委工作后,虽与他在厦大早年的研究生联合出版了一些学术专著,但毕竟离得远,分析组的技术骨干还是缺乏一位学术带头人。张乾二有一次在外听说,长春有一位高级工程师要调来厦门柯达公司,而她的先生黄本立是中科院长春应用化学所的光谱专家,擅长原子光谱的研究。由校长田昭武发出邀请后,张乾二很快与黄本立取得了联系,邀请他来厦门大学。黄本立欣然答应,原来他是广东人,年老了也想回到南方来。张乾二就与学院后勤人员一起帮黄本立腾出十余间实验室。黄本立到来后,又把他在国外的王小如、杨芃原等几个学生带来厦大。这样分析组老中青三代,研究领域涵盖原子光谱、分子光谱、分析仪器,一时兵强马壮。在学院的支持下,黄本立还申报了中科院院士,组建了分析教育部重点实验室,承办了多次国内、国际学术研讨会,科研工作搞得轰轰烈烈。

蔡启瑞认为化学系实验学科很需要核磁共振仪的检测手段,磁共振技术可为有机化学、催化化学、化学生物学、海洋化学等多学科的研究成果提供技术支持。但厦大缺乏这方面的人才,首先需要引进这方面的专家。张乾二在中科院开会时了解到,武汉物理所所长吴钦义是国内磁共振的权威,早在六七十年代就为我国成功研制了顺磁共振仪、核磁共振仪,他又是厦大的校友,1946年毕业于物理系。在张乾二发出邀请后,吴钦义考虑自己已近退休年龄,也想回家乡,于是一拍即合。按理说,波谱学人才在物理系更合适,但考虑到引进人才,需要配套资金、实验室、助手等一系列问题,张乾二就决定由化学化工学院引进。吴钦义来到厦门大学后,厦门市根据引进人才条例,出资协助建立了实验室,他马上带出了几名博士生,为母校交叉学科的发展作出了贡献。虽然不久后吴钦义就退休了,但他的博士生林东海、陈忠等马上接手仪器管理工作,使化院购买的核磁共

[①] 厦门大学化学化工学院:《任重道远、继往开来——纪念厦门大学化学学科创建90年暨化工系创办20年》。厦门:厦门大学出版社,2011年。

振仪得以顺利工作，他们自己也很快成长为国家杰出青年基金获得者。有了核磁共振仪，化院的有机化学、化学生物学等学科合成出来的产品能够很快地得到检测，获益甚大。①

开展国内、国际学术交流

从 1977 年上海举办第一届全国量子化学学术研讨会起，1982 年第二届在长春，1987 年第三届在成都，之后三年一度，1990 年第四届在济南，1993 年第五届由厦门大学承办。

早在一年前，为了办好这次会议，张乾二就把量化研究组的成员集合起来，讨论全国量化会议的会务工作。鉴于当时林连堂担任厦大副校长、王南钦任化院副院长，量化会议的会务由王银桂负责，中年教师与研究生负责具体工作。首先向全国各高校、中科院相关研究所发出会议邀请函，从量子化学理论、量子化学计算方法、原子和分子的电子结构、微观化学反应的量子理论、分子光谱与谱学理论、固体与表面的量子化学、高聚物、药物及生物量子化学等七个方面，向全国理

图 10-6　唐敖庆和弟子们（前排右起邓从豪、唐敖庆、刘若庄、曹阳，后排右起孙家钟、张乾二、鄢国森、戴树珊、江元生。资料来源：张乾二提供）

---

① 厦门大学化学化工学院：《任重道远、继往开来——纪念厦门大学化学学科创建 90 年暨化工系创办 20 年》。厦门：厦门大学出版社，2011 年。

论化学工作者征集会议论文。第二轮会议通知要求论文作者将稿件按一定的格式打印好寄来厦门大学。在收集全国各地理论化学工作者寄来的论文后，进行审稿，再按各类别整理成册，印刷成会议论文集。第三轮会议通知包括会议程序、内容、时间表及住宿地点、附近游览景点等，还要告知会务费、参会代表选择的住房标准等各项具体内容，并要求参会代表发回回执。收到回执后确定到会人数，预订宾馆、会场、餐厅，打印会议日程表、联系旅行社等会议工作均有条不紊地进行。

1993 年 12 月，大会代表陆续到达厦门，有从天上来、有从陆上来，还有从海上来，会务组安排了各路接机、接车、接船人员。唐敖庆与他的几个大弟子：孙家钟、江元生、刘若庄、邓从豪、鄢国森、戴树珊都来了，化学泰斗徐光宪也来了。

图 10-7　老同学相聚在厦门（1993 年 12 月。右起张乾二、刘若庄、鄢国森、戴树珊。资料来源：张乾二提供）

来自全国二十几个省、市、自治区的几十个学校近三百位老师、研究生济济一堂，讨论量子化学的过去、现在和将来。大会共进行三天，每天上午是大会报告，下午是分会场报告。张乾二担任大会主席，唐敖庆、徐光宪是名誉主席。张乾二与研究生共有十几篇论文参会，其中学生钟世均报告《双粒子作用能矩阵元》，学生莫亦荣报告《价键理论近似方法的基础研究》[①]。

唐敖庆先饶有兴趣地在规模较大的"原子和分子电子结构"分会场听报告，他与助手李前树的论文《硼笼烯与硼笼烷的量子化学计算》也在其中，而后他又来到"药物与生物量子化学"分会场。看到当年长春量子化

---

① 《第五届全国量子化学学术会议论文集》，厦门，1993 年 12 月。

第十章　专攻科研难题

学研究生班与进修生班的学生们现都成为了国内量子化学教学与科研的主力，他感到十分欣慰。当年的老师、同学又聚在一起，场面格外热闹。第四天，会务组安排游览鼓浪屿。许多代表来自天寒地冻的北国，没想到12月厦门是如此温暖如春，遍地绿树红花，清风徐徐，海浪拍岸，对鼓浪屿印象特别好。最后，下一届全国量子化学会议定于1996年在北京召开。2002年第八届全国量化会在长春召开，张乾二带领课题组成员参加。

中国量子化学泰斗唐敖庆和日本诺贝尔化学奖获得者福井谦一都有感于中日两国虽是近邻，但近百年兵戎相见，这是广大热爱和平的人民所不愿看到的。周恩来总理生前曾倡导中日青年友好交往，两位老者也希望中日学术界能有更多的交流，所以倡办了中日双边理论化学学术研讨会。

1990年，由北京师范大学和西北大学承办第一届会议，唐敖庆是中方主席，福井谦一是日方主席。会议前半部分在北京，后半部在西安进行。张乾二作了题为"共振结构的键表表示"的大会报告。日本学者对西安的古城墙、大雁塔等古迹十分兴趣，对秦始皇陵的兵马俑尤为赞叹。

图10-8 在第二届中日理论化学会（1992年9月。右起张乾二、刘若庄、邓从豪、鄢国森，鄢国森提供）

1992年第二届双边会议在日本京都举行，由京都大学承办。中方吉林大学、东北师范大学、北京师范大学、四川大学、山东大学都派代表参加，张乾二也被邀请出席，并作了题为"对称群杨表二列标准杨—亚马诺奇正交表示"的报告，先介绍了标准杨表的性质，又阐述了杨-亚马诺奇正交表示矩阵的一些性质，然后讨论了杨算符与标准投影算符之间的关系，指出它们之间的变换矩阵是一个三角矩阵，对构造价键波函数的 $\hat{P}, \hat{N}, \hat{P}_r$，用双陪集可获得它的一般表示形式，接着讨论了它们在价键方法中的应用。张乾二将高深的数学应用于常见化学问题，引起与会代表们的浓厚兴趣。会后代表们游览了京都名胜古迹。

第三届中日双边理论化学研讨会又由中国承办，考虑到气候、环境等因素，定于1994年秋天在厦门举办，张乾二的研究团队责无旁贷地承担起会务组的工作。虽然一年前刚承办了全国量子化学会议，但这次是国际双边会议，更要认真对待。为此，张乾二把组内的中青年教师组织起来，查看了校内所有的会场、宾馆，发现刚建成正在试营业的克立楼宾馆最为合适：会场大小适中，住房刚装修完毕，各方面条件适合外宾居住，楼内还有咖啡吧，可作会议茶休之用。会场定下后，发邀请函、接受会议论文、印刷论文集等各项工作有条不紊地进行。

图10-9 张乾二在第三届中日理论化学研讨会上（1994年。资料来源：厦门大学化学系提供）

终于在10月8日傍晚，日本代表团来了。会务组带着日本代表团乘坐学校的大巴车，从机场向厦门大学开来。日方代表大多来自日本东京大学、分子科学所，还有京都大学、大阪大学、名古屋大学、横滨大学、神户大学等，基本上是第一次来厦门。看到华灯初上的街市，相互热烈地交谈。当车子开到镇海路海景假日酒店门口，日方代表惊叹得呼叫起来。车子很快来到厦门大学克立楼前，崭新的楼房，为了庆祝开业还张灯结彩，日本代表没想到学校里能有这么好的宾馆，高兴得鼓起掌来，一下车就纷纷掏出相机来拍照。

第二天学术研讨会正式开始，张乾二与日方的米泽贞次郎担任会议主席，会议共进行三天。中方吉林大学的唐敖庆作了"具有Ih对称性的碳物种的休克尔方法处理"报告；北京大学的徐光宪以铍的化合物为例，提出一种化学价新概念,即决定化学价非其价电子数而是其价层空穴数;中国科技大学的朱清时介绍了局域模型的选键化学;厦门大学年轻的副教授徐昕报告了金属态簇模型。日方的东京大学山边时雄作了关于"高自旋分子的电子结构"的报告,从实验与理论两方面研究,理论方面报道了高自旋体系基态的确定、姜-泰勒效应及激发态性质等;日本分子科学所的今村诠介绍了氢键体系电子结构的伸展法研究;年轻的西本吉助作了"染料分子电子光谱的分子轨道计算"报告。①

这次大会的一大特点是一些著名的化学家,如张存浩、孙家钟、张乾二、黎乐民等院士均将自己的论文安排在墙报展出,把口头报告机会让给年轻学者。张存浩的墙报题目是"量子干涉的证据:碰撞引起的 CO 单-叁重混合态分子内能量转移",张乾二的是"一些来自价键方法从头算的新观点",黎乐民的是"高精度的密度泛函理论研究"。交流中,日方代表的英文带着很重的日本腔,不容易听懂,倒是他们(特别是老年学者)都能看懂中文繁体字,所以大家干脆用中文写字交流。会后,日方代表还游览了厦门鼓浪屿和武夷山等世界自然与人文遗产。

1996 年 9 月,第四届中日理论化学研讨会又在日本举行。张乾二应邀参会,报告的题目为"置换群在价键结构中的计算应用"。当时在日本做价键法的人很少,只有东京大学的一位教授。回忆起这些交流,张乾二认为:

> 实际上这种学术交流很重要,对中日来讲建立了两国人民之间的友情,所以那时候我们这两个国家在理论化学上友谊是相当深的。那时候不但是学术交流,同时人的交流更重要。反正各有各的优点,像我们这边的报告,我们认为数理基础还是比他们好;可惜日本有两个数理基础很好的学者没有来参会。②

1994 年,新中国成立前夕迁去台湾的中山大学化学系来大陆寻根,与广州中山大学化学系联系,访问了中山大学,接着随访了厦门大学,时任

---

① 1994 年中日理论化学会议,厦门大学科研处档案。
② 张乾二访谈,2012 年 1 月 16 日,厦门。资料存于采集工程数据库。

化学化工学院院长的张乾二接待了台湾客人。台湾"中山大学"随即邀请院长张乾二、副院长万惠霖访问台湾。时任厦门大学校长的田昭武也一起参与，组成三人小组参加广州中山大学赴台访问团。当时台湾刚开放老兵回大陆，大陆与台湾的商界才开始互动，教育与文化单位特别是高校之间的往来还很少，审查较为严格。双方都先向政府部门提出申请，台湾方面给每人寄来了一份"政治审查表"，其中一栏是"有否参加共产党的外围反动组织"，台方指的是政协、工、青、妇等组织，张乾二与田昭武当时都是全国政协常委，大家商议后决定先不填就这么寄过去。台湾"中山大学"收到后报上去审批，马上被驳回，说这两人都是共产党的全国政协常委，是"危险分子"不能邀请，为此，又耽搁了两三个月。转眼到了1995年，最后还是台湾"中山大学"提出，这两位先生都是以学者身份参加政协的，再由台湾"中山大学"出面担保他们的安全，最后才得以成行。①

1995年2月，张乾二、田昭武、万惠霖三人先乘飞机到广州，与中山大学几位老师会合后，乘飞机经香港，再赴台湾台南。刚踏上台湾的土地，他们感到既熟悉又陌生：气候、树木、花草与闽南地区是何其相似，台南老百姓讲的闽南话又与厦门话完全一样，身为闽南人的张乾二感觉尤为亲切。

在台湾"中山大学"交流完，厦门大学三位教授提出，是否可顺访一

图 10-10　赴台交流（1995年2月。左一张乾二、右七田昭武、右四万惠霖。资料来源：张乾二提供）

① 张乾二访谈，2012年1月16日，厦门。资料存于采集工程数据库。

下台北"中央研究院"。台湾"中山大学"的老师感到很为难,因他们申请报批的行程中并无去台北这项内容。因此,他们就对张乾二等说,台北治安不好,你们人生地不熟,还是不要去了吧。张乾二告诉他们,我们认识台北"中研院"李远哲"院长",他是厦门大学兼职教授,还有原子分子科学所所长的林圣贤教授。到台北后,交流团受到林圣贤、李远哲的盛情接待,访问了台湾"中央研究院"、台湾"清华大学"、台湾"交通大学"。

用对不变式方法简化 N! 难题

回到厦门大学,张乾二又投入到科研工作中。在编写价键方法程序的过程中,碰到一个致命的难关——N 电子体系必然产生 N! 行列式问题。如何解决这个问题,张乾二与课题组成员思考了很久,想寻找一个新的数学工具。为此,他与吴玮一起去拜访了数学系教授,他们建议可用对不变式来处理。于是,张乾二带领吴玮等人推导公式,李加波、宋凌春等年轻人忙着编程序,莫亦荣、曹泽星等则将其试用在各种体系。在价键 VB-Xiamen 程序中,将价键波函数表示为一个对不变式,重叠矩阵元则是通过一个对不变式获得,哈密顿能量矩阵元表示为子对不变式与相应积分的乘积形式,研究组也提出了类似拉普拉斯行列式展开的对不变式展开方法,以后又提出对不变式的正则展开和任意偶数阶展开方法。以下论文记录了这方面的工作[①]:《对称群标准表示矩阵计算新方法》、《价键理论的对不变

---

① 吴玮、张乾二:对称群标准表示矩阵计算新方法。《高校化学学报》,1992 年第 13 卷第 8 期,第 386-389 页。吴玮,莫亦荣,张乾二:价键理论的对不变式方法——Ⅰ.对不变式的构造及 s=0 的 Hamiltonian 矩阵元表达式。《中国科学 B 辑》,1995 年第 25 卷第 12 期,第 1247-1256 页。宋凌春、吴玮、张乾二:价键理论的对不变式方法——Ⅱ无自旋价键计算程序 Xiamen。《中国科学 B 辑》,2001 年第 31 卷第 6 期,第 553-560 页。莫亦荣、吴玮、张乾二:价键理论新进展。《高等学校化学学报》,1996 年第 17 卷第 7 期,第 1119-1126 页。Cao Z X、Wu W、Zhang Q E: Spectroscopic constants and bonding features of the low-lying states of LiB and LiB+: comparative study of VBSCF and MO theory. *Int. J. Quant. Chem.*,1998,70:283-290。

式方法——Ⅰ. 对不变式的构造及 s=0 的 Hamiltonian 矩阵元表达式》、《价键理论新进展》、《对称群价键波函数的重构与应用》、《价键理论的对不变式方法Ⅱ无自旋价键计算程序 Xiamen》等。

使用价键方法的 Xiamen 程序计算需要进行以下几步：由于 Xiamen 程序不包括基组积分计算，所以要先运行分子轨道从头算程序，获得核排斥能和基组积分；然后冻结体系内层电子；再应用 Xiamen 程序进行价键理论计算。Xiamen 程序可进行包括 VBSCF（价键自洽场）、BOVB 和 VBCI（价键组态相互作用）等各种类型的价键从头计算。价键轨道可选用定域原子轨道、重叠加强轨道或成键变形轨道等进行优化。该程序设置三种优化方法：Davidon-Fletcher-Powell 方法、Super-CI 方法和 Powell 方法。DFP 方法收敛非常快，而 Super-CI 方法和 Powell 方法非常稳定。《无自旋价键理论的高效代数》《对称群标准正交不可约表示矩阵计算新方法的程序化》等论文报告了这些程序设计的数学原理。[①]

Xiamen99 程序计算所得结果，可以进行体系各种性质的分析，包括结构权重分析、电荷集居分析等。曹泽星、莫亦荣等进行了许多验算，《分子激发态的价键理论研究》、《基态 LiF 和 NaF 的解离与光谱常数的价键研究》、《FeC_2 和 FeC_2^- 的低激发态和谐振频率》、《低激发态 LiB 和 LiB^+ 的光谱常数和成键特征》等论文[②] 是这方面工作的记录。

1998 年，张乾二在《中国科学院院刊》上发表了《让科学的新进展更多地出现在中国》一文，这是为导师卢嘉锡的专著《过渡金属原子簇化学

[①] Wu W、Wu A A、Mo Y R、Lin M H、Zhang Q E: Efficient algorithm for the spin-free valence bond theory. I. New strategy and primary expressions。*Int. J. Quant. Chem.*, 1998, 67（2）: 287-297。宋凌春、吴玮、林梦海、张乾二：对称群标准正交不可约表示矩阵计算新方法的程序化。《厦门大学学报》, 1998 年第 37 卷第 2 期，第 209-216 页。

[②] 曹泽星、吴玮、张乾二：分子激发态的价键理论研究——B_2 分子低激发态的成键特征。《中国科学 B 辑》1997 年第 27 卷第 5 期，第 463-467 页。Cao Z X、Wu W、Zhang Q E: Valence bond study of dissociation behavior and spectroscopic constants for the ground states of LiF and NaF。*Chem. Research in Chinese Univ.*, 1998, 14（3）: 297-303。Cao Z X: The low-lying electronic states and harmonic vibrational frequencies of FeC_2 and FeC_2^-。*J. Mol. Strut.*（*Theochem*）, 1996, 365（2-3）: 211-214。Cao Z X、Wu W、Zhang Q E: Construction and applications of symmetrized valence bond wave function。*Int. J. Quantum Chem*. 1998, 66: 1-7。

的新进展》所写的一篇书评。①

文章中首先介绍了这个研究领域的重要性：过渡金属原子簇化学是国际上十分活跃的化学前沿领域，这类化合物在结构上具有金属－金属键组成的骨架结构。金属原子与配体的多种组合方式、金属簇骼的多变价态和较强的电子离域性、以及多中心键等独特的电子性质，使这类化合物具有特殊的物理或化学性质。这些性质已在生物化学、催化学、超导及高新技术材料领域得到广泛的应用。

接着回顾了卢嘉锡及他领导的研究团体二十多年来在这个领域进行研究过程与重点研究的方向和获得的成果：

> 早在70年代初，他在国内就参加和领导了化学模拟生物固氮的研究工作，并在国际上最早提出固氮酶钼铁硫原子簇协同作用的网兜状活性中心模型，即"福州模型"，那实际上就是一个钼－铁－硫簇合物。
>
> 80年代初，当原子簇化学在国际上刚刚兴起之际，卢嘉锡教授就敏锐地意识到这是一个很有开拓前景的新研究领域，并在国内最早倡导开展过渡金属原子簇化合物的研究。二十多年来通过合成化学、结构化学、量子化学研究和谱学表征等各种手段，成功地合成了三百余种新型原子簇化合物，并在实验研究的基础上，提炼和升华出在国际上深受赞誉的理论和方法。

张乾二介绍说：

> 在这部六十多万字的学术专著中，重点介绍了合成方法理论、结构规律性和成簇机理等，全面系统地总结和概括了原子簇化学的最新成果，特别是他们提出的一些新观点，如"活性元件组装方法"和"类芳香性"概念，堪称这一时期国际原子簇化学领域中的新进展。

---

① 张乾二：让科学的新进展更多地出现在中国.《中国科学院院刊》, 1998（5）：397.

最后，张乾二写道：

卢嘉锡教授是我的老师，他那治学严谨和富于创新的精神使我终身受益。在他新书出版之际，我谨表示衷心祝贺！并希望我国年轻一代科学家，要学习卢先生在学术上的创新精神，让科学的新进展更多出现在中国！

在家中被劫匪刺伤

时间到了1998年，张乾二在厦门的几个学生私下议论：张先生今年七十周岁了，常言道"人生七十古来稀"。虽说现在生活富裕、医学进步，七十已不稀奇，但作为学生，总得向老师表示一下祝贺吧。但大家把这事与张乾二一说，却遭到他的反对，他不愿意做寿。几个学生就商议：既然老师比较低调，我们就小范围庆祝一下吧。八月中旬的一天，几个学生商议好，带着礼物到张乾二鼓浪屿家里，张乾二也很高兴，和大家有说有笑，庆祝了七十岁生日。后来家里子女也给他做了寿。

1998年夏，国内许多地方遭受洪涝灾害，八月下旬学校组织为灾区捐款。当时正值暑假，张乾二没来厦大，打电话给王南钦，要他代捐一下，下周进校再把钱给他。星期天的傍晚，张乾二乘天气稍凉快些，到银行去取了钱，然后回家做饭、吃晚餐。他住的房子是海外亲戚的房产，一座独立的别墅，带有很大的花园。吃完饭，张乾二坐在卧室里看电视，妻子吴肖君到卫生间洗澡。不一会听到浴室内传出"扑通、扑通"的声音。因妻子有心脏病，有时会晕倒，张乾二边叫妻子的名字边冲进浴室。浴室内的情景使他大吃一惊，竟然有一中年男子一手抓住妻子，一手捂着她的嘴，将她的头向浴缸壁上撞，看样子人已昏迷。那男子见有人进来，马上放下他妻子，拿着一把螺丝刀，直朝张乾二刺来。因是夏天，张乾二只穿一件T恤衫，而那男子又非常有力，张乾二本能与他搏斗，但根本不是他对手。

男子一刀一刀扎过来，张乾二一边闪躲一边想夺他的螺丝刀，一边还喊起来。歹徒前后刺了十几刀，其中一刀刺向了张乾二的心脏，血马上涌出来。张乾二突然觉得不好，感到有空气涌进胸腔，可能会气胸，他赶紧按住伤口。那歹徒见张乾二无力再拉住自己，在他身上再扎两刀后就往外跑。

楼上住的也是一对老夫妻，听到楼下有喊叫声、搏斗声，老妇人赶紧下楼看看。一到楼梯口，正撞到那行凶歹徒往外逃。那男子看到楼上下来的老妇人，一把抓过来，一刀捅过去，老妇人惊吓过度，倒在地上。劫匪看楼上还有人，赶快往外逃。楼上男主人听到楼下的声音，接着走下楼，一看两个人躺在血泊中，两位女士都昏迷不醒，老人吓得不知如何是好。只有张乾二还清醒，在危急中想起王南钦的电话，一手按住胸口，一边叫他赶快打电话报警。王南钦一接到电话，马上打110报警，他想到厦大校领导正在鼓浪屿开会，又立即给校领导打电话，自己也赶快往鼓浪屿赶。厦大校领导吃饭，正在鼓浪屿路上散步，本来要到张乾二家探望，后考虑时间较晚就没有过来，这时接到电话就马上过来了。楼上邻居还给周围的邻居打电话，不少人都过来帮忙。有一位邻居是市政协主席蔡望怀的妹妹，消息很快传到了市政府，得到市政府的关怀与重视，指示厦门各医院要全力抢救。

因鼓浪屿岛上没有车辆，厦门大学校领导与110警察几乎同时跑步赶到。120联动派出了一副担架，一看有三位伤员，厦门大学校领导就把张乾二扶到躺椅上，几个人一起抬躺椅奔向医院，120医生、护士与警察抬着两个女士往鼓浪屿第二医院走去。一路上，张乾二的十几处伤口一直在出血，血滴在抬担架的领导身上。到医院一查，张乾二妻子伤势很重，昏迷时间较长，是重度脑震荡，怀疑脑内出血并有积液。幸好张乾二家的浴缸是陶瓷的，若是水泥或金属搪瓷的，恐怕头都会撞破没命了。张乾二血流得最多，胸口上一个大口子，不知有没有伤到心脏。医生很担心，要先为他输血，但第二医院血源不够，这时张乾二的五弟也赶到医院，院方赶紧让他到厦门岛内的医院血库调血。

第二天是星期一，天刚蒙蒙亮，化学化工学院物构组教师的家里电话铃都响起来，大家听说张乾二被刺的消息后，陆陆续续往鼓浪屿第二医院赶。当日上午第二医院请厦门各大医院的权威专家为张乾二会诊。专家开出了一系列检查单。第二医院没有电梯，张乾二要做各种检查时，都由教研室年轻教师抬担架。第二医院医生十分担心张乾二的心脏有否受损，但第一医院专家黄见亭很肯定地回答：心脏肯定没有受损，否则活不到现在。心脏B超和CT检查证实了专家的判断，劫匪有一刀刺到距张乾二心脏约一厘米处，十分危险。由于张乾二妻子是脑部重度受伤，需做磁共振检查，经商议决定转到条件较好的厦门市中山医院。张乾二主要是肺部受伤，第二医院肺科较强，就先留在第二医院，过段时间外伤伤口愈合后，也转到中山医院继续治疗。

物构教研室的教师与研究生分两组，轮流排班守护张乾二与他妻子。张乾二体质较好，受的是外伤，恢复较快。而妻子吴肖君头部受强烈撞击，受伤较重，磁共振检查后发现脑部有5毫米的出血，按医学规定，若脑出血超过5毫米，就要开颅抽血。要不要动手术抽掉？医生征求患者与家属的意见，患者希望不要开颅，医生会诊后决定再观察一段。后来再检查，发现她脑部积液吸收较好，就未动手术让她自己慢慢恢复。张乾二夫妇受伤后，厦门市委、市政府多次邀请厦门各大医院专家进行会诊，夫妇二人的身体逐渐地恢复了。张乾二夫妇痊愈后都不愿回到鼓浪屿居住，特别是妻子吴肖君常会有恐惧感。学校就在厦大白城海边安排了一套房子，他们便搬到厦大教工住宅区居住。那窃贼估计是张乾二去银行时盯上，尾随张乾二回家，后爬进院子作案行凶。最终没有抓到凶犯。

价键理论新方法获奖

20世纪90年代，张乾二课题组在基础理论方面，应用多中心张量法对双粒子作用能矩阵元实行对称化约化：根据分子几何构型，用群重叠法定义标准四角锥，约化矩阵元，从而简化原子、分子积分计算。同时应用群论双陪集分解，给出旋转群与点群各类变换系数的闭合表达式，并实现程序化，极大地便利了各种量子化学计算。《双粒子算符矩阵元的对称约化》、《实不可约张量集合》等论文①是这些工作的记录。这工作已被国际通用量子化学计算程序 GAUSSIAN98，列为基础计算的参考文献。②

在价键理论方面，对非正交基的价键计算，为克服能量矩阵出现的"N!"困难，先提出类似 Laplace 方法的不变式方法，后又应用对不变式代替传统的行列式展开。由于哈密顿矩阵是稀疏矩阵，这样处理最大限度地避免了重复计算，极大地提高了计算效率，为价键计算程序化奠定了基础。这工作受到国外同行的赞赏和肯定，著名量子化学家鲍茨（Pauncz）在他的专著《量子化学中的对称群》（The Symmetric Group in Quantum Chemistry）③，专门用一节篇幅介绍价键理论对不变式方法。

爱思唯尔科学（Elsebier Science）出版社 2001 出版的专著《价键理论》（Valence Bond Theory）④介绍过去十年价键理论的重要进展，邀请张乾二课题组撰写其中一章。该书由库珀（D. L. Cooper）主编，全书由国际上在价键前沿领域的理论化学家撰写，属于"理论与计算化学丛书"第十卷。第一章由盖洛普（G. A. Gallup）撰文介绍价键理论发展历史；第二章由库珀写的"气相环周反应的现代价键描述"；第三章是日本中野（Nakano）等写的"全活性空间方法及它们对化学反应的应用"；第四章介绍一个价键自洽场计算程序（TURTLE）；第五章是巴尔博萨（A. G. H. Barbosa）等讨论"广义多组态方法的理论基础与应用"；第六章就是署名吴玮、莫亦荣、曹泽星和张乾二写的"无自旋价键理论及其应用"。这章共分五部分：第一部分为综述；第二部分介绍键表价键方法，包括键表基组、哈密顿与重叠矩阵元；第三部分介绍非正交基价键方法的对不变式

---

① Zhong S J、Wang Y G、Zhang Q E：Symmetry reduction of the matrix elements of a two-particle operator。*Int. J. Quant. Chem.*，1996，60（4）：833–842。Zhong S J、Wang Y G、Zhang Q E：Real irreducible tensorial sets。*Int. J. Quant. Chem.*，1996，59（3）：173–182。

② Frisch M J、Trucks G W、Pople J A：*Gaussian98*。Pittsburgh，PA：Gaussian Inc.，1998 年。

③ Ruben Pauncz：*The Symmetric Group in Quantum Chemistry*。New York：CRC Press，2000 年。

④ D J Cooper，ed：*Valence Bond Theory*，Chapter 3。New York：Elsebier Science Press，2001 年。

行列式（PPD），包括它的函数、估值及 PPD 代数中的哈密顿与重叠矩阵元的计算；第四部分介绍无自旋价键从头算程序 XIAMEN-99，包括 PPD 计算工具，能量与它的梯度计算，价键轨道优化，

图 10-11 价键课题组主要成员（左起吴玮、张乾二、莫亦荣、曹泽星。资料来源：张乾二提供）

XIAMEN-99 程序的功能；第五部分是介绍程序的应用，首先应用于共振结构的苯、环丁二烯等化合物，其次应用于 S_N2 反应，最后应用于激发态，包括激发态的 VB 型波函数、π 电子激发能和 S_3 基态与激发态化学键特性等。第七章是法国伊贝蒂（P. C. Hiberty）和以色列沙松（S. Shaik）合写的静态、动态相关能的价键方法 BOVB。

价键理论组还做了一件很辛苦、也很有意义的工作，即编写了价键从头算程序 VB-XIAMEN99。该程序有以下几种功能：选择 VBSCF 方法，即对所有价键结构选择相同价键轨道进行优化；选择 BOVB 方法，允许各个价键结构采用不同的轨道系数进行优化；选择 BDOVB 方法，即采用变形成键轨道进行价键计算。这是国际上仅有的三个基于非正交基的价键从头算程序之一。与国外程序相比，XIAMEN 程序在计算速度、优化方法、界面友好等方面都具有明显优势，已提供给以色列、美国、荷兰、法国等国外理论化学家使用，并已发表了几十篇论文。

这些工作综合起来，称"价键理论新方法及其应用"，2001 年获得国家教育部高校自然科学奖一等奖。

第十一章
新世纪　新挑战

研究"低维纳米体系"

新世纪初,中国农工民主党刊物《前进论坛》杂志记者采访了张乾二,他欣然接受采访,并应约写了一篇文字生动、见解独到的文章[①]。他写道:

> 作为一个从事基础科学理论研究的科技工作者,回顾过去一个世纪的科学发展,我想说,创新来源于对传统理论的挑战,来源于对现实实践的反叛。也就是说要承受许多不理解,要甘于寂寞。这是一个真正科学家的素质。

张乾二回顾了二十世纪最伟大的两个理论发现——量子力学理论和爱因斯坦的相对论,为半导体、信息技术和航天科技提供了理论依据,但它

---

① 张乾二:如果有来生,我还当教师。《前进论坛》,2001年第3期,第10页。

们并不是一开始就被世人承认的。爱因斯坦是因解释了光电效应，而不是因相对论获诺贝尔奖的；门捷列夫在前人大量化学研究基础上，提出元素周期律，但在生前也没有得到科学的评价。从诺贝尔奖获得者做出代表性工作到最终获奖，一般需要十几年的时间，这说明高水平的创新成果被科学界、社会普遍认同，需要时间。张乾二语重心长地说：

> 基础理论和实际科学技术的应用往往存在一段相当的距离。一个只注重眼前利益的人，是成就不了学问的。我常对我的学生说，市场经济条件下，如何正确处理义利的关系很重要。从事基础研究，一定要有兴趣、要着迷、要轻名利。重大的科学发现，一定不是按常规计划、在可预见结果的情况下、进行实验和逻辑推理得到的。于是，从事基础研究，你绝不可能知道它将给你带来多少功名。你只有爱它、迷它，你才能无怨无悔地去为它献身。物质条件在重大发现中绝不是主要条件。二十世纪许多重大发现并不是在条件最好的实验室或工作条件中得到的。条件过于优越，就容易使人懈怠，也就缺少了进一步努力的动力。

张乾二提到，爱因斯坦提出相对论时只有二十六岁，肖克利发明晶体管也才三十多岁，普朗克建立量子力学也不过四十岁。科学家的创新高峰在三十到四十岁之间，青年包袱少、敢想敢干，因而更具创新的活力和潜质，只要他们刻苦努力，在新的世纪一定会有所成就的。张乾二说：

> 不囿于传统、勇于挑战现实和人生，是一个科学家应该具备的条件。而事实上，也正是这种对待人生的态度，也会给你带来生活的乐趣。我常想，作为一个老师，我可以和许多人不一样。我可以做很多自己想做的事，说自己要说的话，这是一个人活着的最大价值。如果有来生，我还当教师。

新世纪伊始，各单位各组织都有许多计划、愿景。国家自然科学基金

图 11-1　张乾二在办公室（张乾二提供）

委员会、科技部、中国科学院都纷纷推出各种研究课题，有关新材料、信息科学、生命科学等方向的课题特别多。化学作为一个基础学科，许多实验方向都比较成熟，但理论提高还很缺乏。

中科院组织了纳米基础重大研究计划，张乾二课题组在其中承担了一个重点课题："低维纳米体系量子限域效应的研究"。对于当时铺天盖地的纳米材料宣传，张乾二很不以为然。纳米是一个长度的数量级概念，它只有十的负九次方"米"，即一亿分之一米的长度。对于宏观物体来讲，它是一个很小的尺寸；但对于微观的原子、分子间距几十到几百皮米，纳米又比它们大几十到上百倍。对于宏观的物体，我们已有普通物理描述它的运动规律；对于微观的原子、分子，有量子力学来描述它们的运动；而现在研究的纳米尺寸介于两者之间，要探索、建立新的研究方法，碳纳米管、小块固体表面、过渡金属大团簇，都属于这个尺寸范围。

低维纳米体系量子限域效应课题组成员包括林梦海、陈明旦、吕鑫等。张乾二带领研究生，先用休克尔矩阵图形方法等，研究碳富勒烯团簇，从 C_{20} 到 C_{60} 等；再研究单壁碳纳米管，包括椅式、锯齿式、螺旋式；以后又研究了 BN 纳米管的导电性；然后再用密度泛函方法，对这些具体的纳米体系进行从头算研究，验证半经验方法的准确性。吕鑫则用量子化学与分子力学的组合方法，对单壁碳纳米管的氢化反应、双极环加成反应、边缘环氧化反应等进行了理论预测，还用簇模型方法探讨了二氧化碳对单壁碳纳米管的氧化刻蚀机理；先后研究了在 C（100）、Si（100）、Si（111）、Ge（100）等固体表面，乙烯、丙烯、丁二烯等加成反应遵循的双自由基机理；预测了一些不饱和烃及其芳香化合物在 Si（111）面的加成反应机理及产物的选择性。林梦海与研究生一起用量子化学从头算方法，探索过渡金属单金属原子簇化合物的铁磁性等，又研究前后过渡金属原子簇合物在立体结构中的离域键，与在线形结构中的定域键，讨论了纳米尺寸的量子限域效应。陈明旦带领研究生，用密度泛函方法讨论主族元素二元原子团簇的几何构型及化学键。纳米研究课题组开展了以下几方面的工作[①]：

单壁碳纳米管的性能与修饰方面[②]，运用量子化学/分子力学（QM/MM）组合方法洋葱（ONIOM）模型，探讨了系列偶极分子在单壁碳纳米管（SWNT）上的加成反应。讨论反应活化能与管径、管壁碳原子 π 轨道锥变角的关系；探讨在单壁碳纳米管管壁上［2+1］反应机理，预测二氧环烃在 SWNT 管壁进行环氧化的可能性；预测金刚石（100）面极易发生硼氢化反应，而这种反应在单壁碳纳米管上不易发生。用量子化学簇模型方法探讨二氧化碳对单壁碳纳米管高温氧化刻蚀机理。

先用休克尔图形方法、继而用密度泛函方法预测 C_n 富勒烯和单壁碳纳米管的稳定性和不同构型 BN 纳米管的半导体性和绝缘性。吕鑫撰写的论文《1，3 双极环加成在 (n，n) 型碳纳米管椅式边缘进行的理论研究》发表仅一年多，就被引用十几次。

半导体表面微观反应机理的研究[③]：运用量子化学簇模型方法结合实验手段，系统探索了大量无机或有机化合物在半导体 Si、C、Ge 等表面的

[①] "低维纳米体系量子限域效应的理论研究"结题报告，2006 年。

[②] Lu X、Tian F、Xu X、Wang N Q、Zhang Q E：Theoretical exploration of the 1，3-dipolar cycloadditions onto the sidewalls of (n，n) armchair single-wall carbon nanotubes。*J. Am. Chem. Soc.*，2003，125（34）：10459-10464。Lu X、Tian F、Feng Y B、Xu X、Wang N Q、Zhang Q E：Sidewall oxidation and complexation of carbon nanotubes by base-catalyzed cycloaddition of transition metal oxide：A theoretical prediction。*Nano Latters*，2002，2（11）：1325-1327。Zhang L L、Zhang Q E：Applications of graphic method to C-20，C-60，and achiral single-wall nanotubes。*Int. J. Quant Chem.*，2004，98（1）：51-58。

[③] Lu X、Zhu M P：Beyond the intradimer [2+2] cycloaddition chemistry of ethylene on Si (100)：theoretical evidence on the occurrence of interdimer reaction。*Chem. Phys. Lett.*，2004，393（1-3）：124-127。Lu X、Xu X、Wang N Q、Zhang Q E：A DFT study of the 1，3-dipolar cycloadditions on the C (100)-2 x 1 surface。*J. Org. Chem.*，2002，67（2）：515-520。Lu X、Wang X L、Yuan Q H、Zhang Q E：Diradical mechanisms for the cycloaddition reactions of 1，3-butadiene，benzene，thiophene，ethylene，and acetylene on a Si (111)-7x7 surface。*J. Am. Chem. Soc.*，2003，125（26）：7923-7929。

化学反应过程；明确了烯烃在 Si(100) 面发生［2+2］加成反应时应遵循双自由基机理；预测了一些不饱和烃及其芳香化合物在 Si(111) 面加成反应机理及产物的选择性。《乙烯在 Si(100) 表面［2+2］环加成的双自由基机理》、《C(100)-2x1 表面 1, 3 双极环加成的 DFT 研究》、《丁二烯、乙烯、丙烯等在 Si(111)-7x7 表面环加成反应的双自由基机理》等代表性论文一发表，就受同行关注。

过渡金属原子团簇铁磁性等研究[①]：对于 Cr、Mn、Fe 等金属团簇结构，用分子轨道法（MO）或密度泛函理论（DFT）等方法进行了理论预测，研究发现 Fe 的小团簇（$n \leq 10$）大多是高自旋，而 Mn 的小团簇的铁磁性与团簇的几何构型有极大关系，对每个 Mn 原子而言，自旋极化率大致在 3.5—5.0 之间，但由于自旋极化方向不同，导致构型差异，最终导致铁磁性不同。而不同构型的过渡金属团簇能量相近，各种构型团簇都有出现概率，因而导致锰团簇磁性分布的复杂性。用多面体分子轨道理论研究了 Nb 等原子团簇，发现 Nb_n 的价电子数若满足四面体、三角双锥、八面体构型要求时，可根据构型内各种标准三角形，判断各分子轨道的成键、反键或非键，该结果经 DFT 验证。

二元前后过渡金属团簇[②]：对 Ti-Ni、V-Co、Nb-Co、Nb-Rh 等一系列前后过渡金属形成的团簇研究表明，前过渡金属 d 电子少，两两易结合成键，后过渡金属 d 电子多，相互排斥。在 $(Nb-Co)_n$ 团簇中，Nb-Nb 键最强，Nb-Co 键其次，Co-Co 键最弱。前过渡金属 d 轨道能级高，后过渡金属 d 轨道能量低，在立体构型的团簇中，前过渡金属原子向后过渡

[①] 王娴、林梦海、谭凯、王繁、张乾二：铌团簇和配合物的多面体分子轨道理论研究。《高等学校化学学报》，2005 年第 26 卷第 8 期，第 1497-1501 页。谭凯、林梦海、王南钦、张乾二：计算机模拟铌原子簇的稳定构型和能量性质。《化学学报》2005 年第 63 卷第 1 期，第 23-26 页。洪家岑、王娴、谭凯、林梦海、张乾二：锰团簇 Mn5 和 Mn6 几何结构与磁性分析。《化学学报》，2006 年第 64 卷第 10 期，第 1063-1067 页。

[②] Wang X、Cao Z X、Lu X、Lin M H、Zhang Q E: Structure and stability of binary transition-metal clusters(NbCo)(n)(n〈 = 5): A relativistic density-functional study. *J. Chem. Phys.*, 2005, 123（6）: 064315. 朱纯、李春森、谭凯、林梦海、张乾二：TixNiy 团簇结构的密度泛函研究。《化学学报》，2005 年第 63 卷第 19 期，第 1497-1501 页。陈健、谭凯、林梦海、张乾二：过渡金属混合簇 Nb_2Rh_2 的密度泛函研究。《化学学报》，2005 年第 63 卷第 21 期，第 1957-1961 页。

金属原子转移电子，团簇内为离域金属键，电荷平均分布。而在一些平面或线形结构中，出现电子局域现象，即结构中出现强弱交替键，前后过渡金属原子间电荷传输被阻挡，前过渡金属可保留较多电荷。

二元非金属团簇[①]：对 CsC_n^-（n ≤ 10）团簇、CnF_3^-（n ≤ 9）团簇等进行密度泛函（B3LYP）方法研究表明，基态的 CsC_n^- 团簇构型，基本是以 Cs 为中心，C_n 碳链形成一个扇形，簇拥着 Cs 原子。碳原子为偶数时，碳链的键长和键序类似多烯烃，碳原子的电荷集居，呈奇偶强弱交替出现。C_nF^{3-} 团簇中碳原子为奇数时，最稳定构型为 C_n 形成碳链，三个氟原子在一侧；碳原子为偶数时，两个氟原子在 C_n 形成碳链的一侧，一个氟原子连接在碳链中。随着能量升高，碳链的支链越来越多。能量较高时，碳链形成环。还用密度泛函方法讨论了氧化铝团簇单笼与嵌套笼的稳定性。经优化获得的单笼 $(Al_3O_2)_n$，例如 $(Al_3O_2)_{10}$、$(AAl_3O_2)_{42}$ 它们的 HOMO-LUMO 轨道能隙分别为 3.44eV 和 3.74eV；而嵌套结构的 $(Al_3O_2)10@(Al_3O_2)_{30}$ 每个氧化铝单元分别比单笼时结合能降低 0.67 和 0.59eV。这种中等大小的嵌套结构已达到纳米颗粒，期待它们有更独特的性质。论文发表在国际刊物上。

由于吕鑫在国际权威刊物连续发表了多篇关于碳纳米管、碳富勒烯等研究文章，国际著名综述杂志《化学评论》（*Chemical Review*），邀请他撰写一篇这方面的综述，这是该杂志发表的第一篇第一署名单位为中国大学的文章。文章一发表，马上引起国家基金委的关注，吕鑫很快获得"国家杰出青年基金"。也就是说张乾二这个重点课题，不仅出成果，同时也培养出了人才。

"低维纳米体系量子限域效应的研究"课题历时五年。在纳米基础研究大课题中，首席科学家每年组织课题汇报，同时这也是一次学术交流。

[①] Qi J Y、Dang L、Chen M D、Wu W、Zhang Q E、Au C T: Density Functional Theory Study of CsCn-（n=1-10）Clusters。*J Phys. Chem. A*，2008，112（48）：12456-12462。Qi J Y、Liang H、Chen M D、Wu W、Zhang Q E、Au C T: Density functional theory study of CnF_3^-（n=1-9）clusters。*Int. J. Mass Spectrometry*，2009，282（1-2）：56-63。Gu Y B、Di Q、Lin M H、Tan K: Theoretical study of medium-sized clusters of $(Al_2O_3)_n$ - From single cage to core-shell cage。*Compt. & Theo. Chem.*，2012，981：86-89。

理论物理与理论化学人员相互交流，化学人员可获知理论物理近年的进展，看能否应用于化学领域；理论物理的人员向化学人员了解化学键的一些概念；理论研究人员与纳米合成的实验人员交流合成纳米材料与研制纳米应用器件。不同领域的研究人员交叉讨论，常会激发出一些新思路，产生新的合作，达到较好的效果。最后在结题时，张乾二课题组任务完成得较好，受到了表扬。

整合福建研究力量　探索国际前沿课题

福建省、广东省迈步于改革开放的前沿，福建省又与台湾省仅一水之隔，福建省科技厅在新世纪到来之时，也有许多新的规划和期望。化学是福建的强势学科，厦门大学化学系创立八十年，培养的几万名化学人才大多在福建工作，有的还在中国台湾、东南亚发展。而且化学作为一门基础学科，在新世纪大力发展的信息、材料、生命等学科发展中将起重大作用。厦门大学理论化学队伍研究领域宽阔，涵盖理论化学的方方面面，既有理论方法（主要研究价键理论及其程序化），又有各种应用研究，如对固体表面吸附、纳米团簇结构与性能、生物大分子金属酶活性等研究；福州大学理论化学队伍长期开展固体表面吸附、过渡金属能带、催化剂性能与结构等研究；中国科学院福建物质结构研究所理论组近年来成功开展对二阶、三阶非线性光学材料的理论研究。

张乾二分析了这些情况，为了整合福建省的理论化学力量、冲击国际前沿课题，他联系了物构所程文旦（物构所书记）、福州大学化学化工学院李俊篯（化院院长）等这些福建省理论化学人才比较多、研究力量比较强的单位，讨论新世纪的发展规划。由张乾二牵头，三个单位联合起来，向省科技厅申请了一个重大基础研究项目"量子化学组合方法及其对复杂体系的理论研究"。科技厅看到申请人员由院士领衔，十二位教授级科研人员加盟，几十名博士、硕士参加，声势浩大、力量雄厚，破天荒地给了一百万元资金的重大课题（项目编号为2002F010），时间由2002年7月开始，到2004年12月结题。

为了方便课题的管理与交流，也为了加强海峡两岸理论化学界的交流，2002年11月厦门大学理论化学研究中心成立。成员主要包括厦门大学、福州大学、物构所理论化学人员，其中一位院士（张乾二）、十位教授（包括多位国家杰出青年基金获得者）的固定人员与多位客座人员。进行了理论方法研究，包括从头算的分子轨道－密度泛函－价键理论的联合方法、建立静态与动态结合的价键－分子力学－分子动力学的联合方法等；同时进行了各个领域的应用研究，包括用密度泛函方法对生物体系固氮酶活性中心的机理研究，对蛋白质分子酶催化机理的研究；用自编的程序对新材料如非线性光学材料性能的理论研究、预测有机固体、金属酞青、碳纳米管等的光学性能；系统研究了探针分子 O_2、CO、Cl_2 等、在金属、氧化物及功能材料等固体表面的吸附情况，探索了其中一些反应机理。

经过两年多的研究，课题组在以下几个方面做了许多工作：

图 11-2　厦门大学理论化学研究中心主要成员（前排左起：吴安安、曹泽星、张乾二、吴玮、吕鑫，后排左起徐昕、莫亦荣、陈明旦、林梦海。资料来源：厦门大学理论化学中心提供）

图 11-3　张乾二（右）与福州大学院士魏可镁
（2006 年 5 月。张乾二提供）

理论方法研究[①]：在量子化学计算中，建立局域多组态方法，并与密度泛函方法、价键方法相结合，形成量子化学从头算水平的分子轨道－密度泛函－价键（MO-DFT-VB）联合方法；发展半经验的价键方法与分子力学方法结合，形成组合方法 seVB/MM。在此基础上再和分子动力学结合，建立 VB/MM/MD 组合模拟方法。更重要的是在研究基础上编写了从头算非正交基的价键程序 XMVB，该程序既包括了价键程序中的 VBSCF、BOVB、VBCI 等计算功能，还具有将价键方法与分子轨道方法、密度泛函方法联用的 VB-DFT、VB-MP2 等。该程序在计算速度、计算功能、用户界面等方面较 XIAMEN99 程序有较大改进。同时计算已实行并行化，可提高计算速度。该程序已提供给中国、以色列、美国、法国、德国、西班牙、澳大利亚等国同行使用，成为国际上使用最多的二个非正交基价键从头算程序之一。

复杂生物体系与药物分子的研究：课题组应用理论化学组合方法，对复杂的金属镁体系（如氢酶、固氮酶、甲烷单氧酶等）中的活性中心各种效应进行深入研究，并对氢酶等体系建立包括多种相互作用的组合势模型。从而研究一些具有代表性的生化反应，如核酸酶催化 RNA 水解、氨基酸聚合成多肽等。另外，对蛋白质分子中的酶催化机理、戒毒药物分子

---

① Song L C、Wu W、Zhang Q E、Shaik S：A practical valence bond method：A configuration interaction method approach with perturbation theoretic facility。*J. Comp. Chem*，2004，25（4）：472-478。Song L C、Wu W、Zhang Q E、Shaik S：VBPCM：A valence bond method that incorporates a polarizable continuum model。*J. Phys. Chem. A*，2004，108（28）：6017-6024。Song L C、Mo Y R、Zhang Q E、Wu W：XMVB：A program for ab initio nonorthogonal valence bond computations。*J. Comp. Chem.*，2005，26（5）：514-521。

设计等，运用理论化学组合方法进行了不同层次的研究。系统研究了只有铁的固氮酶与分子氮的相互作用，计算结果支持实验关于 Fe-Mo-cofactor 结构和氧化态的结论。① 固氮酶中 Mo 中心作为底物，结合位置的先决条件是高柠檬酸双齿配体首先开环，开环过程与过渡中心的氧化态有关，高柠檬酸的质子化可调控自旋态的变化，这一结果对认识酶催化机理具有重要意义。②

非线性光学材料研究：开展基于第一性原理的晶体能带理论计算，并结合非谐振模型，研究周期性扩展体系的非线性光学性质。研究中自行设计并编写了计算非线性光学材料极化率的软件 BGP 程序。与高斯程序输出信息直接接轨，计算了有机固体 2-甲基-4 硝基胺、硅烷、金属酞青、碳纳米管等。③ 在各种非线性光学材料的计算基础上总结出：当体系处于激发态、低对称性、自旋多重度等情况时，会加强非线性光学性能。研究过程中申请发明专利两项，已授权一项。

固体表面吸附现象的理论研究：用密度泛函理论系统研究了探针分子 O_2、CO、Cl_2 等在不同固体表面吸附情况。先后比较了 O_2 在 TiC、GaN 等重要功能材料表面的吸附；CO、Cl_2 在氧化物 MgO(001) 表面，CO_2 在 ZnO(1010) 表面，CN 在 Cu(100)、Pt(100) 表面的吸附情况。讨论它们的吸

---

① Cao Z X、Wan H L、Zhang Q E：Density functional characterization of N2 dissociation on the step of ruthenium clusters。*J. Chem. Phys.*，2003，119（17）：9178-9182。Cao Z X、Jin X、Zhang Q E：Density functional study of the structure of the FeMo cofactor with an interstitial atom and homocitrate ligand ring opening。*J. Theo. & Comp. Chem.*，2006，4（SI）：593-602。

② Cao Z X, Zhou Z H、Wan H L、Zhang Q E：Enzymatic and catalytic reduction of dinitrogen to ammonia: Density functional theory characterization of alternative molybdenum active sites。*Int. J. Quant. Chem.*，2005，103（3）：344-353。

③ Li X D、Cheng W D、Wu D S、Zhang H、Gong Y J、Lan Y Z：Theoretical studies on photophysical properties of fullerene and its two derivatives（C-60，$C_{60}COOCH_2$，$C_{60}COOHCH_3$）。*Chem. Phys. Letters*，2003，380（3-4）：480-485。Cheng W D、Wu D S、Zhang H、Li X D、Chen D G、Lang Y Z、Zhang Y C、Gong Y J：First principle treatments on site-and size-dependent supermolecular interactions and nonlinear optical properties of polymer of 2-methyl-4-nitroaniline。*J. Phys. Chem. B.*，2004，108（34）：12658-12664。Wu D S、Cheng W D、Zhang H、Li X D、Lan Y Z、Chen D G、Gong Y J、Zhang Y C：Chirality-dependent absorption and third-order polarizability spectra in open single-wall carbon nanotubes。*Phys. Rev. B.*，2003，68（12）：125402。

附、解离及能级的态密度图，为模拟异相催化现象，探索新型催化剂打下理论基础。在国内外主要杂志发表了十几篇论文。[1]

重大课题结题时，课题组已在国内外主流杂志上发表了近百篇高质量论文，其中影响较大、被多次引用的达二十多篇；提交了一个价键从头算程序，还有两个专利。福建省科技厅与厦门大学有关领导都觉得课题完成得很好，可以申报奖励，后因种种原因未申报。

邀请专家来厦讲学

张乾二站在学科发展的高度，常常思考厦门大学理论化学研究团队缺乏什么。在中国科学院，张乾二结识了清华大学理论物理方面的专家陈难先。张乾二回忆道："陈难先先生是一个思想方法很'怪'的人，他发表的关于'反问题'的文章在国际上有相当影响：他认为我们测量到的是一个物体的宏观性质，而物体的宏观性质是微观的原子、分子性质的一个反映，如何了解它的微观性质，这种就是他的'反问题'。他当时主要解决一些物理化学中的核辐射问题，后来他思索解决分子间团簇的结构是决定于分子间的作用力，反之我们知道团簇了，看看有没有办法能反过来知道分子间的作用力。"[2] 对一些结果很明显而开头无处下手的课题，陈难先尝试从结果反向推导过来，这是一个很好的方法。张乾二请他来厦门大学，为研究组的教师、学生们讲课，大家听了他的讲座，觉得思维方法十分新颖，很有启发作用。陈难先做过渡金属元素的势函数后，为进一步模拟

---

[1] Zhang Y F、Li J Q、Liu Z F: Selective oxidation of the TiC（001）surface by O_2: Determined by the surface states。*J. Phys. Chem.B.*，2004，108（44）：17143−17152。Ding K N、Li J Q、Zhang Y F、Wang W F: A DFT study for the coadsorption of Na and NO on TiO_2(110) surface。*Chem. Phys. Letters*，2004，389（4−6）：255−260。Xu Y J、Li J Q、Zhang Y F、Chen W K: The adsorption and dissociation of C_{12} on the MgO (001) surface with vacancies：Embedded cluster model study。*J. Chem. Phys.*，2004，120（18）：8753−8760。

[2] 张乾二访谈，2012年11月28日，厦门。资料存于采集工程数据库。

金属材料做准备，他先研究过渡金属团簇，想"反向"推出金属间相互作用势。座谈中听说厦门大学张乾二课题组在研究前后过渡金属团簇，他也很感兴趣，希望两校以后可以开展合作。后来张乾二课题组的博士、年轻教师也到清华大学向陈难先请教，得到他许多指点。

图 11-4　与林圣贤（左）、鄢国森（右）同游南靖土楼（2012年。张乾二提供）

张乾二考虑到光谱学理论是量子化学很重要的一个研究对象，"一些老前辈如吴征铠先生，卢嘉锡先生跟唐敖庆先生，都主张光谱学不能只搞对谱线，国内一定要培养光谱学理论人才。现在我们讲很多光谱，红外光谱、拉曼光谱等，

图 11-5　理论化学研究中心的研究生们（2004年。前排左起李春森、陈健、许雪飞、曾阔、王娴、郭丛、朱纯，后排左起曹志霁、苏培峰、夏飞、徐滨、洪家岁、林永辉、柯宏伟，苏培峰提供）

但是我们对光谱学理论都不甚了解。"[1] 张乾二听说台湾"中央研究院"原子分子科学所的林圣贤在光谱学理论方面很强，国际上有一定的影响，先让青年教师曹泽星到那里学习。回来后得知林圣贤做学问很严谨，在原子、分子光谱方面造诣很深，张乾二觉得应该请他来厦门大学讲学，让更多的人得益，便发出邀请，希望他能来深入浅出地为研究生讲授光谱学的

---

[1]　张乾二访谈，2012年11月28日，厦门。资料存于采集工程数据库。

问题。林圣贤很快就决定来厦门讲学,他到厦大后,看到有如此多的研究生在做理论研究,讲起课来特别有干劲。林圣贤对分子光谱做了基本介绍后,先后做了"时间相关的微扰方法"、"波尔－奥朋海默近似"、"双原子分子的运动"、"分子光谱原理"、"介质中的吸收光谱"、"密度矩阵方法"、"分离体系的Master方程"、"量子束的理论处理"等讲座,连续讲了一个月。在后来的交流中,他了解到大陆由于新中国成立后很长一段时间没有与外界交流,因此那段的科技书籍、理论化学方面的杂志都不太全,而他在美国这方面资料很充足。现在他年事已高,决定把这些资料送给厦门大学,张乾二与学生们听到这个消息后都十分高兴。不久,林圣贤就把他的书籍与杂志用集装箱运来厦门。张乾二与研究组赶快腾出一间实验室,定制了二十几个大书柜,把这些书籍、杂志陈列在书柜里,一间实验室还放不下,还有几个书柜就摆在走廊里。

张乾二在与研究生的交谈中发现,最近几届研究生的理论基础较差,特别是原来厦门大学理论化学的强项——群论基础薄弱。但张乾二遭遇车祸后,精力、体力都较差,无法长时间给学生上课。这时他想到了好朋友、当年在长春吉林大学讨论班的同学鄢国森,听说他在四川大学虽已退休,但平时还给研究生上课。张乾二便打电话给他,询问是否有时间来厦门大学讲学。鄢国森回答,安排一下时间就可以。

过了两个月,鄢国森便来厦门了,虽然他已八十几高龄,可是精神抖擞,步伐快捷。他准备在厦一个月,每周上两次课,一次两小时。厦大课题组担心对一位耄耋老人,这样高深的理论课,是否强度太大。鄢国森却说没问题。他一开始上课,就进入状态,精神振奋,讲到群论的旋转群、置换群等,滔滔不绝,如数家珍,讲课逻辑思维清晰,条理清楚,说话又风趣,很受学生欢迎,小教室都挤满了人。鄢国森利用事先准备好的投影薄膜,从置换群的定义开始,介绍Young图Young表,再讨论置换群的内积、外积……用简洁明快的语言,将群论的核心知识传授给学生。张乾二十分欣慰,终于给学生补上了这门课。

此外,张乾二觉得厦大研究团队只有价键理论的人才,还缺乏密度泛函方面的理论人才。在量子化学学术会议上,他发现中国科学技术大学的梁万珍在密度泛函理论方面研究有深度，张乾二便想引进这名人才，但中科大不愿意放人。张乾二经过进一步了解，发现她的丈夫赵仪也是搞理论化学中反应动力学方面的，也是厦大缺乏的人才。张乾二就先把赵仪调到厦大，过了几年，梁万珍也终于调来了。

因材施教　注重人才培养

张乾二不仅重视科研任务的完成，更关注研究生的培养，不仅关心自己的学生，还关心整个量子化学方向的研究生。他已不承担行政职务，空闲时常到研究生的实验室走走，了解他们学习、生活各方面问题。张乾二经常告诫学生，对问题首先要有一个看法，然后再做计算验证自己这个看法对不对。实际上做理论研究时，思考要跟计算互动，想想看算算看，算完了再验证自己的想法对不对，不对了再改别的想法。当时有一个博士生在做前后过渡金属团簇的电子结构理论研究，而用于计算的阿姆斯特丹密度泛函程序 ADF 还有些缺陷，在计算四面体体系，本应该群分解出 A 和 T 不可约表示，但它却出现错误结果。张乾二让他按照正四面体理论分析做做看，学生回答理论分析可以了，但是跟他计算机算出来的分子轨道对称性标号不一样。张乾二一看结果就知道程序有错，后来写信给欧洲程序公司，他们也承认有错误。张乾二知道北京大学黎乐民在研究稀土材料时，对该程序进行了改写，就与他联系，让博士生到北京大学去学习一学期，用他们编写的北京密度泛函 BDF 程序计算。

张乾二带过许多博士生，有的学生数理、化学基础都很好，张乾二很快就带领他们开展科研工作；有的学生数理基础一般，但化学直觉较好，他就引导学生用量子化学原理去解释化学现象，或是用化学知识来研究生命科学、材料科学的一些问题，也取得很好的效果；而有些学生是物理系毕业的，数理基础很好，但缺乏化学知识，张乾二就要求他们补上这方面知识。在科研过程中，有的学生虽然很努力，但基础一般，科研进展较

图 11-6 张乾二（左）指导研究生夏飞（中）、许雪飞（2002年。资料来源：张乾二提供）

慢，产生畏难情绪，张乾二就带着他做科研。这个学生的课题是应用角动量理论方法，研究双粒子作用能的群重叠积分。因为现在高斯函数都是应用复函数，复函数的方法表达化学键的性质不直观，所以要用实函数。张乾二带着学生把研究做出来了。他的工作归纳起来，就是把以前复函数的问题转化为一个实函数的问题，这工作后来被国际上广泛使用的量子化学计算"高斯程序"所引用。

到了新世纪，由于理论化学专业就业前景较差，研究生的生源由本校好学生逐渐降为外校（主要是师范院校）毕业生，专业基础明显较差。张乾二本着对学生本人和国家负责的精神，要求这些学生要补好基础，要求他们好好学习量子化学。他拿一本书让学生自己读，要求他们将每周读过的书讲给自己听，再进一步为学生总结这一章的重点、难点。通过这样一对一的教学，学生打下了扎实的理论基础，之后在科研中进步很快，做出了不错的成果。有个学生毕业后到国外做博士后，因为能干，被导师一直留在身边。

张乾二重视对年轻学者多方位的培养，不仅培养科研能力，也要求有教学能力。毕竟知识是通过教师代代相传的，好的老师不仅传授知识，还能激发学生的求知欲和创造性。张乾二不仅希望自己的学生成为有贡献的科学家，还希望他们是优秀的教师。他曾形象地描绘感悟知识的三个层次：第一层是通过学习获得知识；第二层是利用学到的知识从事科研工作，获得新的知识；第三层也是最高境界，是将知识传授给学生。这是他从教几十年的切身体会，也是他对年轻教师的殷切期望。

对于20世纪50年代卢嘉锡开创、张乾二接班为本科生讲授的"物质结构"课程，卢嘉锡精心选择教材、撰写教案，并建立模型室，使学生受益匪浅。卢嘉锡还把许多研究生送到全国各地，之后又举办了"物质结构"讨论班，为全国培养了一批结构化学人才。60年代张乾二手把手培养林连堂讲授"物质结构"，使他成长为出色的教授。70年代末以来，胡盛志、施彼得（卢嘉锡早期研究生）、林连堂、王银桂先后讲授，不断丰富和完善教学内容，并出版了《原子结构》、《分子结构》等教学参考书。到了90年代，该课程改称"结构化学"，由中年教师林梦海、林银钟接班讲授，教材中又增添了一些新的科研成果：在分子结构方面，增加了"休克尔矩阵图形方法"、"配位场理论"、"原子团簇"等内容；在晶体结构方面，增加介绍80年代发现的"准晶"、"非晶态金属材料"和当前运用广泛的"液晶"等。

经过半个世纪的积累，张乾二觉得有必要将教材整理成书。他鼓励林梦海等将《结构化学》教材写出来，自己很仔细地审阅了初稿，指出了不足之处。2004年《结构化学》教材（林梦海、林银钟、张乾二）由科学出版社出版第一版，立即被多所学校选为本科生主干基础课教材。陈明旦、林银钟带领研究生将教材主要内容、思考题、习题、晶体结构视频等制作为多媒体光盘，附在书后。尤文焕制作的分子、晶体模型不仅满足本组教学需要，还为化学化工学院许多实验课题组科研需要提供模型，有时还为兄弟院校加工晶体模型。教学组还制作了教学网站，将多媒体教材、结构化学模型、习题及答案、考卷等放在网站上，供全国同行、学生交流使用。研究生们经常在网站上与外校学生讨论结构化学问题，解答他们的疑难问题。2004年"结构化学"课程被教育部评选为第一批国家级精品课程。

因公遭遇车祸　大伤元气

2006年教师节，厦门市领导因为庆祝教师节，邀请厦门大学教师参加，以院士为代表。9月11日下午，学校办公室派了两辆轿车接送六位院士赴会。晚上宴请完已是八时多，其中一辆小轿车载着张乾二等三位院士回校。当这辆车行到白城门口、行人天桥下，小车违规左转要开进白城厦大校门。这时有一辆大土方车从东边直道行驶、飞驰而来，小车被拦腰撞上，还打了个转。土方车也停了下来，还好是空车，否则后果更可怕。小车司机赶忙打110呼救。急救人员赶到时，坐在副驾驶位的院士虽清醒，但浑身不能动弹（后因颈椎神经断裂、全身高位截瘫而去世）；后座左侧院士昏迷不醒，后座右侧的张乾二，位置正处在土方车撞击处，伤得最重，浑身是血，重度昏迷。三位院士立即被送到厦门第一医院ICU病房抢救。

消息迅速传到福建省和厦门市政府、教育部、中国科学院，引起上级有关领导的高度关注。大家纷纷指责厦门大学领导：难道厦大只有两辆轿车？学校领导也觉得非常内疚，学校一位副书记与校办主任日夜守在医院。医院提出要什么设备，学校就马上购买；医院提出要聘请北京、上海的哪位名医，学校就通过教育部、中科院出面邀请。这些专家、名医都是大忙人，白天都要看病、动手术，只有晚上才有空闲飞来厦门。他们来后立即对重伤病人进行检查、诊断后马上手术，直忙到凌晨，休息四五个小时后又再飞回去，也十分辛苦。

三位院士中，张乾二伤得最重，前后肋骨多处撞断，伤口多处出血，脑部重度震荡并有轻度积液。撞击时他马上昏迷了，送到医院抢救一段时间后，才慢慢苏醒过来。他隐约听到医生在交代护士："一定要鼓励他活下去的信心"。护士正推着他向急救病房走去，他就问护士去哪里，护士回答去病房，张乾二竟开玩笑地说："不是去太平间啊？"护士就对医生说："没问题，他已经会开玩笑了。"张乾二醒来后觉得浑身都非常难受，也不知道是哪里受伤，稍微动一下，钻心的疼痛又立刻使他昏迷过去。小儿子张洪进去探望时，看到他稍微一动就疼得脸都变了形，感到很难过，一直掉眼泪。

在抢救的一个月，医院下了数次病危通知书，其中一次是伤口出血凝固，将肺叶"糊住"，开始还能用呼吸机协助他呼吸，后来连呼吸机都失效了，医生只好切开他的气管清洗肺部。当时张乾二的情况十分危急，夫人、亲属都在病房外为他祈祷。教研室的老师、学生虽然不能进去探望，但都守在病房外，看有什么需要帮忙。教育部派专人来厦看望，中科院派人来厦探望，省市领导多次来医院解决实际问题。张乾二出车祸的消息传到互联网上，远在美国、加拿大、德国、以色列、日本等国的学生纷纷发来慰问电，国内更是许多同行、熟人不断询问。张乾二的病情牵动多少人的心！

经过第一医院ICU病房医生、护士全力医治，也幸亏他有强壮的体魄，张乾二终于从病危中被抢救过来了。学院领导进去探视时，张乾二传出来的第一句话是"我研究生的研究方向不要变"。即使在病床上，他想的还是学生与科研。三个月后，他终于可以出院了，但暂时还不能回家，先在武警疗养院疗养一段时间。

回到家中，张乾二觉得身体大不如前，走路不稳，似乎脑子指挥不了腿脚。咨询医生后，医生认为是神经受损所致，只能慢慢恢复。同时医生安慰他说："你是受伤与衰老同时出现，所以感觉特别明显"。曾任化学系总支书记的刘正坤来看望他，以自己为例鼓励他：刘正坤曾身患多处肿瘤，每次手术、化疗后，连腿都迈不开，但她咬紧牙关、坚持走路锻炼，一次次战胜了病痛，恢复了健康。张乾二听后，也开始锻炼，开始每天走一小段，慢慢地可以走远一些。有时走不动，只好坐在路边上；有时一个低低的坎，脚迈不过去，就摔倒了。但他仍不断地坚持锻炼，又过一段时间，可以走楼梯了。再过一段，张乾二终于可来化学系上班了，学校办公室每天派小车接送他。

海峡两岸学术交流

21世纪来临，已是古稀老人的张乾二常思考一个问题，同是中华儿女，台湾什么时候才能回到祖国怀抱。福建，特别是厦门，与台湾仅一水相隔，语言、习俗相同，血缘相近，自古常来常往，只是近几十年来由于政治隔阂而疏远。20世纪90年代，张乾二曾与厦门大学化学化工学院几位院士一起访问台湾，发现海峡两岸虽然相隔咫尺，但来往手续十分麻烦，以至相互间十分陌生，反而远不如我们对欧美的熟悉，而近年台湾某些领导人刻意加强两岸的对立情绪，更是使亲者痛仇者快。

张乾二身为全国政协常委，深感有必要为加强两岸的沟通出把力，他想通过举办两岸学术交流会来加强沟通，这时他想到自己熟悉的台湾"中央研究院"原子分子研究所所长林圣贤。林圣贤生于台湾，早年留学美国，前些年随诺贝尔奖获得者李远哲回台，在化学界有相当的号召力。张乾二与林圣贤联系后，发现他也身有同感，两人随即一拍即合，商定在适当的时候举办海峡两岸理论化学研讨会，并决定第一次会议就在大陆的厦门举办。①

当时张乾二承担的国家重点课题"低维纳米体系量子限域效应的理论研究"，有国际学术交流部分，他就在此基础上，再申请了一个国际合作项目"复杂体系电子激发与电荷传递的理论研究"。②合作条件是：厦门大学理论化学研究中心拥有一名院士、七名教授在内的十名固定研究人员和四名客座研究人员，是我国理论化学的中坚力量。研究领域包括化学键理论与计算方法研究，纳米团簇、分子光谱与光化学、固体表面吸附、生物大分子体系的理论研究……几乎涉及理论化学的各方面。合作方式是通过林圣贤院士，不仅邀请"中研院"、台湾大学的同行，还邀请台湾其他院校的学者，特别是台中、台南、高雄等地的学者来厦门短期合作研究。台湾理论化学学者若来厦门大学，定能找到科研合作伙伴，更重要的是能亲身感受祖国的温暖和同胞的亲情，加深对大陆的理解。台湾"中研院"的原子分子研究所在林圣贤等的带领下，光谱研究处在国际前沿位置。大陆学者在那里合作研究，可在理论化学、特别是分子光谱研究方面获得很大提高，同时还可以达到加深两岸同胞感情、加强民间学术交流的目的。

---

① 林圣贤访谈，2012年8月8日，西安。资料存于采集工程数据库。
② 国际合作项目"复杂体系电子激发与电荷传递的理论研究"申请书，2004年。

接下来就是具体的筹办工作。张乾二想，一定要让台湾化学家看到福建最美的地方，因此决定将会议地址选在世界自然与文化双遗产的武夷山。首先将这一决定报省、中央对台办有关领导，获批后再准备邀请的人员。考虑到是第一次举办，规模不宜太大，会务组通过网络选取了台湾大学、台湾"中研院"、台湾师范大学、"清华大学"、"交通大学"、"中山大学"、淡江大学等十几个单位、二十几名理论化学家。先报送对台办等单位审批，获批后再将名单通过网络传送到台湾林圣贤处，由他代发邀请。

2006年6月，第一届海峡两岸理论化学会议召开了。会址选在武夷山景区，旅馆安排还得到福建省委组织部的帮助。大陆代表以厦门大学理论化学研究中心成员为主体，邀请了南京大学、物构所、北京大学、中国科学技术大学、山东大学、福州大学等单位的理论化学家。本来邀请了台湾省二十几位代表，由于种种原因最后共十几位代表成行。他们绕道香港，经过七八个小时飞机接力，才来到厦门，过夜后再从厦门飞往武夷山。

台湾省的代表大部分第一次到大陆，不免有既新奇又紧张的情绪。他们全都是第一次到武夷山，武夷山青山绿水、空气清新，使他们紧张的心情一下放松了。[①] 学术会议进行了两天，台湾来的学者，有的报告了分子光谱的理论研究，有的介绍了用分子模拟研究材料，还有代表报告分子设计的理论研究。大陆代表有的报告价键从头算程序设计，有的报告非线性光学材料的理论研究，有的介绍固体表面吸附的理论研究……学术会议讨论之余，代表们泛舟九曲碧波，攀登天游奇峰，深深为祖国的大好河山所陶醉。同样的文化渊源、同样的语言、同样的学术领域，两岸学者相识后，有聊不完的话题，讨论不完的课题。回程经过厦门时，有些代表就询问"同仁堂"药店在哪儿，他们慕名采购了不少中成药。他们看到大陆发展很快，城市繁华，生活水平也很高，完全不是他们想象中落后贫穷的样子，纷纷感慨。两岸代表相约：两年后台北再见。

---

① 林圣贤访谈，2012年8月8日，西安。资料存于采集工程数据库。

图 11-7　参加第一届海峡两岸理论化学会议（2006 年 6 月）

第二届海峡两岸理论化学与计算会议于 2008 年 4 月中旬在台北如期召开。张乾二因遭遇车祸，力不从心、无法前往。相比第一届，参会代表明显增多。由于在台湾召开，台湾各主要大学都派代表参会；大陆各主要理论化学研究基地也都有代表参加，如北京师范大学、南京大学、四川大学、复旦大学等，香港科技大学也有代表参加，成了"两岸三地"的会议。台湾代表到大陆要报批、转机，大陆代表到台湾也颇为不易。第二届会议由台湾"中央研究院"承办，会务组要先把邀请名单报送台湾当局批准，然后通知大陆代表；大陆代表再报送对台办，获批后到出入境办事处盖章，由于获批时已是周末，有些代表因此来不及办手续而未能成行。大陆代表到香港后，还要找到台湾的旅行社，由他们帮忙办理台湾的入境手续。

大陆代表大多是第一次赴台，对宝岛台湾既陌生又熟悉。大陆代表住在"中研院"招待所，环境不错。在招待所餐厅，厦大代表用闽南话与服务人员交流，使他们感到很吃惊，想不到大陆来的人也会讲"台语"，交谈后发现闽台两地的家常菜基本是一样的。两天的学术交流中，来自台湾的学者报告了"多系数密度泛函方法"、"生物分子模拟应用于药物设计"、"低势垒氢键的强度"等学术论文，大陆学者有的介绍"非平衡态溶液自由能的研究"，有的报告"蛋白质结构与动力学精度的发展"，还有的学者报告"用量子化学与分子力学组合研究酶反应中的氨转移与选择"等[1]。学术交流后，大陆代表参观了桃园、慈湖等地，最后从桃园机场离开台湾。

第三届海峡两岸理论化学会议 2009 年在大陆成都召开，台湾便

图 11-8　张乾二（左）与林圣贤讨论海峡会议
（2012 年 8 月。郭晓音摄）

有不少代表参加。第四届海峡两岸理论化学会议 2011 年由台湾主办，在金门举行，张乾二也出席了。开了几次海峡两岸会议，张乾二都交了不少朋友，这次有些人没参会，但还特地从台北、高雄等地赶来看望他。

第五届会议 2012 年 8 月在陕西西安进行，张乾二不顾自己年高体弱，坚持赴会。在会余，张乾二与林圣贤畅谈起办会六年来的变化[2]，不禁感慨万千。

获福建省科技重大贡献奖

2006 年 9 月，正当张乾二躺在第一医院抢救时，福建省政府准备奖励一批有重大贡献的科学家，要求各单位报送名单，厦门大学校领导与学术委员会推荐了两名中年科学家。到了省评选会上，其他学校根据各人的了解，又提了一些人选，意见差异比较大，大家觉得没有把贡献最大的科学家评选出来。领导把原来的名单推翻了，重新酝酿。

要比贡献大小，福建省内恐无人能超过厦门大学蔡启瑞。蔡启瑞从上

---

[1]　《第二届海峡两岸理论化学与计算会议论文摘要》，台北，2008 年。
[2]　张乾二、林圣贤访谈，2012 年 8 月 8 日，西安。资料存于采集工程数据库。

世纪 50 年代回国，为祖国建设需要，毅然改行从事催化研究，创立了分子催化学科，先后承担了国家十几项重大科研课题，解决了橡胶合成、苯合成等相关国计民生的重要化工产品的催化剂问题。同时蔡启瑞竭诚奖掖后学的精神有口皆碑，他不仅培养众多硕士生、博士生，而且多次举办全国催化讨论班、进修班和讨论班，为我国催化事业做出重大贡献。而对于第二位人选，评委们不禁想到了躺在病床上的张乾二，他是福建省获得科学奖励最多、奖励等级最高的科学家：先后两次参与获得国家自然科学奖一等奖，1989 年以第一获奖人获国家自然科学奖二等奖，1994 年获国家科技进步奖二等奖，此外还获得多项省、部级奖励，2001 年获得何梁何利科技进步奖。最后省里决定，2006 年福建省科学技术重大贡献奖授予厦门大学蔡启瑞与张乾二两位院士。鉴于蔡启瑞年事已高（93 岁）、张乾二躺在医院里，学校安排他们的学生到福州去领奖。省政府得知后觉得不妥，要求校长或副校长来领奖，最后由分管科研的副校长孙世刚代表两位院士前去领奖，福建各大媒体对此事都进行了专题报道。当时张乾二躺在医院里，无法接受记者的采访。过后，媒体来采访，询问张乾二搞科研有什么秘诀，才能做出这么多成果。张乾二告诉他们：

图 11-9　第五届海峡两岸理论化学与计算会议合影（2012 年 8 月西安。前排右起张增辉、吴玮、林振阳、帅志刚、杨金龙、游静惠、文振翼、张乾二、林圣贤、刘成卜、李思殿、杜鹃、杨祖培、王伯昌、严以京、高子伟、王文亮。资料来源：会议组委会提供）

科学是要有批判精神的。科学不批判就不会进步，旧的东西不批判，就产生不了新东西。所以有时候校领导来，我说你们整天讲成绩，我就喜欢讲我们的问题。我们发现问题，才能改进、提高。领导说成绩可以鼓舞我们更好的工作，我说发现问题可以更好地推动我们做科学研究，科学工作应该就是批判式的。所以说思想方法不一样，我经常跟行政人员发生冲突，所以运动来就'挨整'。现在时代进步了，以前我每个运动都是受批判的对象，都处在敌我矛盾和人民内部矛盾之间。以前我跟化学系老书记刘正坤讲，在我受批判时好在是你保护一下。①

化学系党总支执行党的知识分子政策较好，对张乾二这样的知识分子经常引导、帮助。张乾二就是经常发现问题，知难而进，才取得这么多成果的。

---

① 张乾二访谈，2012年11月28日，厦门。资料存于采集工程数据库。

第十二章
老骥伏枥 志在千里

关注学风　呼吁净化社会风气

从2006年9月遭遇车祸已两年，张乾二在医生精心治疗与自己积极锻炼后，身体有较大康复。2008年第十届全国量子化学学术研讨会在南京召开，由南京大学江元生院士主持，他盛情邀请张乾二。张乾二的身体刚恢复，要不要去参加呢？他决定还是去吧，网上传说自己车祸如何如何，"我要去南京给大家看看，恢复得不错吧"。会场设在中山陵附近的国际学术会议中心，与会代表有六七百人。

张乾二应邀在在开幕式上发言，他看到这么多人都是搞量子化学或理论化学研究，觉得理论化学形势很好，后继有人。他借此机会对年轻人提出一些希望：

进行量子化学研究，不要课题一拿来就计算。要先想想看。先考虑一下该体系有什么特点，计算结果可能是什么，计算后将结果与预测比较一下。回忆二十多年前，那时做量化研究的人比较少，计算机也很少，一些实验化学家对量子化学还是半信半疑；现在情况不同了，计算机容量越来越大，计算速度越来越快。许多实验化学家合成出一个新分子，研究一个新的化学体系，都希望你为它进行计算。有的同学没有很好思考，小分子就放进第一性原理的程序中，大体系就放到分子模拟程序中开始大算，这样做是很危险的。有的同学（包括一些老师）为了解释实验现象，甚至不顾科学性，牵强附会，实验工作想要什么结果就计算出什么结果。这种计算就像为实验外衣打补丁，不是真正的理论化学计算。好的计算应该是为实验量体裁衣，能从理论的高度去预测实验，解释实验。[1]

图12-1 张乾二在第十届全国量化会上致开幕词（2008年6月。资料来源：张乾二提供）

谈到研究生培养，张乾二认为：

现在招研究生基本上是"放羊式"的，年轻人国外学习多了，看到国外导师一个人都招很多研究生。所以有一次我跟他们说，我一个人带两个博士生就喘不过气来了，你们怎么那么厉害，可以带七八个研究生？"放羊式"就是让学生自己去学，老师对科研课题没有什么

---

[1] 张乾二：《张乾二院士论文选集》序。北京：科学出版社，2008年，代序。

主见，也没有什么研究。同学来问老师，这个问题怎么样，那个问题怎么样，老师都说你算算看，老师自己心里没有数。当然我们以前也有一个缺点，就是用我们的主观去带动他，但是我们对这个课题心中都有数，所以一直带着同学往前走，也不是任由他做。但现在年轻教师也很难，学校要成为一个重点大学，上面分配下来，比如说你化学系要培养多少研究生，你八个，他七个，是这样分配下来的。①

张乾二又对科研人员与管理人员谈他对当前一些评估体系的看法：

做理论研究，一定要沉得住气，耐得住寂寞，这是很难的。因为当前的评估体系要求一年要发表多少篇高影响因子的论文，要召开、参加多少会议，要得到多少奖励。一切待遇、科研经费都与此挂钩。搞这一套的管理人员也很辛苦，天天要统计各单位发表了多少论文，影响因子又有多大。以Nature、Science为旗帜，号召大家向这些杂志冲击，似乎在这样杂志上一旦发表论文，水平就提高了多少。许多单位还许以职称、奖金……我有一个学生到国外念书，在一个较好的生化实验室，不到一年时间就在Science发表了两三篇论文，她那时还只是个博士生。Nature、Science杂志比较关注当前的热门课题，考虑大众的阅读兴趣，是综合性的杂志。若要关心专业发展方向，还是要看专业杂志。评估一篇文章，不应只看它的影响因子，而应看它对学科发展所起的作用。做理论研究，要想创新，必须不计名利，专注一个方向，潜心研究十年八年，相信会有收获的①。

这些讲话激起了一阵阵掌声，许多科研人员觉得说出了他们想说又不敢说的话。这段话后被收录在《张乾二院士论文选集》，作为代序，张乾二又补充了一段话：

"科研中要注意建立自己的体系。选定了研究方向后，首先熟

---

① 张乾二访谈，2012年11月28日，厦门。资料存于采集工程数据库。

悉这个领域，找出该领域存在的创新点，并结合自己的强项，选择好课题。研究中要善于发现问题，持之以恒。科研中要有自己的思想，建立创新的方法，逐步建立自己的体系。①

庆祝从教六十周年

转眼到了 2008 年 8 月，是张乾二满八十寿辰的时候。但鉴于七十寿辰时发生的事，学校与院系不好说给他"庆生"。因 1948 年张乾二还是大二的学生时，就在厦门大学的校友中学任教，于是庆祝活动转为"庆祝张教授从教六十周年"。准备工作两年前就开始了，先由陈明旦组织研究生一起查资料、找文献，整理张乾二所有的论文、讲话、著作、译著；然后按照论文重要性和张乾二的参与度，及主要研究生都有一篇与之合作的论文，选择了六十篇论文全文，五十篇论文摘要，还有论著的总目录（约 380 篇）进入《张乾二院士论文集》。为追求论文集版面的美观，早期的论文全部重新录入，最近的论文也进行了版面编辑，工作量相当大。张乾二的专著《休克尔矩阵图形方法》、《多面体分子轨道》、《角动量理论与原子结构》、《配位场理论方法》和译著《分子的结构及物理性质》（俄·伏肯斯坦著）的全部目录也包含在内。林梦海则组织专著《多面体

图 12-2　在张乾二从教六十周年庆祝会上（2008 年 8 月。右为张乾二、左为洪永世。资料来源：张乾二提供）

---

① 张乾二：《张乾二院士论文选集》，序。北京：科学出版社，2008 年。

分子轨道》[1]的再版工作。1987年第一版问世后，此书受到许多同行学者的关注，他们对多面体分子轨道理论的进一步发展与应用研究充满期待。近年来大量合成的金属、非金属团簇、及过渡金属、稀土配合物提供了大量研究对象。该书第二版在第一版的基础上，又增加了张乾二课题组近年在这方面的研究结果，并对书后的附录作了较多充实，大部分附录与两个计算程序放在书后的光盘内。这两本书都由科学出版社出版，七月份印刷完毕并发行。

张乾二的中年学生吴玮、曹泽星等则争取到国际理论化学刊物为张乾二从教六十年出一期专刊。WSCP出版社发行的《理论与计算化学》(*Journal of Theoretical and Computational Chemistry*)杂志于2008年8月为张乾二教授八十华诞出版庆祝专刊。[2] 国际理论化学编委会（JTCC）特邀美国西密歇根大学的莫亦荣（张乾二的学生）为客座编辑，并向包括张乾二学生在内的国际同行发出约稿倡议。该倡议得到几乎所有研究小组的积极响应。专刊共收到三十二篇论文，涉及目前国际各主流研究方向，有很高的学术价值。

国内《结构化学》杂志也为张乾二诞辰出专刊。[3] 张乾二是我国结构化学领域教学与科研的领航者之一，早年追随卢嘉锡进行水溶液中晶体培养，90年代任物构所所长期间大力扶植原子簇化合物合成与研究，十分关心非线性光学材料的研制与发展。为庆贺张乾二的八十大寿，《结构化学》杂志出庆祝专刊，表示致敬。

张乾二从教六十周年的庆祝活动也受到厦门大学领导、校长办公室的重视，《厦门大学报》要组织专刊，由化学化工学院物构教研组具体组稿。[4] 教研组向张乾二各个时期的助手、学生约稿，林连堂写文章回忆张乾二如何手把手教他讲授"物质结构"课；王南钦回忆他如何克己待人、扶掖年轻教师成长；万惠霖回忆他为学生讲基础课的情景；郑兰荪回忆张

---

[1] 张乾二:《多面体分子轨道（第二版）》。北京：科学出版社，2008年。
[2] *J. Theoretical & Computational Chemistry*（*Special Issue*），2008年，第7期。
[3] 《结构化学（专刊）》，2008年第8期。
[4] 《厦门大学报（专刊）》，2008年8月第793期。

乾二做他博士后导师、并与他探讨问题的心得；吴玮、曹泽星、莫亦荣则回忆张乾二与他们一起搞科研所分享的乐趣；陈明旦介绍张乾二学电脑的精神。张乾二在国外的学生也寄来稿件，有的学生将他比作他们生命中的一盏灯，女博士们则祝愿他乘着歌声的翅膀，在科研的天空中翱翔。物构所专稿则回忆了张乾二在物构所当所长时的工作，并为他送上生日的祝福。林梦海根据各种资料，整理和撰写了一版张乾二的生平事迹与学术成长历程的介绍文章。

庆祝会那天，物构教研室的在职老师、退休教师、硕士生、博士生都来了，也有远在国外或贵州、浙江、江西等地的学生从外地赶来；化学系催化组、电化组的老师来了，无机、有机、物化、分析等组的老师都来了，物理系、数学系一些老师也闻讯赶来了；福州物构所开了一辆大巴，三十几人来参会；厦门第一医院当时参加抢救张乾二的医生、护士代表也来了。化学化工学院报告厅张灯结彩，院领导主持会议，校领导参加，中国科学院、中国化学会、农工民主党中央等都发来贺电。大家祝贺张乾二从教六十周年，桃李遍满天下，人享八十高寿，科研硕果累累。

家庭和睦　子女长成

张乾二逢八十华诞，家里也非常高兴，国外的孩子都赶回来了。

老伴吴肖君是化学系老教授吴思敏的女儿，原在厦门第二中学任教。20世纪70年代，在张乾二最孤独的时候，与他结为夫妻。吴肖君小时候家庭条件较好，过着衣食无忧的生活，婚后开始学做家务。后来她父母在香港患病住院，她便辞职赶赴香港看望和照顾，前后长达好几年。90年代张乾二从福州回厦门后，她基本承担了大部分家务。

特别是2006年张乾二遭遇车祸后，她天天到医院探视。为了给张乾二增加营养，她每天到菜市场购买新鲜的海鱼、鲜嫩的蔬菜，亲自做好送到医院。张乾二出院后，吴肖君把所有的家务都包揽了，不管是买菜、做饭,还是洗衣、打扫卫生,她都不要张乾二动手。有一次吴肖君不慎崴到了脚,脚脖子肿得很厉害。张乾二说我们不要做饭了,随便买些吃好了,但她坐着可滑动的椅子,坚持到厨房做饭。

吴肖君也已七十多岁了,但洗地板、擦窗户等体力活,她还坚持自己做。亲戚、朋友都劝她请个钟点工,可以轻松许多。但她说,这样既可以锻炼身体,又可以做家务,一举两得。

张乾二逢八十大寿,大儿子张洵一家从加拿大赶回来了。大儿子1977年考上厦门大学数学系。1982年本科毕业后,考取本校张鸣镛的研究生,跟着导师研究函数论。毕业留校工作一段后,80年代末赴加拿大麦克马斯特大学留学。由于国外不承认国内的学位,张洵又从硕士读起,获得博士学位后,做了几年博士后。但国外基础学科、纯理论的学科很难找到工作,张洵只好又去读了三年应用数学－统计学,

图12-3 张乾二与家人(2008年。左起夫人吴肖君、张乾二、长子张洵。资料来源:张乾二提供)

图12-4 张乾二与女儿张影(右)、外孙女合影(2005年。)

现在一家大型医院的研究所作研究。大儿媳原来学医，1991年才出国，在一家医药公司工作。大孙子也已经大学毕业了，这次都一起回来给爷爷祝寿。

女儿张影一家也回来了。张影1978年考上福州大学化工系，毕业后回到厦门。1986年随丈夫去英国留学，后又去德国、1990年带着刚出世的女儿回来。1991年赴美国，现在美国芝加哥大学的生物研究所工作。女婿是罗马尼亚裔，在芝加哥银行工作。外孙女大学艺术专业毕业了，但在国外艺术不好找工作，她现在又到英国牛津大学攻读金融学位，这次也回来看望外公。

图 12-5　张乾二与家人合影（2008年。左二长子张洵、右为次子张洪一家。资料来源：张乾二提供）

小儿子张洪出生时，正逢十年浩劫，张乾二被关进"牛栏"，张洪只好放在外婆家，后来才接回来。张洪很喜欢踢足球，厦门二中毕业后也就读福州大学化工系，之后回厦门工作，现在厦门污水处理厂工作。小儿媳原来做会计，生孩子后就在家相夫教子。小儿子一家与张乾二同住一栋楼的楼上楼下，张乾二的两次意外都多亏小儿子一家照应。平时小孙子常上楼看爷爷、奶奶。小儿媳就教育小孙子，好好向爷爷学习，将来要做个对国家有用的人才。现在小孙子也上中学了。

饮水思源　怀念恩师

大家在为自己从教六十周年庆祝活动而忙碌时，张乾二不禁回忆起带

图 12-6　在卢嘉锡学术思想研讨会暨卢嘉锡科学教育基金颁奖仪式上致辞（2005 年 10 月）

领他走上科学道路的两位恩师。① 早在 20 世纪 50 年代，自己刚考上厦门大学化学系，系主任是卢嘉锡。当时卢嘉锡才三十多岁，已是国内知名教授。张乾二刚上大学时，认识了卢嘉锡这样一位学识渊博、才华横溢的学者。卢嘉锡讲起课来生动活泼、见解独到，板书格外工整清晰，课堂常座无虚席，许多外系的学生慕名来听课，甚至有些教授也来听课。作为系主任，卢嘉锡也很关心学生，得知张乾二经济较困难，数学又比较好后，在其人二时就介绍他到厦门大学校友中学教书。那是 1948 年，张乾二登上校友中学讲台讲数学，迄今已六十年了。1951 年张乾二大学毕业前，到福州参加福建省高等学校应届毕业生集训班，学习三个月。课余时间中观看苏联影片《乡村女教师》，于是张乾二就将"到农村去当中学教师"填到毕业后工作志愿中。而卢嘉锡慧眼识人才，把他招到自己门下当研究生。

读研究生后，跟卢嘉锡的接触就更多了。卢嘉锡在无机化学、有机化学方面的造诣很深，因此化学直觉非常强。当他接触一个化学问题时，在还没深入研究之前，先分析一下，基本便可以估计出问题的结果。卢嘉锡是数学功底很深的化学教授，却经常告诫学生，要学会对事物进行"毛估"，常说"毛估比不估好"。处理问题时要先估计可能的结果，避开繁琐的计算，快速抓住问题的本质，必要时再进行计算，这样可提高效率，避免犯方向性错误。张乾二在做学生时，卢嘉锡知道他有一个缺点：对于 A+B=C 这样的逻辑推理，张乾二往往完成得很出色；但如果是具体的数

---

①　庆祝张乾二院士从教六十周年，《厦门大学报（专刊）》，2008 年 8 月第 793 期。

字计算，却反而会出错。所以以后凡是有数字计算的地方，卢嘉锡就会留给张乾二做，以锻炼他的计算能力。后来在做理论研究时，张乾二的计算能力发挥了很大的作用，经常能从数字计算的结果中发现规律。

卢嘉锡要求学生记住一个奇特而有趣的结构式——C_3H_3，即 Clear Head（清醒的头脑）、Clever Hand（灵巧的双手）、Clean Habit（清洁的习惯）。回忆往事，张乾二觉得自己这方面达不到老师的要求。毕业后当助教，经常跟着卢嘉锡做一些实验仪器，如 X 射线衍射仪的回转照相机等。在当"物质结构"课程的助教时，卢嘉锡设计了一个钻孔器，张乾二跟着做了许多分子结构、晶体结构的教学模型。

20 世纪 80 年代末，张乾二到物构所任所长，卢嘉锡任中国科学院院长，他们之间又有很多的接触机会。对于卢嘉锡为发展中国的科学技术，不辞劳苦、到处奔波、坚持真理、据理力争，张乾二有了更多的体会。对他提出的物构所在科研中要实行"三重双结合"：实验与理论相结合（以实验为主），化学与物理相结合（以化学为主），结构与性能相结合（以结构为主），张乾二体会更深。

张乾二又想到另一位恩师唐敖庆，他是 20 世纪 50 年代在吉林大学参加一个暑期班时认识唐敖庆的。1963 年，他参加教育部在吉大举办的"物质结构讨论班"时，两人接触就更多了。唐敖庆当时任吉林大学副校长，讨论班学员来自全国主要综合大学，有孙家钟、江元生（吉林大学），刘若庄（北京师范大学），邓从豪（山东大学），张乾二（厦门大学），鄢国森、古正（四川大学），戴树珊（云南大学），还有游效曾、刘春万、赖伍江等旁听学员。

图 12-7　参加第五届量化会议（1993 年 12 月。右起张乾二、徐光宪、唐敖庆。资料来源：张乾二提供）

第十二章　老骥伏枥 志在千里

讨论班历经两年，第一年每周一到周六上午，唐敖庆坚持亲自上课，讲授连续群、置换群、分子点群等内容。

唐敖庆的眼睛从青年时代就高度近视，因此他从大学就练就惊人的记忆力。备课时反复打腹稿，讲课时完全不看讲稿，主要靠思维记忆。唐敖庆讲课的特点是对课程有充足的理解与把握，讲一个新概念、新理论，会先简单介绍一下背景，使初学者明白来龙去脉。公式展开后，步步推导滴水不漏，最后再将其上升到理论高度，使学过的人温故而知新。所以大家对他讲课的反映是："唐老师讲课常讲常新，永远有新内容。"唐敖庆把该领域国际上最权威的著作介绍给学生，使学生一开始就站在较高的起点。后来还要求学员轮流上课，张乾二也给大家上过"分子对称群的不可约张量法"。

同时唐敖庆带领大家一起开展科研，研究配位场理论方法。他的抽象概括能力很强，学生做一个很长的学术报告，他听完后用简单几句话就把问题讲清楚了，同时知道问题的核心在那里。同时，唐敖庆的数学基础也非常好，在讨论问题时经常会归纳到抽象的数学概念上。讨论班的几个同学与唐敖庆一起搞科研，为今后发展奠定了基础。老师和学员也成了终身的挚友。

唐敖庆很重视人才培养，他先后在20世纪50年代、60年代、70年代末、80年代，举办各种讨论班、进修班，使理论化学人才遍布祖国各地。他说："有西藏大高原，才有喜马拉雅山；有喜马拉雅山，才有珠穆朗玛峰。科学的发展是一个积累提高的过程。我们老一辈科学工作者，要发扬甘为人梯的精神，做铺路石子，支持和培养中青年科学工作者，让他们奇峰突起"。唐敖庆是这样说也是这样做的，他觉得鄢国森、邓从豪的组织、管理能力较强，就向教育部推荐，后两人分别担任四川大学和山东大学校长。张乾二每做出一项科研成果，都得到唐敖庆的鼓励和支持。

从两位恩师的身上，张乾二觉得他学到的东西太多，让他受用终身。他也要把这些好传统传给年轻教师。

循循善诱　诲人不倦

　　2010年底，厦门大学研究生会举办了一个"名师下午茶"的项目，邀请老院士、老教授与研究生座谈人生理想、学术追求。张乾二受邀参加了一次座谈[①]。在茶话会上，他谦虚地说：

　　我不是名师，我的三个老师才是名师，一个卢嘉锡先生，他是我们中国结构化学奠基人；一个是唐敖庆老师，他是我们理论化学的奠基人；第三个就是蔡启瑞老师，他是分子催化学科的奠基人。同时他们三个人都有一些思想方法、工作方法值得后人学习的。

　　蔡启瑞先生他是搞分子催化的，但他知识面非常的广泛。不但物理化学，有机化学、分析化学、无机化学，化学系每一门课程他都非常熟悉，所以谈起学问来我们远远不如他，这一点要好好地学习。蔡启瑞先生办事情确实是出自公心，这对我后来的工作有很大的启发。他从来很少从私人的角度去考虑问题。现在我们知识分子很厉害，经常是打着红旗反红旗，讲很进步的话，想要达到他个人目的，说我们应该怎么做，才能增加实力，对工作才有帮助，实际上都是为了个人的私利。蔡启瑞先生他从来不这样。国家科委本来要给他成立"分子催

图12-8　张乾二参加"名师下午茶"访谈（2010年12月22日。资料来源：张乾二提供）

---

① 张乾二访谈（与厦大研究生座谈），2010年12月22日，厦门。资料存于采集工程数据库。

化重点实验室",他坚决不要,他说要把整个化学系中物理化学方面的积极性调动起来。他跟国家科委、跟有关专家商量了好久,怎样调动物理化学各方面的人才,所以最后才叫做"固体表面物理化学重点实验室",这点是很值得我们学习的。同时三个人对学术是非常严谨的。蔡启瑞老师经常讲的一句话,他说你有八分成绩只能讲六分的话,他说如果你有六分成绩讲八分的话,以后你讲话都没人相信。

谈到学术诚信问题,张乾二说:

评估体系出来了,大家想按照这个评估体系来就产生一个问题,比如讲一个学校它要怎样才能够排名排在前面,要有多少博士导师,多少院士,多少优秀博士论文都出来了。还有这一篇论文的好坏是要发表在什么杂志上,其实好文章经常在不出名的杂志上发表。你们年轻人是很有希望的,我告诉你们,从我们理论化学来讲,有突飞猛进发展的几篇文章都是博士论文,都是年轻人写的。

像我们理论化学,最好的文章发表在德国的理论化学杂志上,现在引用指数只有0.8。而大家为着评估,都要追求发表在引用指数高的杂志上。有一些老师告诉我,他说现在他们不是在写文章,而是研究这个文章要怎样写,才能发表在引用指数高的杂志上。所以他

图 12-9 张乾二(前排中)与中青年教师合影
(2016 年 12 月。郭晓音摄)

说他们是在制造文章，而不是写科学研究结果。没有办法，就因为这个评估体系的关系。

许多学科都相信我们理论化学的结果，都要我们理论化学帮他们验算，我跟他们说我们理论化学最容易弄虚作假的，这主要是看一个人的学术道德。所以我说我对这些老师、同学的学术道德非常地关注，因为他弄虚作假你没有办法可以检查到。我总认为做学问跟做人一样，一个人如果不老实，我总不相信他做科学研究合适；一个人如果不能吃苦，他不能攻克艰难的问题。

关于中国科学技术大学校长朱清时提出的"高校去行政化"问题，张乾二说：

他首先提出去行政化，他认为学校的权利应该决定于教师而不是决定于行政系统，这一点我是很赞成的。朱清时我认识他，不但认识他还很熟，他是一个很坦率的人，他本来是中国科技大学的校长。两个事情我是很赞同他的做法，第一学校不扩大，他要把南方科技大学办成一个比较精英的学校，他说学校不扩招，他当了八年的校长，规模不壮大；第二是学校不建高楼大厦。

要端正学风问题，很多问题很复杂，所以我有时候讲讲话，提提意见可以，但是叫我去做很难，太难了。我就谈如果企业跟管理系统结合，这样政企结合必然导致政治的腐败，所以说做官的去做企业的经理会导致经济上的腐败和政治上的腐败，如果做官的跟学术结合就导致学术的腐败，所以我太主张去行政化了，但是很难。

对于老一代科学家的责任，张乾二说：

我的看法是这样，主要是我们这些早出来的人，"先生"就是比较早生出来的，他们要怎样帮忙来创造一个社会，供年轻人奋发图强、公平的一个机会，创造一个环境让年轻人去奋发图强。

我讲一个例子，郑兰荪是我们化学系一个年轻的院士，"文化大革命"期间我们这些年纪比较大的都是"牛鬼蛇神"，"文化大革命"期间他父母亲都是"牛鬼蛇神"。他高中毕业了，找工作都找不到，连学校里的工厂都没有人要他，后来家里自费让他到厦门一个工厂去打工。郑兰荪这个人很忠厚，你叫他做什么他就做什么，很听话。当时又在那个条件下，所以他就学了一手的工艺，做车工、做钳工。到1977年以后高考恢复了，他就考进大学，毕业以后成绩优异推荐到国外念学位。回来后他搞质谱研究，谁也没有想到他在工厂学的手艺，在科研里头起了很大的作用。他自己在没有设备的情况下，根据国外的学习，院里头给他一点经费，他就空手把这套仪器建起来进行科学研究。我想说人无论做什么工作，碰到什么工作，只要对这个工作认真就好，很难讲什么时候一个人的发展机会就来了。

实际上科学研究最主要动力就是兴趣。你用兴趣去做科学，你做好对社会一定是有贡献的。不是说你有没有贡献，关键是说你有没有做好。我曾经碰到过两个学生，一个是理论化学组的学生，一个是别组的学生，外组的学生就讲你们理论化学组好，你们一个人有一台计算机；我们组的学生说你们好，你们行政资源很丰富，就是说他们那个专业做官的人很多。其实两个都讲出他的道理。但是行政资源比较丰富，好的学生会跑过去，一台计算机好学生不一定跑过来。理论物理以前人才太多了，现在却很难找。国家怎样配套也很重要，以前是国家自然科学基金，后来有个"973"项目，专门鼓励搞基础研究，结果还是大量地做应用研究。基础研究的人不能太多，这个是实在的，但是不能没有人，这样以后国家科学将会很难发展。以前美国不重视数理化，但看到苏联崛起以后，紧张起来，改变教育制度，重视起数理化来。所以我觉得基础一定要重视。

学术传承　新人辈出

张乾二从1978年开始招收研究生，直到2006年遭遇车祸，才不得不暂停这个工作，近三十年培养了研究生近四十人（包括硕士生、博士生和博士后）。他对于每一个学生都付出了许多心血，不仅从学术上指导，更从思想上引导、生活上关怀。他的学生无论在国内或是国外，都继承了张乾二严谨的学风、顽强的钻研精神和批判的学术态度，在理论化学的科学道路上不停地攀登。

2010年张乾二领导的团队，在理论化学研究中心基础上，组建了福建省理论与计算化学重点实验室。实验室现有固定科研人员20人，包括教授/研究员15人，副教授/副研究员5人，其中院士1人，长江学者特聘教授1人，国家杰出青年科学基金获得者3人；另有技术和管理人员6人，博士/硕士生约80人。

实验室主要开展理论与计算化学的基础理论、应用研究及相关的物理、材料、能源、生命科学等领域的综合研究。主要研究领域为：电子结构理论与方法、量子力学与分子力学组合方法（QM/MM）研究、固体及相关纳米材料的理论研究、复杂体系化学反应量子动力学的理论研究、生命体系物理与化学过程的计算模拟。

随着国家改革开放的脚步，国家的实力不断增强，科研条件越来越好。新一代科研人员有更多的科研经费，经常开展国内外学术交流，但也承担着更大的压力。

图12-10　张乾二（左二）与吴玮（左一）、曹泽星（右二）、吕鑫（右一）

第十二章　老骥伏枥 志在千里

他们不会辜负张乾二等老一代科学家的期望，继续在崎岖的小道向上攀登。

据不完全统计，现将张乾二培养的学生列表如下：

就读时间	姓名	学位论文题目或研究方向	任职、工作情况
1978—1981 硕士	程文旦	正二十面体分子对称性匹配轨道的一般造法	中科院物构所研究员、党委书记，国家有突出贡献专家，从事原子簇化合物的电子结构、非线性光学材料性能的理论研究
1978—1981 硕士	林梦海	三角场中球谐函数对称化问题	厦门大学化学化工学院化学系教授，长期担任"结构化学"、"量子化学"课程教学；从事二元过渡金属原子簇化合物理论研究
1980—1983 硕士	余亚雄	多面体分子轨道群重叠法	毕业留校从事多面体分子轨道研究，获国家自然科学奖二等奖，赴美国攻读博士学位后留美工作
1980—1983 硕士	林银钟	多面体分子轨道的构造及群分解EHMO计算机程序的编制	厦门大学化学化工学院化学系副教授，长期担任"结构化学"等课程教学工作
1981—1984 硕士 1984—1987 博士	李湘祜	多电子体系群论方法研究	加拿大滑铁卢大学理论化学研究所工作，从事价键理论研究
1982—1985 硕士	陈子云	一些主族元素原子簇化学键理论研究	攻读博士学位后，赴美留学
1983—1986 硕士	陈树勇	闭合型碳硼烷的结构和反应性能关系的EHMO研究	赴美攻读博士学位后，留美工作
1983—1986 硕士	苏迎	钨金属表面氢吸附的量子化学研究	赴美攻读博士学位后留美工作
1983—1986 硕士	董振超	ML3九配位稀土络合物的结构化学研究	中科院物构所博士毕业，赴美、日工作，现为中国科学技术大学教授，引进人才，从事纳米科技和单分子光电子学研究
1985—1988 硕士	施大双	有机锡（IV）抗癌药物的合成与结构研究	赴澳留学后，现在美国约翰霍普金斯大学医学院工作
1985—1988 硕士	杜俊民	结构效应和电荷密度波	国家海洋局第三研究所科研人员
1985—1988 硕士 1988—1991 博士	徐昕	簇模型探讨	毕业后留校工作，先后赴日、美交流，现任复旦大学化学系教授，长江学者，长期从事固体表面吸附过程研究

续表

就读时间	姓名	学位论文题目或研究方向	任职、工作情况
1986—1988 博后 与蔡启瑞共同指导	郑兰荪	铁原子簇炭基化合物的催化作用机理研究	作为首批中美联合招收的化学类研究生赴美学习，在诺贝尔化学奖得主 Smalley 教授的指导下获博士学位。现为厦门大学化学化工学院化学系教授、中科院院士，从事原子团簇科学研究
1986—1989 硕士 1989—1992 博士	莫亦荣	价键法及其应用	毕业后赴美留学，现任美国 Western Michigan 大学化学系教授，厦门大学化学系兼职教授
1986—1989 硕士	孟宝起	臭氧和乙烯反应过渡态的量子化学研究	赴美攻读博士学位
1986—1989 硕士	杨雁南	铀的硫氮和氯络合物的量子化学研究	山西煤炭所攻读博士学位
1987—1990 博士	吴 玮	价键理论研究	厦门大学化学化工学院教授，国家杰出青年基金获得者，长江学者，长期从事价键理论研究
1987—1990 硕士 1990—1993 博士	夏文生	键级守恒法在多相催化研究中的应用	赴美留学回国，现任厦门大学化学化工学院教授，从事催化方面理论研究
1987—1990 硕士	苏剑瑞	含裸磷基团的金属夹心簇合物及五方双锥镧锕系金属络合物的电子结构和成键特性	赴美攻读博士学位
1987—1990 硕士	谢兆雄	抗癌锑胺羧酸螯合物的合成、结构与分子力学研究	厦门大学化学系教授，国家杰出青年基金获得者，曾任固体表面物理化学国家重点实验室主任
1988—1991 硕士	曹学功	ⅣB 族双核双桥过渡金属簇合物化学键的研究	华侨大学化学系副教授
1990—1993 硕士 1993—1996 博士	吕 鑫	簇――表面类比：金属氧化物簇模型探讨	厦门大学化学化工学院教授，国家杰出青年基金获得者，长期从事纳米团簇理论研究
1990—1993 博士	徐 立	具有奇特结构的氧、羧基配位 Cr、Mo、W 八核与三核金属簇的结构化学	中科院物构所毕业后，留所任研究员
1990—1994 博士	钟世钧	多原子分子群论方法研究	赴美做博士后，现回国为中南大学引进的学术带头人
1992—1994 博后	李加波	——	赴美留学后，现在美国加州 Accelrys Inc 工作
1992—1995 博士	颜端超	氧桥稀土、异核金属多核簇合物的结构化学研究	中科院物构所毕业，赴德留学后留德工作

第十二章 老骥伏枥 志在千里

续表

就读时间	姓名	学位论文题目或研究方向	任职、工作情况
1992—1996 博士	廖新丽	小分子成键的键表酉群方法研究	厦门大学化学化工学院副教授,从事生物核磁共振技术、量子化学和分子动力学模拟等研究
1993—1996 博士	陈久桐	稀土过渡金属氧、硅氧、硫氧及氯氧化合物的合成与结构	中科院物构所毕业,留学回国后任物构所测试中心主任
1993—1996 博士	郑发鲲	含有类立方烷单元的 V-Cu（Ag）-S 簇合物的合成和结构化学	中科院物构所毕业,留学回国后任物构所科研处长
1994—1996 博后	廖孟生	重金属元素化合物的密度泛函研究	再次赴美,在美国杰克逊州立大学工作
1995—1998 硕士	吴安安	——	2004 年获瑞典哥德堡大学博士学位,回国任厦门大学副教授
1996—1998 博后	曹泽星	分子激发态的理论研究—光谱性质与成键特征的价键计算方法探索	厦门大学化学化工学院教授、固体表面国家重点实验室副主任,近年从事生物大分子、分子激发态等理论研究
1998—2000 博后	先 晖	几类 CuO 化合物的理论研究	赴美留学后,留美从事计算机软件工作
1999—2002 硕士	张理玲	富勒烯和碳纳米管的休克尔矩阵图形方法研究	赴新加坡读博士学位后,回国在苏州大学化学系任教
1999—2002 博士	宋凌春	价键理论研究及其应用	毕业后留校工作,后赴美留学,归国后在外单位工作
1999—2002 博士	谭 凯	金属、合金纳米体系的计算与模拟	毕业后留校工作,现任厦门大学化学化工学院副教授
1999—2002 博士	张聪杰	碳簇结构及其光谱性质的理论研究	现任陕西师范大学化学系教授
2001—2004 博士	曹志霁	离散－连续组合溶剂化模型的应用研究	赴美留学后,留美工作
2001—2004 硕士	柯宏伟	氮化硼团簇和硼氮纳米管的稳定性研究	毕业后赴香港科技大学攻读博士学位,现任厦门大学海洋与地球学院助理教授
2002—2005 博士	王 娴	二元过渡金属团簇 M/Co（M=Nb，V）的理论研究	赴德、美做博士后,现任中科院福建物质结构研究所副研究员
2003—2006 博士	许雪飞	芳环共轭体系光诱导分子内电荷转移机理的理论研究	毕业后赴以色列、美国留学,现为美国明尼苏达大学博士后

结 语

　　张乾二出生在民国中期的闽南渔村，小学、中学求学期间正逢抗日战争，颠沛流离、十分不易。中学与大学学历是在爱国华侨陈嘉庚创办的集美中学与厦门大学完成的。在成长的过程中他遇到了两位恩师，一位是国际著名的晶体学家卢嘉锡（曾任中国科学院院长）。卢嘉锡早年留学英、美，在晶体学做出了留名学科的工作。张乾二入学时，卢嘉锡任化学系主任。大学毕业后，将其招到门下读研究生。卢嘉锡为研究生开设国际一流水平的课程，他在教学与科研上对张乾二的训练，使其受益终身。卢嘉锡热爱科学、立志报国的拳拳之心，溢于言表、付诸行动，深深地教育了一代代学生。在为人处世方面，卢嘉锡的人格魅力，潜移默化地影响了张乾二一生。20世纪80年代，卢嘉锡出任中国科学院院长，张乾二担任中科院福建物质结构研究所所长，两人的接触机会更多。

　　有一位恩师引路已经十分幸运，而张乾二却有两位，第二位恩师是被国外誉为"中国量子化学之父"的唐敖庆。20世纪60年代，唐敖庆为了普及中国的"物质结构"教育，集中力量开展理论化学科学研究，在吉林大学开设了"物质结构讨论班"，张乾二有幸参加。讨论班的几名学员相互切磋，发现使用旋转群和点群的不可约表示基向量，就可把原子结构的一整套变换系数，应用到分子结构，打通了原子与分子间的鸿沟。这些学员不仅做出了国际一流的科研成果，更重要的是掌握了理论化学的研究方法。作为理论化学研究的种子，在全国各地开花结果。唐敖庆出任国家自然科学基金委主任后，多次组织理论化学队伍进行重大课题研究，冲击国际前沿。唐敖庆对张乾二的研究能力很了解，从"六五"到"十五"期间，张乾二一直承担重大课题子课题，有时还是承担两项子课题。

应该说张乾二是幸运的，他得以师从中国两位顶级导师；同时他也是机智的，他紧紧地把握住了这些机遇。

对张乾二来说，科学研究最主要动力就是兴趣。他常说，搞科研要有批判精神，敢于挑战权威。科研的难度越大，他就越有兴趣。但在科研中敢于啃硬骨头，需要魄力、更需要实力。

张乾二注重对经典量子化学著作的研读，使他提出了一些非常基础的研究课题。而这些往往是国际权威化学家当时还未解决的问题，其重要性不言而喻，但难度也可想而知。从20世纪80年代开始，张乾二主攻"价键理论"，这个三四十年代热门的课题，因基函数难于计算机化而被冷落。他在科研中做了许多相关的课题，如"键表酉群方法"、"价键理论新方法及其应用"等，在科研崎岖的道路上勇敢地攀登，为攻坚战做准备。

价键理论与分子轨道理论是量子化学研究的两个主要流派。分子轨道理论在描述电子跃迁即动态行为方面简捷明了，而价键理论对分子静态性质，如结构、成键特征，及动态性质如键的形成与断裂描述等方面存在分子轨道无可比拟的优越性。

张乾二带领他的团队，试图将价键理论的应用建立在从头算的水平上。张乾二提出"键表酉群方法"，解决了价键理论的基函数问题。接着要解决计算的繁琐问题，张乾二等提出"对称群杨－亚马诺奇表示矩阵的计算新方法"，从根本上解决了多电子体系研究中表示矩阵不易计算的困难。接着课题组攻克了"双粒子算符矩阵元约化"、"N!稀疏矩阵的约化"等一系列价键理论计算的难关，为计算机程序化扫清了道路。

世纪之交，张乾二课题组编写了价键从头算程序 VB-XIAMEN99。这是国际上仅有的三个基于非正交基的价键从头算程序之一。与国外程序相比，XIAMEN 程序在计算速度、优化方法、界面友好等方面都具有明显优势，已提供给以色列、美国、荷兰、法国、德国等国外理论化学家使用。

物理化学是一门交叉学科，是用物理的方法来研究化学现象。量子化学是物理化学的一个分支，是用量子力学的工具，来研究物质在原子、分子水平的运动规律。

张乾二早在大学时期就辅修了数学系的课程，且成绩相当好。他喜欢逻辑推理的东西。在长春"物质结构讨论班"，唐敖庆讲述的群论及其在原子、分子领域的应用，就是用群论的数学工具来处理、解决化学中分子结构、配位场能级分裂、光谱解释等问题。张乾二发现数学家已经研究出许多抽象的理论，但经常是"藏在深闺人未识"，他很想使用这些理论。

角动量理论是物理学中研究原子结构与核物理的重要基础理论，因此张乾二在国内率先为研究生开设了"原子结构与角动量"的课程。在教学中，他深刻体会到转动矩阵元在角动量理论中的重要性，由此引出"轨道性格"的概念，以后开展了"多面体分子轨道"的课题研究。

张乾二与厦门大学数学系的教师都保持良好的关系。研究价键理论计算中遇到的N!问题，他就带着年轻教师一起去找数学系的老师，数学老师了解他们要解决的问题，建议用对不变式去处理。后来课题组就用对不变式简化了价键计算中的N!问题。该工作问世后，马上被国际上多位专家关注。世纪之交时，张乾二带学生研究碳纳米团簇和单壁碳纳米管时，需要数学图论知识，他就邀请数学系的年轻教师加入课题组，一起研究。

张乾二认为，物理化学的一些学者感觉研究方向越来越窄，出现了瓶颈，这是因为他们没有关注上游学科物理学的新发现。20世纪80年代，物理方面有许多科研方面的突破，如准晶发现、高温超导、纳米限域等，在基本粒子、黑洞、反物质等基本概念方面，也有许多新的突破。如何将这些新成果运用到化学领域，这就是物理化学家的任务。

俗话说："一个好汉三个帮"，张乾二在搞科研的时候，很重视团队建设。20世纪60年代，张乾二就带领物构组年轻教师林连堂、王南钦、王银桂等进行结构化学的研究，他对这些教师业务上指导、生活上关心、工作上放手，让这些年轻教师很快地成长起来。改革开放初，这个研究组就跟着张乾二，进行了"休克尔图形理论"的研究。

张乾二招收研究生后，对于研究生课题的选择，他放手让学生查文献，选择自己感兴趣的题目，然后全组进行开题报告，根据题目和老师的研究方向，再确定指导教师，整个团队一盘棋。他指导学生，不管工作多忙（80年代中期，他已任化学系主任兼物构所所长），都坚持走在前面带头研究。凡是以他名义招收的研究生，他一定亲自指导，并根据其不同特点因材施教。有的学生理论基础较弱，张乾二便指定一些书让他读，并要他每周汇报学习心得，不明白处再讲给他听，使学生获益匪浅。

张乾二不拘一格培养人才，让研究生有不同的研究方向，他们毕业留校后，张乾二还积极支持他们出国交流。物构组的年轻教师先后曾赴美国、德国、以色列、英国、日本等，经过一两年的交流，绝大部分又都回到厦门大学，成为国内理论化学领域的中坚力量（长江学者两人、闽江学者两人，多人获国家杰出青年基金、特聘教授）。

新世纪开始，大量的科研课题需要更大的科研团队。2002年，张乾二为整合福建省理论化学力量，成立厦门大学理论化学研究中心。这是一支凝聚力极强而又不乏灵活性的团队，整个中心几乎囊括了理论化学的所有研究方向。张乾二带领团队承担了福建省重大科研课题研究，冲击国际前沿难题。在此基础上，开展了海峡两岸理论化学交流。2010年张乾二团队建立了福建省理论与计算化学重点实验室，向更高的目标奋进。

附录一　张乾二年表

1928 年

8月13日生于福建省惠安县崇武镇海门乡。父张国琛，母赵羌。在家排行第二，共有兄弟姐妹七人。

1934 年

开始进入四叔张子敬任教的私塾，接受蒙学教育。

1935 年

9月，入读私立崇武莲城小学初小二年级。

1936 年

9月，转入惠安县立崇武小学初小三年级。

1938 年

2月，因日本侵略军炮击崇武岛，家人为安全计，暂避居惠安内陆乡村霞美，寄读于霞美小学五年级。

1940 年

夏，从霞美小学毕业。

9 月，升入福建省同安县私立集美联合中学（因抗战内迁福建省安溪县文庙），就读初中，编入集美中学初中第 56 组。

10 月 27 日，陈嘉庚到安溪出席师生欢迎会并讲话。

1941 年

8 月，集美联合中学分为两部，初中部仍在安溪，高中部迁南安县诗山镇。

9 月，因病回崇武治疗，休学一学期。

1942 年

1 月，安溪集美中学初中部复学，续读至初中三年级毕业。

1944 年

2 月，升入私立集美中学高中部一年级上学期，编入集美高中第 22 组。

11 月，高中一年级下学期临近第二月考时，因患疟疾再度休学一学期，至翌年 1 月。

1945 年

2 月，集美中学高中部复学，就读一年级下学期。

1946 年

1 月，私立集美中学高中、初中两部全部迁返集美原址。

2 月，就读集美高中二年级。

1947 年

7 月，集美中学高中 22 组毕业，分别报考福建协和大学和国立厦门大学。最终被国立厦门大学化学系录取。

10 月，入读厦门大学理工学院化学系，学号 A1469，卢嘉锡任系主任。

1948 年

5 月，参加厦门大学进步学生团体发起的"反美扶日"示威游行。

12 月，参加厦门大学学生自治会发起的"反内战、反饥饿、反迫害"的示威游行运动。

1949 年

8 月 15 日，厦大校友总会理事长卢嘉锡创办的厦大校友中学成立。经卢嘉锡推荐，聘为校友中学兼职数学教员。

10 月 17 日，厦门解放。

1950 年

10 月，开始担任厦大校友中学数学教学工作，至翌年 1 月。

年底，盘踞台湾和金门的国民党军，在美国支持下，妄图"反攻大陆"，不断空袭厦门岛，厦门大学频繁受到骚扰。经教育部决定，厦大理、工两院疏散到闽西龙岩。

1951 年

3 月，厦门大学理、工两院师生及家眷分期分批向距离厦门 200 多公里的山城龙岩迁移。到龙岩后，理学院（包括数理、化学、生物、海洋四学系）被安置在龙岩城郊的白土（东肖镇）。

4 月，理学院各系全面复课。

7 月，大学本科毕业。赴福州参加福建省高等学校毕业生集训班学习。在"福建省高等学校毕业生集训班学员登记表"中的志愿栏中填写：①物理化学研究工作；②化学工厂；③数理化教员。集训班结束后，服从分配留在厦门大学化学研究所读研究生。

9 月，开始研究生的学习阶段，任研究助理。跟随导师卢嘉锡开始了物质结构的研究。

1952 年

2 月底，理、工两院奉令迁返厦门演武场原址。服从系里安排，担任丙组普通化学指导实验的工作。

5 月，参加厦门大学"三反"（反对贪污、反对浪费、反对官僚主义）运动学习后，写了《三反检查报告》，就自己在化学研究所的业务学习、实验室工作存在的思想状况和浪费现象等，做了书面检查。经学习小组讨论，获得通过，小组长庄启星（化学系 1953 级研究生）签署意见。

6 月，厦大"三反"运动基本结束，转入知识分子思想改造学习运动，作为普通青年教师参加思想改造运动。

1953 年

10 月，王亚南、卢嘉锡传达全国综合性大学会议精神，各系据此确定专业方向和人才培养目标。化学系实行教学改革，全系分为分析化学和物理化学两个专门化，其专业方向归入物理化学专门化。

1954 年

7 月，研究生毕业，留校工作，任化学系助教。

8 月，由助教升任讲师。

9 月，《美台共同防御条约》签订，国民党的飞机不断空袭东海沿岸，厦门大学受到严重骚扰。学校师生投入反空袭斗争，并按照前线战况，实行"空袭紧张"和"解除空袭"两种教学方法。

1955 年

秋，为物理化学专业四年级本科生讲授"物质结构与量子化学"，辅导物理化学研究生一年级"结晶学与结晶化学"，辅导物理化学研究生三年级"统计热力学"。

1956 年

春，为物理化学专业四年级本科生讲授"物质结构与量子化学"，辅导物理化学四年级学生"专门化实验"。

7月，赴吉林大学，听民主德国理论化学专家在该校的讲学。

8月，经卢嘉锡介绍，加入中国农工民主党。

9月，化学系根据国家的科学发展规划，确定了"以物理化学为重点，以物质结构为中心"的发展方向。

秋，为四年级本科生讲授"物质结构"。与黄金陵、刘士毅赴北京中科院物理所学习X光机的制作方法。

1957年

春，为四年级本科生讲授"物质结构"，辅导研究生的"量子化学"。

4月，参加厦门大学第二次科学讨论会。

1958年

8月，中国人民解放军发起"8·23"炮击，厦门大学为新建的福州大学化工系代招的100多名新生暂时疏散到漳州市，与张炳楷、林连堂等人到暂设于漳州的厦大物理化学研究所培养晶体。

11月，随化工系学生返回厦门，为化学系学生讲授"高等数学"。

12月，与化学系电化学专门化四年级学生洪香玲在厦门结婚。

1959年

秋，为四年级本科生讲授"物质结构"。

9月，参加厦门大学第三次科学讨论会。

12月15日，长子张洵出生。

1960年

1月，因厦门大学支持福建省新创办的福州大学，化学系物构教研室10名教师（包括2名提前毕业的青年教师）中，只留下讲师张乾二和助教杨华惠、赖伍江等人，卢嘉锡、陈允敦、黄金陵、潘克祯、张炳楷、余秀芬等6名教师调出厦大支援福州大学。

春，为四年级本科生讲授"物质结构"。

2月，与赖伍江、杨华惠及刚留校的1960届毕业生林连堂、王南钦、王银桂，组建了新的物质结构教研组。

4月，以第一作者同韩德刚、沈文健、沈联芳等翻译苏联学者M.B.伏肯斯坦著的《分子的结构及物理性质》一书（审校者为刘若庄），由科学出版社出版。该书于1961年9月又出第2版。

秋，为三年级本科生讲授"物质结构"。

1961年

1月，与林连堂、王南钦、王银桂合作发表《AB_2和AB_3型分子键角变化的规律》。

春，为三年级本科生讲授"物质结构"。

3月，发表《有机化合物的半导体性质与其化学结构的关系》。

3月24日，女儿张影出生。

8月31日，《对于共振论的几点看法》一文发表于上海《文汇报》上。

秋，为物理化学四年级本科生讲授"高等物化"。

1962年

春，为物理化学、催化半导体、电化专业四年级学生讲授"高等物化"。

秋，为化学四年级学生讲授"物质结构"，为半导体专业五年级学生讲授"半导体化学"，为物理系五年级学生讲授"半导体化学"。

10月，经厦门大学审核同意、福建省教育厅批准，由讲师提升为副教授。

1963年

春，为物理化学专业四年级学生讲授"化学热力学"，为海洋化学四年级学生讲授"化学热力学"。

9月9日，参加教育部委托唐敖庆在吉林大学举办的物质结构学术讨论班的专业学习与研究。参加讨论班的其他正式成员有孙家钟（吉林大学）、江元生（吉林大学）、邓从豪（山东大学）、刘若庄（北京师范大学）、鄢国森（四川大学）、古正（四川大学）和戴树珊（云南大学）等7人，另有旁听生和吉林大学、东北师范大学的教师，共40人。讨论班自本年秋季开班，至1965年夏季结业，共4个学期，两年时间。

第一学期，唐敖庆开设"群论及其在物质结构中的应用"课程。

1964 年

2月24日，第二学期开始，除听课外，与邓从豪、鄢国森3人分在一组，负责2个专题研究，即"填充g壳层出现的状态的分类及亲态比系数"；"两个以上未填满壳层组态混合的群论分析"。

9月，第三学期开始。讨论班开设"空间群与固体能带理论"和"分子轨道理论"两门课程。研究课题是配位场理论研究，分成若干项进行。

12月，物质结构学术讨论班发表《配位势场理论的研究（Ⅰ）——正八面体场中d_n组态的理论分析》。

1965 年

第四学期，学术讨论班最后一个学期。唐敖庆讲授"李代数"、"固体能带理论"和"物质结构的近代实验方法"等3门课程。科研项目还是配位场理论的延续。

7月，安排学员做个人鉴定和讨论班的学习总结。物质结构学术讨论班发表《配位势场理论的研究（Ⅱ）——强场与弱场波函数的变换关系及其应用》。

8月，学术班讨论结束，按期返回厦门大学。

1966 年

5月，以唐敖庆为第一作者，物质结构学术讨论班发表《配位场理论的研究（Ⅰ）：改进的弱场方案》。

6月，"文化大革命"开始。

1967 年

2 月，厦大各派师生开始分裂，最后形成"革联"和"促联"两大派。

8 月，两派群众组织在造反派头目的带领下向驻军枪抢，使武斗升级，造成一些教职员和学生死于非命，校园中笼罩着人人自危的恐怖气氛。

1968 年

10 月，工人和解放军毛泽东思想宣传队进驻厦大。

11 月，在校工、军宣队的策划下，同全校 200 多名进"牛棚"的干部、教授、职员一起，被造反派带到校内和市区挂牌游斗，受到了污辱和体罚。

12 月 25 日，因本人被打成"牛鬼蛇神"，妻子洪香玲怀孕临产前突患急性黄疸型肝炎，未能得到救治，导致生下次子张洪后不幸去世。

1969 年

工、军宣队在学校搞"清理阶级队伍"和"整党"运动，被作为清理对象。

白天在系里被批斗、写检查、劳动改造，晚上获准回家照顾子女。

1970 年

工、军宣队在学校搞"一打三反"（打击现行反革命、反对贪污盗窃、反对投机倒把和反对铺张浪费）运动。继续被批斗、写检查。

1971 年

10 月，获得解放，开始为工农兵试点班学员补习中小学数学课程。

1972 年

3 月，学校从全国 20 个省市招收本年度第一批工农兵学员 368 名。秋季，又招收第二批学员 406 名。

为工农兵学员讲授初等数学。

1973 年

5 月，与吴肖君女士结婚。吴肖君，福建省厦门人氏，厦门二中教师。讲授初等数学的几何、三角、代数等课程。

1974 年

为工农兵学员讲授基础数学课，并讲授代数、三角、几何，并将授课的教案编成一本中等数学讲义。

1974 年

白天在学校上课，晚上进行分子图形与其轨道系数关系的探索。

夏，与周牧易赴吉林大学、山东大学考察"结构化学改革"。

9 月，以唐敖庆为第一作者，物质结构学术讨论班发表《配位势场理论的研究Ⅰ》。

1976 年

粉碎"四人帮"后，学校教学逐步走上正轨，恢复正常教学。

1977 年

在化学系获平反，物构教研室恢复。重新讲授"物质结构"。

12 月 9 日，参加在上海召开的第一届全国量子化学会议，会议于 20 日结束。

1978 年

2 月，发表《分子轨道几何剖析——Ⅰ.类共轭链分子》和《分子轨道几何剖析——Ⅱ.分子轨道"碎片法"》。

3 月，唐敖庆主持的物质结构学术讨论班的"配位势场理论"研究成果在全国科学大会上获国家重大科技成果奖。

5 月 27 日，厦门大学第七次科学讨论会开幕。为讨论会提交的论文《分子轨道几何剖析》因见解独到，获得好评。

5月，担任厦大自然科学学术委员会委员。同时，学校恢复或新建了16个研究机构，催化电化学研究所下设4个研究室，其中包括量子化学与物质结构研究室。

10月，厦门大学开始后"文化大革命"首次招收研究生63名。其中，化学系招收14名。开始担任研究生导师，为全系研究生讲授"量子化学"专业课。

12月，经福建省革委会批准，提升为教授。

1979 年

5月，与林连堂、王南钦合作发表《交替烃分子轨道图形方法》。

8月，与林连堂、王南钦合作发表《Hückel矩阵的图形方法》。

9月，为全系研究生讲授"量子化学"学位课。

10月，与林连堂、王南钦合作的《休克尔矩阵图形方法》一书作为向国庆30周年献礼的重要著作，交科学出版社出版。该成果也作为重点项目参加学校召开的第八届科学讨论会。

11月，参与唐敖庆等编著的《配位场理论方法》一书由科学出版社以英汉两种文字出版。

1980 年

2月，为研究生开设"配位场理论"课程。

7月，学校首次设立"优秀教学奖"，被列于化学系获奖名单之中。

8月，发表《SO(3)群−O群不可约表示基向量的变换系数》。

9月，招收第二批研究生。为全系研究生讲授"量子化学"学位课。

1981 年

2月，随同以副校长蔡启瑞为团长的厦门大学催化固氮考察团一行5人，赴日本和美国进行为期一个月的考察与学术交流。先后访问了日本大阪大学、京都大学、东京大学、东京工业大学、筑波科学城的通产省化工技术研究所等处；美国的加州伯克利大学、斯坦福大学、加州理工大学、南加州大学、爱阿华州立大学、克斯西部储备大学、克利夫兰州立大学、麻省理工学院和贝尔实验室等。

5月，发表《多面体分子轨道的理论方法——Ⅰ、多面体分子轨道构造的一般方法》。

4月，以第一作者和林连堂、王南钦合著的《休克尔矩阵图形方法》一书由科学出版社出版。

5月，化学系测评教学质量，在全系17门主要课程的测验评价中，所担任的量子化学课程被评为"很满意"（一等）。

7月，首次培养的物理化学专业量子化学方向的研究生林梦海、程文旦通过毕业论文答辩，论文题目分别是《三角场中心球谐函数的对称化问题》与《正二十面体分子对称性匹配轨道的一般造法》。

7月，参加在长春举办的第二届全国量子化学会议。

9月，为本专业研究生讲授"群论"专业课。

1982 年

2月，为物构专业研究生讲授"角动量理论与原子结构"专业课。

5月20日，出席学校第二次研究生工作会议，参与讨论学校制定的《研究生暂行管理办法》。

6月14日，参加在瑞典召开的第四届国际量子化学会议，发表了题为《对称性轨道与群重叠》的论文。会议6月19日结束。

7月，参与研究的成果"配位场理论研究"获国家自然科学奖一等奖，项目名称是：配位场理论方法。完成人是唐敖庆及其研究集体。

9月20日，参加在南京举行的"庆祝中国化学会五十周年学术报告会"。

11月22日，会见应邀来校讲学的联合国开发署援助款项目顾问、美国科学院院士谬特蒂斯博士，并合影留念。

申请中科院科学基金资助课题研究计划"原子簇化合物的化学键理论"项目（1982—1986年）。

1983 年

4月，发表《对称性轨道和群重叠》(Symmetry determined orbital and group overlap)。

5月20日，受聘兼任中国科学院福建物质结构研究所研究员。

5月，应邀担任《分子结构》杂志（分子结构：理论）(*Journal of Molecular Struture*（*THEOCHEM*）)编委，任期为1984年至1987年。

9月，经教育部批准，厦门大学物理化学研究所正式成立。下设三个研究室：催化化学、电化学和结构与量子化学。

9月，为结构与量子化学研究生讲授"群论"专业课。

10月21日，随同厦门大学代表团参加集美学校七十周年庆祝大会。

1984 年

1月，经国务院学位委员会批准，增列为厦门大学物理化学专业博士生指导教师。

4月，应山东大学邀请，为该校化学系研究生讲学，5月结束。

7月，发表《表面球谐函数张量方法》(Notes on the tensor surface harmonic method)。

9月，为研究生讲授"角动量理论与原子结构"专业课。

11月，受厦门大学任命为化学系系主任，任期至1991年5月22日。

12月，学校调整理科学术委员会成员（共23人），增列为理科学术委员会委员。

获国家人事部颁授的"中青年有突出贡献专家"称号。

与林连堂、王南钦合作完成的"休克尔矩阵图形方法"获福建省高教厅科技成果奖一等奖。

1985 年

1月，经国家教育部批准，受委任为厦门大学第二届学位评定委员会委员。

2月，被委任为厦门大学校务委员会委员。

2月，为本专业研究生开设"群论"课程。

4月，指导的1982届研究生李湘柱等通过论文答辩，获理学硕士学位。

8月，随中国量子化学代表团赴加拿大蒙特利尔参加第五届国际量子化学会，在会上宣读论文《对称性轨道的双陪集方法》。

9月，获"厦门大学先进教育工作者"和"福建省先进教育工作者"称号。为研究生开设"配位场理论"课程。

10月，与李湘柱合作发表《投影算子与对称性轨道——Ⅰ. 双陪集与多面体分子轨道的构造》。

受国家教育委员会委任为化学教育研究中心副主任，任期至1991年。任中科院福建物质结构研究所学术委员会委员，任期三年。

"稀土化合物的结构及量子化学研究"课题获国家教委基金资助六万元（1985年—1990年）。

1986年

3月，与余亚雄合作发表《多面体分子轨道成键性质》（The bonding properties of polyhedral molecular orbitals）。

4月6日，厦门大学65周年校庆，成为"南强奖"一等奖获得者之一。指导的化学系1984级博士研究生李湘柱获"嘉庚奖学金"。

5月，与林连堂、王南钦、余亚雄共同完成的"多面体分子轨道理论"项目获国家教育委员会颁发的优秀科技成果奖。

同月，增选为中国化学会第20届理事会理事。

9月12日，出席厦门大学研究生院成立大会。

11月12日，参加"祝贺卢嘉锡、蔡启瑞从事化学工作50年暨学术讨论会"，会议于15日结束。

任 *J. Mol. Strut.* 杂志编委（1986—1989年）。任中国化学会理事，福建省化学会理事长（1986—1994年）。

《多面体分子轨道理论》获国家教委优秀论文奖。

本年度"量子化学及其应用"课题获国家自然科学基金委重大项目资助11万元。

1987 年

2月，为本专业研究生开设"群论"课。

3月21日，厦门大学委任为厦大物理化学研究所所长。

4月，指导的1985级研究生徐昕获学校首次设立的"卢嘉锡、蔡启瑞化学奖"。

5月9日，参加在成都举行的第三届全国量子化学会议，并作《多电子体系键表方法》学术报告，会议于13日结束。

5月，学校对校务委员会成员进行调整充实，仍继续担任校务委员会委员。

6月2日，参加在福州召开的第一届全国金属原子簇化合物学术研讨会。

6月6日，中国科学院任命为中国科学院福建物质结构研究所所长（任期四年）。

6月13日，因在促进福建省科技进步，为经济建设服务中，成绩显著，贡献突出，获福建省人民政府表彰。

6月，厦门大学"固体表面物理化学国家重点实验室"成立，受任为实验室副主任与学术委员会主任，任期至1995年。

6月，参加在广州举行的"粤－闽－港化学学术会议论文报告会"，并作大会报告《原子簇化学键理论》。

7月8日，因领导班子换届调整，增补为中科院福建物质结构研究所第二届学位评定委员会委员、副主席。

10月，获"福建省有突出贡献专家"称号。

10月，《多面体分子轨道》一书由科学出版社出版。

11月，担任厦门大学教师职务评审委员会委员。

兼任中国化学会主办的《物理化学学报》副主编（1987－2004年）。

研究成果"量子化学中的群论新方法"获国家教委科学技术进步奖二等奖。

"固体表面量子化学及多电子对称性理论研究"课题获国家基金委重大课题立项，金额为20.5万元（1987－1991年）。

"定域键分子轨道"课题获国家教委博士点基金资助 2 万元（1987—1990 年）。

1988 年

1 月 10 日，以项目主持人之一的名义，"原子簇化学研究"重大项目联合研究的申请（项目第一主持人为卢嘉锡）。

1 月，担任指导的第一位博士研究生李湘柱通过论文答辩，获理学博士学位，其学位论文《多电子体系群论方法研究》获优秀博士论文奖。

2 月 10 日，在中科院物构所全体职工大会上，作"一九八七年全所工作总结"。

3 月，当选为第七届全国政协常委，并于本月 24 日至 4 月 10 日出席全国政协七届一次会议。

4 月 23 日，参加物构所所长、书记联席会议，研究结构化学开放研究实验室问题。

8 月 22 日，参加在以色列召开的第六届国际量子化学学术讨论会，发表论文《无自旋矩阵计算的酉群方法》，会议 25 日结束。

10 月 31 日，参加在福州召开的全国结构化学第四次学术讨论会，会议 11 月 4 日结束。

10 月，接待访问厦门大学的诺贝尔化学奖获得者李远哲。

11 月 5 日，与卢嘉锡、唐敖庆等出席在福州召开的中国科学院福州结构化学开放研究实验室学术委员会第三次会议。

12 月 8 日，在物构所召开的第一届职工代表大会，作所长工作报告。

12 月 26 日，参加厦门大学物理化学重点学科发展规划论证会。

冬，赴香港中文大学作学术访问。

1989 年

3 月，与李湘柱合作发表《多电子相关的键表酉群方法》（Bonded tableau unitary group approach to the many-electron correlation problem）。

4 月，当选厦门大学第三届学位评定委员会委员。

4月，撰写的工作研究论文《教学促进高学术水平人才的成长》获厦门大学68周年校庆颁发的优秀教学成果奖一等奖。

5月30日，中国科学院对其提出的"关于成立中国科学院福州学术活动中心"的请示报告作出批复，同意成立"福州学术活动中心"，隶属福建物构所管理。

6月，与李湘柱合作发表《关于多粒子体系中的置换对称》（A note on permutation symmetry in many-particle systems）。

9月，被评为"全国教育系统劳动模范"，并授予人民教师奖章。

10月27日，指导的1984级博士研究生李湘柱获中国化学会青年化学奖。

11月17日，主持"陈国珍教授从事化学工作五十年祝贺会"。

11月21日，"教学与科研紧密结合促进高学术水平人才的成长"论文获福建省普通高校优秀教学成果省级一等奖。

为研究生开设"群论"专业课。

1990年

4月，与黄锦顺、王银桂、卢嘉锡合作发表《碎片法合成金属原子簇——等瓣近似的应用和推广》。

5月14日，参加国家自然科学基金委率领的量子化学发展状况考察组赴德国、法国考察，访问德国锡根大学、波恩大学、慕尼黑大学和柏林自由大学等，6月3日返回。

7月16日，参加在北京师范大学及西北大学召开的"第一届中日双边理论化学学术讨论会"，会议22日结束。

8月11日，与林连堂、王南钦、余亚雄、李湘柱、王银桂合作的"群论方法在量子化学中的新应用"项目获1989年国家科学技术委员会自然科学奖二等奖。

10月19日，参加在山东济南举行的"第四届全国量子化学会议暨庆祝中国量子化学奠基人唐敖庆执教50周年"，其《簇骼分子轨道成对定理及其应用》一文被收入《庆祝唐敖庆教授执教五十年学术论文专集》。

10月，以物构所所长名义，向中国科学院提出在物构所建立"中国科学院福州新技术晶体材料开放研究实验室"申请书。

11月3日，出席全国首届青年化学学者学术交流会，担任交流会组织委员会副主任。

11月21日，任学校教师职务评审委员会化学、海洋化学学科评议组组长。

12月22日，受国家教委聘请，担任首届高等学校化学教学指导委员会成员，任期五年。

12月，"群论方法在量子化学中的新应用"项目获1989年度王丹萍科学技术二等奖。

任中国科学院福建物质结构研究所"结构化学国家重点实验室"主任，任期由1990年至1993年。

1991年

1月，指导的量子化学博士研究生吴玮获理学博士学位。

2月，与王银桂合作的专著《角动量理论与原子结构》由厦门大学出版社出版。

4月，荣获福建省"劳动模范"称号，由福建省人民政府颁发劳动模范奖章。

4月，与林梦海合作发表《八面体簇过渡金属卤化物 $[M_6X_8]^{n+}$，$[M_6X_{12}]^{n+}$ 及其嵌入化合物 $[M_6X_{12}Z]$ 的电子结构》(Electronic structures of octahedral cluster halides of transition metals $[M_6X_8]^{n+}$, $[M_6X_{12}]^{n+}$ and their interstitial compounds $[M_6X_{12}Z]$)。

5月22日，厦门大学化学化工学院成立，被任命为化学化工学院首任院长，任期至1996年5月。

6月，与吴玮合作发表《关于Young-Yamanouchi表象下对称群的问题（Ⅰ）》(Some problems on the Young-Yamanouchi representation of symmetric group (Ⅰ))。

7月，经国家人事部批准，从本月起享受国务院政府特殊津贴。

10月20日，担任中科院福建物质结构研究所所长任期届满，在全所干部职工大会上作《第二届所长述职报告》。

10月，参与卢嘉锡课题组"过渡金属原子簇化合物的合成化学与结构化学"的科研成果获中国科学院自然科学奖一等奖。

11月，当选中国科学院化学部学部委员（从1993年10月15日起，改称为中国科学院院士）。

11月，参加在福州召开的第二届全国金属原子簇学术研讨会。

"量子化学理论计算方法"课题获国家科委攀登计划项目10万元（1991—1995年）。

国家基金委重大课题子课题"固体表面吸附过程的量子化学研究"立项，资助20万元（1991年9月—1994年8月。）

为研究生开设"群论"专业课。

1992年

3月10日，获首届"福建省优秀专家"称号。

3月30日，当选为第八届全国政协常务委员。

5月14日，应邀在厦门大学贯彻"两会"精神的教职工大会上，传达第八届全国政协会议。

5月18日，续任中科院福建物构所学术委员会主任和研究员职务评审委员会主任两项兼职。

6月，担任中国农工民主党福建省委副主委。

7月，与吴玮合作发表《对称群标准Young-Yamanouchi正交表象下两列杨表的高效算法》（An efficient algorithm for evaluating the standard Young-Yamanouchi orthogonal representation with two-column Young tableaux for symmetric groups）。

9月15日，参加在日本京都基础化学研究所召开的"第二届中日双边理论化学学术讨论会"，会议19日结束。

10月，与王南钦、徐昕合作发表《簇表面类比的研究：从头计算化学吸附的金属Slater基组》（Studies on the "cluster-surface analogy": metallic

Slater basis sets for ab initio calculations of chemisorption》)。

12月，担任第十一届中国农工民主党中央常委。

主持"八五"科学基金重大项目"量子化学与非平衡态统计理论及其化学中的应用"子课题"价键法的酉群理论研究"课题，金额10万元（1992－1995年）。

1993年

2月，任厦门大学教师职务评审委员会委员兼理科分委员会副主任。

2月，与莫亦荣、吴玮、李加波合作发表《π共轭体系的全电子键表方法》(All electron bonded tableau approach to π conjugated systems)。

3月，担任八届全国政协常务委员。本月21日，与钱伟长、汪慕恒、陈心铭等七位全国政协委员，向全国政协八届一次会议提交了《关于组建集美大学的建议》的提案，建议将集美8所学校合并，组建集美大学。

3月26日，参加诺贝尔化学奖获得者李远哲访问厦大所作的"由激光激发控制化学反应"的学术报告会。

4月6日，化学系物质结构教研室获厦门大学第九届"南强奖"。

7月，与吴玮、莫亦荣合作发表《关于共振论》(On the resonance theory)。

7月，受聘为中科院福建物构所"结构化学国家重点实验室"第三届学术委员会主任，任期三年。

12月13日，代表厦门大学化学化工学院负责承办第五届全国量子化学学术讨论会。

参与卢嘉锡课题组的"钼、铁、硫等原子簇化合物的合成化学与结构化学"项目获国家自然科学奖二等奖，该项目同时获得1993年度王丹萍科学技术二等奖。

为研究生开设"群论"专业课。

1994年

1月7日，出席"蔡启瑞院士八十华诞祝贺会暨催化及相关学科学术讨论会",介绍了蔡启瑞院士的学术造诣、贡献及道德风范。

6月,与莫亦荣、吴玮合作发表《大基组在价键计算中的处理》,高等学校化学学报,1994,15(6)。

7月,出席在北京召开的中国科学院第七次院士大会,再次当选新一届中科院化学部常委。

8月3日,参加在大连召开的农工民主党十一届中央常务委员会第五次全体会议,会议于11日结束。

10月9日,承办第三届中日双边理论化学研讨会,并任会议主席。会议14日结束。

10月18日,经国务院学位委员会批准,续任厦门大学第四届学位评定委员会委员。

11月30日,出席厦门大学召开的由校务委员会、校学术委员会、校学位评定委员会全体成员参加的扩大会议,对《厦门大学"211工程"立项论证报告》进行讨论。

12月22日,"固体表面物理化学国家重点实验室"受到国家教委、科技部等八部委和单位在北京召开的"国家重点实验室建设十周年总结表彰大会"的表彰,被授予"先进集体"称号和"金牛奖"。

12月,中国化学会为表彰其在担任第22、23届理事期间所做出的贡献,特予颁发荣誉证书。

1995 年

1月,发表《价键结构函数与键函数Ⅰ.理论处理及甲烷的应用实例》。

2月14日,应台湾中山大学理学院等院所的邀请,与田昭武、万惠霖等一行3人,赴台湾参加"两岸中山大学数理学科暨厦门大学化学学科学术交流研讨会",会议于23日结束。

2月,受聘为中国化学会《物理化学学报》编辑委员会委员。

5月,与郑兰荪、黄荣彬合作的"部分主族元素原子簇离子的激光产生与结构研究"项目获国家教委科学技术进步三等奖。

5月,与周泰锦、王南钦、万惠霖、张鸿斌等合作的"群表示约化方法、程序与应用"项目获国家自然科学奖励委员会科技进步奖二等奖。

6月10日，出席对厦门大学申请进入"211工程"进行预审的国家教委专家组召开的资深老教授座谈会。

6月，与卢嘉锡、程文旦、黄金陵合作的"过渡金属簇合物的多中心d-pπ键理论及其应用"项目获国家教委科技进步奖三等奖。

7月，出席在兰州召开的国家自然科学基金委组织的会议。

10月18日，赴福州出席"卢嘉锡院士从事科研和教育60周年、回国工作50年和80华诞祝贺会"。

11月18日，主持"庆贺周绍民教授执教从研50周年大会"并发言。

12月5日，任厦门大学教师职务理工科评审委员会副主任委员。

12月，与吴玮、莫亦荣合作发表《价键理论的对不变式方法——Ⅰ.对不变式的构造及 $s=0$ 的哈密顿矩阵元表达式》。

1996年

3月3日，赴京参加中国人民政治协商会议第八届全国委员会，会议于13日结束。

6月3日，参加在北京召开的中国科学院第八次院士大会，会议于7日结束。

9月21日，参加在日本京都、冈崎两地召开的第四届中日双边理论化学会议，作学术报告《价键理论的对不变式方法》，会议27日结束。

10月20日，受聘为厦门大学"固体表面物理化学国家重点实验室"第二届学术委员会主任，任期三年。

11月4日，参加在北京召开的第六届全国量子化学学术会议，会议8日结束。

11月，与钟世均、王银桂合作发表《双粒子算符矩阵元对称性约化》（Symmetry reduction of the matrix elements of a two-particle operator）。

12月1日，出席"陈国珍教授八秩华诞祝贺会"。

"界面化学结构与性能的表征、控制、理论和设计"课题获国家自然科学基金委立项，资助30万元（1996—1998年）。

1997 年

2 月，为研究生开设"群论"专业课。

2 月 27 日，赴京参加全国政协八届五次会议，会议 3 月 12 日结束。

4 月，担任第八届中国农工民主党福建省委名誉副主委。

6 月，与钟世均、王银桂合作发表《实不可约张量算符和分子双粒子算符的类比》(Analogy between real irreducible tensor operator and molecular two-particle operator)。

8 月 24 日，获福建省人民政府的"福建省优秀专家"称号。

10 月，中国农工民主党举行换届，当选为第 12 届中国农工民主党中央常委。

11 月，受聘为中科院福建物构所"结构化学国家重点实验室"第四届学术委员会主任，任期四年。

12 月 19 日，厦大"固体表面物理化学国家重点实验室"二次建设通过国家教委专家组验收。

12 月 31 日，受聘为其祖籍地福建省惠安县设立的"惠安县专家决策咨询委员会"顾问，任期两年。

1998 年

1 月，与曹泽星、吴玮合作发表《对称价键波函数的构造和应用》(Construction and applications of symmetrized valence bond wave functions)。

3 月 5 日，当选为全国政协第九届常委，赴京出席全国政协九届一次会议。

4 月 6 日，出席"厦门大学南强学术讲座"开讲仪式和首场学术报告会，听取"四院"院士、香港科技大学物理学教授张立纲和香港科技大学工程学教授陈介中的学术报告。

4 月，与吴玮、吴安安、莫亦荣等合作发表《无自旋价键理论的有效算法 I：新策略和主要表达式》(Efficient algorithm for the spin-free valence bond theory. I. New strategy and primary expressions)。

6 月，受聘为山东大学兼职教授，聘期四年。

8月23日,在鼓浪屿家中被潜入屋内行窃的歹徒刺伤,送医院抢救脱险。

10月20日,受聘为山东大学理论化学研究所名誉所长。

主持国家自然科学基金"九五"重大项目"化学微观过程及反应控制理论研究—固体表面理论化学及其应用",资助50万元(1998年3月—2001年12月)。

1999年

2月,与曹泽星、吴玮合作发表《化学反应的价键理论研究》。

3月26日,参与化学系开设的《今日化学》系列讲座第四讲,题目是《漫谈学习与研究》。

4月6日,出席厦门大学"固体表面物理化学国家重点实验室"举办的全国"自然和人工控制的表面纳米构筑"高级研讨班——厦门表面科学系列研讨会,会议于8日结束。

4月16日,受聘为集美校友总会第五届理事会名誉理事长。

4月,与莫亦荣、林梦海、吴玮、Schleyer P.v.R.合作发表《轨道去除方法及其应用》。

10月26日,赴福州出席第七届全国量子化学学术会议,会议于28日结束。

11月,受聘为厦门大学理科学术委员会主席,任期四年(1999年11月—2002年11月)。

2000年

2月14日,参加政协第九届厦门市委员会第三次会议,会期六天。

2月,与莫亦荣、林梦海、吴玮合作发表《块定域波函数方法及其应用》。

4月15日,应厦门市政协邀请,出席厦门市政协召开的"科技兴市专题高级座谈会"。

12月17日,出席来校调研的新任中共福建省委书记宋德福和省长习近平等在厦大召开的党政领导、专家学者座谈会。

12月20日，出席"第三届世界华人青年化学家学术大会"，会议于23日结束。

2001年

2月18日，出席政协第九届厦门市委员会第四次会议。

3月3日，出席在北京召开的全国政协九届四次会议，会议于12日结束。

3月，与林梦海、王艺平、顾勇冰合作发表《纳米尺寸合金Ti-Ni，Zr-Ni结构与有机多烯分子的等瓣相似》。

5月25日，与吴玮、莫亦荣、曹泽星等合作的"价键理论新方法及其应用"项目获教育部中国高校自然科学奖一等奖。

6月10日，赴福州参加中国科学院原院长卢嘉锡的遗体告别仪式。

9月，为研究生开设"群论"专业课。

10月18日，获2001年度何梁何利基金科学与技术进步奖，赴京出席颁奖大会。

12月22日，出席中央和省市领导在学校召开的校领导、中科院院士和师生代表座谈会。

12月，与宋凌春、吴玮、莫亦荣等合作发表《价键理论的对不变式方法——Ⅱ．无自旋价键计算程序Xiamen》。

2002年

2月22日，参加厦门市政协九届六次会议。

3月3日，赴京参加全国政协九届五次会议。

3月26日，参加厦门市政协召开的传达全国政协九届五次会议精神座谈会。

3月，与吴玮、宋凌春、曹泽星、Shaik S合作发表《价键组态相关：一个包含动态相关的实用从头算价键法》(Valence bond configuration interaction: A practical ab initio valence bond method that incorporates dynamic correlation)。

4月5日，受聘为厦门大学纳米科技中心第一届学术委员会委员。

5月15日，出席在福州召开的中国农工民主党福建省第九次代表大会。

7月15日，出席在长春举行的第八届全国量子化学学术会议，会议19日结束。

11月11日，厦门大学理论化学研究中心正式成立，担任理论中心名誉主任，吴玮任中心主任。

11月，与吕鑫、田丰等合作发表《过渡金属氧化物催化环加成的侧壁氧化和络合碳纳米管的理论预测》(Sidewall oxidation and complexation of carbon nanotubes by base-catalyzed cycloaddition of transition metal oxide: a theoretical prediction)。

12月4日，赴京出席中国农工民主党第十三次全国代表大会，会议于8日结束。

12月，任《结构化学》杂志主编。

"低维纳米体系量子限域效应的理论研究"课题获国家自然科学基金重点项目资助（2002年7月—2006年12月），金额80万元。

"量子化学组合方法及其对复杂体系的研究"课题（与福州大学、福建物构所合作）获福建省基金重大项目立项（2002—2005年），金额100万元。

2003年

5月，邀请清华大学陈难先院士来厦门大学讲学。

10月，与张聪杰、曹泽星、林成德合作发表《富勒烯和碳纳米管稳定性与形成机理的图形理论定性研究》。

12月，出席在集美大学举办的"厦门市自然辩证法研究会2003年会"。为研究生开设"角动量"专业课。

2004年

3月，与柯宏伟合作发表《$(BN)_n$富勒烯和单层BN纳米管的图形理论方法研究》。

4月,与莫亦荣、吴玮、宋凌春等合作发表《从头算价键理论考察乙烷超共轭效应》(The magnitude of hyperconjugation in ethane: A perspective from ab initio valence bond theory)。

5月,与张理玲、吴玮、莫亦荣合作发表《图形方法在C_{20},C_{60}和椅式单壁碳纳米管中的应用》(Applications of graphic method to C_{20}, C_{60}, and achiral single-wall nanotubes)。

5月21日,参加第二届南京大学理论与计算化学前沿研讨会,会议23日结束。

7月31日,被聘为厦门市第二届侨乡经济促进会顾问。

8月,与林梦海、林银钟合作的教材《结构化学》由科学出版社出版。

9月9日,被中共福建省委、福建省人民政府授予"福建省杰出科技人员"荣誉称号。

12月10日,出席在厦门大学举行的著名生物学家唐仲璋院士诞辰100周年纪念大会。

《结构化学》课程同时获评福建省精品课程和第一届国家精品课程。

2005年

2月25日,受聘担任"福建省人民政府顾问团"经济社会发展顾问组成员。

4月1日,到北京出席刘若庄院士80寿辰祝贺会和"973"项目实施启动会议。

4月15日,受聘为厦门市老科技工作者协会顾问。

5月,与曹泽星、金夕合作发表《一个填隙原子的FeMo辅因子和高柠檬酸配位开环的结构的密度泛函研究》(Density Functional Study of the Structure of the FeMo Cofactor with an Interstitial Atom and Homocitrate Ligand Ring Opening)。

8月,与王娴、曹泽星、吕鑫等合作发表《二元过渡金属团簇$(NbCo)_n$ (n ≤ 5)的结构和稳定性的相对论密度泛函研究》(Structure and stability of binary transition-metal clusters$(NbCo)_n$(n ≤ 5): A relativistic density-functional study）。

8月，与王娴、林梦海、谭凯等合作发表《铌团簇和配合物的多面体分子轨道理论研究》。

10月8日，出席在广西桂林召开的"第九届全国量子化学学术会议暨庆祝徐光宪教授从教60年"，会议于14日结束。

10月28日，赴福州出席"卢嘉锡学术思想研讨会暨卢嘉锡科学教育基金颁奖仪式"。

11月23日，出席厦门大学举办的"复杂体系理论方法与计算模拟国际研讨会"，会议于26日结束。

2006 年

2月，与许雪飞、曹泽星合作发表《计算表征低激发态苯基吡咯及平面变形荧蒽分子内电荷转移研究》（Computational characterization of low-lying states and intramolecular charge transfers in N-phenylpyrrole and the planar-rigidized fluorazene）。

3月24日，出席在厦门举行的"福建省第21届青少年科技创新大赛"开幕式。

4月4日，出席厦门大学特种先进材料实验室揭牌仪式。

4月7日，出席1986年度诺贝尔化学奖获得者、台湾"中央研究院"院士李远哲在厦门大学85周年校庆学术报告会上所做的关于"21世纪人类的觉醒"的讲座。

6月，策划与主持在厦门大学举行的"第一届海峡两岸理论与计算化学会议"，会议时间为21日至25日。

7月6日，受聘为吉林大学建校60周年校庆筹备工作委员会委员。

9月11日晚，出席中共厦门市委教育工委为庆祝教师节举行的慰问晚宴。返校时与化学系黄本立、生物系林鹏两位院士同乘一部小轿车，在环岛路白城段遭遇车祸，三人均受重伤。

9月20日，在福州召开的福建省科学技术大会上，福建省人民政府授予科学技术重大贡献奖，奖金50万元。

12月28日，出席厦门大学数学科学学院举行的"纪念张鸣镛教授诞辰80周年大会"暨《"数学王国"忘我的耕耘者——纪念张鸣镛教授诞辰80周年》文集首发式。

2007年

5月，担任第九届中国农工民主党福建省委名誉副主委。

6月16日，出席"田昭武院士从教六十周年暨八秩华诞庆祝大会"。

7月，与许雪飞、曹泽星合作发表《理论见解：是什么控制苯甲腈和苯甲醚的光化学活性？》(What definitively controls the photochemical activity of methyl−benzonitriles and methylanisoles? Insights from theory)。

10月，邀请台湾"中研院"原子分子研究所林圣贤院士来厦大讲授"分子光谱学"。

2008年

5月31日，赴南京出席第十届全国量子化学会，在会上致开幕词。会议6月2日结束。

7月，《张乾二院士论文选集》由科学出版社出版发行。专著《多面体分子轨道》第2版也由科学出版社出版发行。

8月13日，出席厦门大学举行的"张乾二院士从教六十周年暨八秩华诞庆祝大会"。校报《厦门大学报》以四开四版的篇幅、以"庆祝张乾二院士从教六十周年"为题，全面报道了从教六十年来的教学、科研的经历以及人才培养、学术成就和道德风范。

8月，*Journal of Theothretical & Computational Chemistry* 杂志与《结构化学》杂志出专刊庆祝张乾二院士从教六十周年。

2009年

2月27日，在受重伤经医治初步康复后，又重登讲台，为化学化工学院研究生讲授了选修课《化学键理论选读》。

3月，受聘为"第三届福建省人民政府顾问团"经济社会发展顾问。

7月12日，受聘为吉林大学唐敖庆教育基金会顾问，聘期五年。

10月13日，出席在厦门大学举行的中国科学院化学部第二届资深院士学术研讨会。

10月26日，获福建卢嘉锡科学教育基金会颁发的"2009年度卢嘉锡化学奖"。

11月，与陈振华、吴玮合作发表《价键方法中的非活性轨道优化新算法》，中国科学B辑，2009，39（11）。

12月14日，出席在厦门大学举行的"第五届世界华人理论与计算化学大会"（WCTCC），会议17日结束。

2010年

6月20日，出席在厦门举行的"中国化学会第27届学术年会"。

12月22日，接受共青团厦门大学委员会和厦大研究生会举办的学术类访谈节目"名师下午茶"专访。

2011年

1月6日，出席厦门大学召开的"厦门大学师德师风建设大会"。

1月10日，赴台湾金门出席"第四届海峡两岸理论化学与计算会议"。

4月7日，厦门大学建校九十周年校庆，出席卢嘉锡铜像揭幕仪式。

7月3日，受聘为集美校友总会第八届理事会荣誉理事长。

2012年

4月，受聘为福建省人民政府顾问，聘期三年。

8月7日，出席在陕西师范大学举行的"第五届海峡两岸理论化学与计算会议"。

12月，邀请四川大学教授鄢国森来厦讲学。

附录二　张乾二主要论著目录

论文

[1] 赵景怱,张乾二. 分光光度法中同时测定两个成分的工作曲线作图法[J]. 厦门大学学报(自然科学版),1956,1:1-7.

[2] 张乾二,林连堂,王南钦,王银桂. AB2 和 AB3 型分子键角变化的规律[J]. 厦门大学学报(自然科学版),1961,1:68-73.

[3] 张乾二. 有机化合物的半导体性质与其化学结构的关系[J]. 厦门大学学报(自然科学版),1961,8(3):211-219.

[4] 张乾二. ZnS 结构类型的半导体化合物禁带宽度变化的规律[J]. 厦门大学学报(自然科学版),1961,9(2):87-94.

[5] 张乾二. 对于共振论的几点看法[J]. 文汇报,1961.08.31,第3版.

[6] 唐敖庆,孙家钟,江元生,邓从豪,刘若庄,张乾二,鄢国森,古正,戴树珊. 配位势场理论的研究(Ⅰ)——正八面体场中 dn 组态的理论分析[J]. 吉林大学自然科学学报(物质结构学术讨论班),1964,3:70-118.

[7] 唐敖庆,孙家钟,江元生,邓从豪,刘若庄,张乾二,鄢国森,古正,戴树珊. 配位势场理论的研究(Ⅱ)——强场与弱场波函数的变换关系及其应用[J]. 吉林大学自然科学学报(物质结构学术讨论

班），1965，1：59-79.

[8] 唐敖庆，孙家钟，江元生，邓从豪，刘若庄，张乾二，鄢国森，古正，戴树珊. 配位势场理论的研究（Ⅲ）——d^4、d^6 组态正八面体络合物能谱全分析［J］. 吉林大学自然科学学报（物质结构学术讨论班），1965，4：71-82.

[9] Research group on structure of matter. Studies on the ligand field theory Ⅰ. An improved weak field scheme［J］. Scientia Sinica（English Edition），1966，15（5）：610-644.

[10] 张乾二. 分子轨道几何剖析——Ⅰ、类共轭链分子［J］. 厦门大学学报（自然科学版），1978，1：15-54.

[11] 张乾二. 分子轨道几何剖析——Ⅱ. 分子轨道"碎片法"［J］. 厦门大学学报（自然科学版），1978，1：55-78.

[12] 张乾二，林连堂，王南钦. 交替烃分子轨道图形方法［J］. 厦门大学学报（自然科学版），1979，2：56-64.

[13] 林连堂，王南钦，张乾二. 同谱分子［J］. 厦门大学学报（自然科学版），1979，2：65-75.

[14] 王南钦，林连堂，张乾二. 直链共轭高聚物分子 π 电子能谱的图形方法［J］. 厦门大学学报（自然科学版），1979，2：76-85.

[15] 张乾二，林连堂，王南钦. Hückel 矩阵的图形方法［J］. 中国科学 A 辑，1979，8：779-791.

[16] Zhang Q E，Lin L T，Wang N Q. Graphical method of Hückel matrix［J］. Scientia Sinica（English Edition），1979，22（10）：1169-1184.

[17] 张乾二. SO（3）群—O 群不可约表示基向量的变换系数［J］. 厦门大学学报（自然科学版），1980，19（3）：117-120.

[18] 张乾二，林连堂，王南钦，赖善桃. 多面体分子轨道的理论方法——Ⅰ、多面体分子轨道构造的一般方法［J］. 厦门大学学报（自然科学版），1981，20（2）：209-220.

[19] 张乾二，林连堂，王南钦，赖善桃. 多面体分子轨道的理论方法——Ⅱ、球谐函数的对称化［J］. 厦门大学学报（自然科学版），

1981, 20（2）: 221-225.

[20] 张乾二, 林连堂, 王南钦, 赖善桃. 多面体分子轨道的理论方法——Ⅲ、结构多面体骨架的成键分子轨道［J］. 厦门大学学报（自然科学版）, 1981, 20（2）: 226-230.

[21] 程文旦, 林梦海, 张乾二. 正二十面体分子对称性轨道［J］. 结构化学, 1982, 1（2）: 25-42.

[22] Zhang Q E. Symmetry determined orbital and group overlap［J］. International Journal of Quantum Chemistry, 1983, 23（4）: 1479-1492.

[23] Zhang Q E. Notes on the tensor surface harmonic method［J］. Journal of Molecular Structure（Theochem）, 1984, 18（3-4）: 215-221.

[24] 张乾二, 余亚雄. 多面体分子轨道群重叠法［J］. 分子科学与化学研究, 1984, 4（4）: 437-450.

[25] 张乾二, 余亚雄. 原子簇化合物化学键理论的群论方法［J］. 科学通报, 1984, 2: 127.

[26] 李湘柱, 张乾二. 投影算子与对称性轨道——Ⅰ. 双陪集与多面体分子轨道的构造［J］. 厦门大学学报（自然科学版）, 1985, 24（4）: 464-473.

[27] 李湘柱, 张乾二. 投影算子与对称性轨道——Ⅱ. 点群不可约张量法中的对称性系数［J］. 厦门大学学报（自然科学版）, 1986, 25（2）: 165-177.

[28] Zhang Q E, Yu Y X. The bonding properties of polyhedral molecular orbitals［J］. Journal of Molecular Structure（Theochem）, 1986, 29（1-2）: 45-55.

[29] 程文旦, 黄锦顺, 张乾二. 桥基原子对金属—金属作用的影响［J］. 无机化学学报, 1987, 3（4）: 138-142.

[30] Zhang Q E, Li X Z. Coupling coefficient for the symmetric and unitary groups［J］. Journal of Physics A: Mathematical and General, 1987, 20（18）: 6185-6196.

[31] Li X Z, Zhang Q E. Isoscalr factor of symmetric group chain S_n S_{n-1} [J]. Journal of Molecular Science, 1987, 5 (2): 113-126.

[32] Li X Z, Zhang Q E. Bonded tableau unitary group approach to the many-electron correlation problem [J]. International Journal of Quantum Chemistry, 1989, 36 (5): 599-632.

[33] Li X Z, Zhang Q E. A note on permutation symmetry in many-particle systems [J]. Molecular Physics, 1989, 67 (3): 525-535.

[34] Zhang Q E, Li X Z. Bonded tableau method for many-electron systems [J]. Journal of Molecular Structure, 1989 (198) 413-425.

[35] 李湘柱, 张乾二. 多电子体系键表的酉群方法 [J]. 中国科学 B 辑, 1989 (9): 919-927.

[36] Zhang Q E, Li X Z. Improved treatment for matrix elements of spin-dependent operators [J]. International Journal of Quantum Chemistry, 1989, 36 (3): 201-211.

[37] 张乾二, 王银桂, 余亚雄. 簇骼分子轨道成对定理及其应用 [J]. 《庆祝唐敖庆教授执教五十年学术论文专集》, 1990, 176-181.

[38] Chen Z, Li J, Cheng W, Huang J, Liu C, Zhang Q, Lu J. A preliminary quantum chemical analysis of the nature of quasi-aromaticity of the puckered molybdenum-sulfur [Mo_3S_3] ring in certain [Mo_3S_4]$^{4+}$ clusters [J]. Chinese Science Bulletin, 1990, 35 (20): 1694-1701.

[39] Cheng W D, Zhang Q E, Huang J S, Lu J X. A bonding model for M_3X_3 molybdenum and tungsten cluster compounds $MX_{4-n}Y_nL_{9c}$ (M = Mo, W, X = O, S, Cl, Br, Y = O, S, L = terminal ligand, n = 0, 1, c = charge) [J]. Polyhedron, 1990, 9 (14): 1625-1631.

[40] Li X Z, Zhang Q E. Bonded tableau and unitary group approach for many-electron problems [J]. Science in China, Series B: Chemistry, Life Sciences & Earth Sciences, 1990, 33 (3): 276-287.

[41] 陈志达, 李隽, 程文旦, 黄建全, 刘春万, 张乾二, 卢嘉锡. 某些 [Mo_3S_4]$^{4+}$ 簇合物中 [Mo_3S_3] 簇环类芳香性本质的初探 [J]. 科学

通报，1990，4：269-273.

[42] 黄锦顺，王银桂，张乾二，卢嘉锡. 碎片法合成金属原子簇——Isolobal Analogy 的应用和推广 [J]. 化学学报，1990，48（4），：343-348.

[43] 李湘柱，张乾二. 化学子体系相互作用理论的键表方法 [J]. 物理化学学报，1990，6（2）：151-158.

[44] Chen Z D, Li J X, Liu C W, Zhang Q E, Lu J X. Localized molecular orbital studies of a series of planar monocyclopolyenes —a preliminary investigation on the use of localized molecular orbitals as a theoretical method in the analysis of the nature of aromaticity [J]. Progress in Natural Science, 1991, 1（1）: 33-47.

[45] Chen Z D, Lu J X, Liu C W, Zhang Q E. Localized molecular orbitals and the problem of quasiaromaticity in trinuclear molybdenum cluster compounds with cores of the type [Mo$_3$(μ_3-X)(μ-Y)$_3$]$^{n+}$(X, Y = O, S, n = 4, X = O, Y = Cl, n = 5) [J]. Polyhedron, 1991, 10（23-24）: 2799-2807.

[46] Lin M H, Zhang Q E. Electronic structures of octahedral cluster halides of transition metals [M6X8]$^{n+}$, [M$_6$X$_{12}$]$^{n+}$ and their interstitial compounds [M$_6$X$_{12}$Z] [J]. Journal of Molecular Structure (Theochem), 1991, 74: 139-147.

[47] Wu W, Zhang Q E. Some problems on the Young-Yamanouchi representation of symmetric group（Ⅰ）[J]. Journal of Molecular Structure, 1991, 7（1）: 54-65.

[48] Wu W, Zhang Q E. Some problems on the Young-Yamanouchi representation of symmetric group（Ⅱ）[J]. Journal of Molecular Structure, 1991, 7（2）: 98-108.

[49] Xu X, Wang N Q, Zhang Q E. DV-Xα study of ethylene adsorbed on Ni（100）surface and nickel-graphite intercalation compound [J]. Journal of Molecular Structure, 1991, 247: 93-106.

[50] 莫亦荣, 王南钦, 张乾二. 丙烯和甲苯的超共轭效应的理论研究 [J]. 高等学校化学学报, 1991, 12 (10): 1353-1356.

[51] 吴玮, 张乾二. 键表的自洽场方法 [J]. 高等学校化学学报, 1991, 12 (11): 1517-1521.

[52] Li J B, Zhang Q E. Ab initio studies on nitroxyl radical models of organic ferromagnets [J]. Science in China, Series B, 1992, 35 (11): 1298-1306.

[53] Wang N Q, Xu X, Zhang Q E. Studies on the "cluster-surface analogy": metallic slater basis sets for ab initio calculations of chemisorption [J]. Journal of Molecular Structure (Theochem), 1992, 262: 105-116.

[54] Xu X, Wang N Q, Zhang Q. E. Studies on cluster-surface analogy: ab initio calculations for the carbon monoxide/copper chemisorption system [J]. Surface Science, 1992, 274 (3): 378-385.

[55] 林梦海, 陈明旦, 张乾二. 稀土元素 R_4OCl_6 四面体嵌合物的化学键研究 [J]. 高等学校化学学报, 1992, 13 (6): 784-786.

[56] 莫亦荣, 吴玮, 李加波, 张乾二. π 共轭体系的全电子键表计算方法 [J]. 科学通报, 1992, 11: 996-999.

[57] 吴玮, 张乾二. 对称群标准表示矩阵计算新方法 [J]. 高等学校化学学报, 1992, 13 (8): 1122-1123.

[58] Wu W, Zhang Q E. An efficient algorithm for evaluating the standard Young-Yamanouchi orthogonal representation with two-column Young tableaux for symmetric groups [J]. Journal of Physics A-Mathematical and General, 1992, 25: 3737-3747.

[59] Mo Y R, Wu W, Zhang Q E. Valence bond description for the ground state and several low-lying excited states of LiH [J]. Journal of Molecular Structure (Theochem), 1993, 102: 237-249.

[60] Wu W, Mo Y R, Zhang Q E. On the resonance theory [J]. Journal of Molecular Structure (Theochem), 1993, 102: 227-236.

[61] Mo Y R, Wu W, Zhang Q E. Theoretical resonance energies of

benzene, cyclobutadiene, and butadiene [J]. Journal of Physical Chemistry, 1994, 98(4): 10048-10053.

[62] Wu W, Zhang Q E. The orthogonal and the natural representation for symmetric groups [J]. International Journal of Quantum Chemistry, 1994, 50(1): 55-67.

[63] Xu X, Wang N Q, Chen M D, Zhang Q E. Studies on "cluster-surface analogy"-cluster model calculations for CO/Pd chemisorption system [J]. Journal of Natural Gas Chemistry, 1994, 3(3): 231-243.

[64] 徐昕, 王南钦, 张乾二. 金属上化学吸附的簇模型量子化学研究 [J]. 化学通报, 1994, 4: 21-24.

[65] Mo Y R, Wu W, Zhang Q E. π conjugation in butadiene [J]. Chinese Journal of Chemistry, 1995, 13(1): 27-32.

[66] Xu X, Lu X, Wang N Q, Zhang Q E. Charge-consistency modeling of CO/NiO(100) chemisorption system [J]. Chemical Physics Letters, 1995, 235(5, 6): 541-547.

[67] 吕鑫, 徐昕, 王南钦, 张乾二. 氧物种在NiO(100)面吸附的DV—Xα簇模型研究 [J]. 高等学校化学学报, 1995, 16(11): 1757-1760.

[68] 莫亦荣, 吴玮, 张乾二. 价键结构函数与键函数 I. 理论处理及甲烷的应用实例 [J]. 化学学报, 1995, 53(1): 9-13.

[69] 莫亦荣, 吴玮, 张乾二. 价键结构函数与键函数 II. 水分子的计算和分析 [J]. 化学学报, 1995, 53(2): 116-119.

[70] 吴玮, 莫亦荣, 张乾二. 价键理论的对不变式方法——I. 对不变式的构造及s=0的Hamiltonian矩阵元表达式 [J]. 中国科学B辑, 1995, 25(12): 1247-1256.

[71] 徐昕, 王南钦, 吕鑫, 陈明旦, 张乾二. Convergence from cluster to surface: ab initio calculations of Pd_n clusters [J]. Science in China, Ser.B, 1995, 38(9): 1038-1045.

[72] Mo Y R, Zhang Q E. The correlation between theoretical and

experimentally estimated resonance energies [J]. Journal of Molecular Structure (Theochem), 1995, 357 (1-2): 171-176.

[73] Mo Y R, Zhang Q E. Model to study delocalization [J]. Journal of the Chemical Society, Faraday Transactions, 1995, 91 (2): 241-243.

[74] Lu X, Liao M S, Xu X, Wang N Q, Zhang Q E. A relativistic density functional study of early transition metal group III B -V B dimers [J]. Chemical Research in Chinese Universities, 1996, 12 (2): 175-183.

[75] Zhong S J, Wang Y G, Zhang Q E. Symmetry reduction of the matrix elements of a two-particle operator [J]. International Journal of Quantum Chemistry, 1996, 60 (4): 833-842.

[76] Zhong S J, Wang Y G, Zhang Q E. Real irreducible tensorial sets [J]. International Journal of Quantum Chemistry, 1996, 58: 173-182.

[77] 莫亦荣, 吴玮, 张乾二. 价键理论新进展 [J]. 高等学校化学学报, 1996, 17 (7): 1119-1126.

[78] 吴玮, 吴安安, 莫亦荣, 张乾二. Paired-permanent approach to valence bond theory [J]. Science in China, Ser. B, 1996, 39 (5): 456-467.

[79] Cao Z X, Wu W, Zhang Q E. Valence bond study on excited states of molecules—bonding features of the low-lying states of molecule B_2 [J]. Science in China Series B-Chemistry, 1997, 40 (5): 548-553.

[80] Liao M S, Zhang Q E. A theoretical study of complexes MH_x^{2-} and MCl_y^{2-} in crystalline A_2MH_x and A_2MCl_y compounds (A = alkali, alkaline earth, M = Ni, Pd, Pt, x = 2, 4, 6, y = 4, 6) [J]. Inorganic Chemistry, 1997, 36: 396-405.

[81] Zhong S J, Wang Y G, Zhang Q E. Analogy between real irreducible tensor operator and molecular two-particle operator [J]. Theoretical Chemistry Accounts, 1997, 96 (2): 135-139.

[82] 曹泽星, 吴玮, 张乾二. 分子激发态的价键理论研究——B_2分子低激发态的成键特征 [J]. 中国科学 B 辑, 1997, 27 (5): 463-467.

[83] 林梦海, 张乾二. 过渡金属异核原子簇化学键研究 1. Ⅷ–Ⅷ, ⅥB–Ⅷ族双金属原子簇电子结构研究 [J]. 化学学报, 1997, 55: 140–146.

[84] 林梦海, 张乾二. 过渡金属异核原子簇化学键研究 2.IB–Ⅷ, IB–ⅥB族金属四核原子簇电子结构研究 [J]. 化学学报, 1997, 55: 147–152.

[85] Cao Z X, Wu W, Zhang Q E. Spectroscopic constants and bonding features of the low-lying states of LiB and LiB$^+$: comparative study of VBSCF and MO theory [J]. International Journal of Quantum Chemistry, 1998, 70 (2): 283–290.

[86] Cao Z X, Wu W, Zhang Q E. Construction and applications of symmetrized valence bond wave functions [J]. International Journal of Quantum Chemistry, 1998, 66 (1): 1–7.

[87] Liao M S, Lu X, Zhang Q E. Cyanide adsorbed on coinage metal electrodes: a relativistic density functional investigation [J]. International Journal of Quantum Chemistry, 1998, 67 (3): 175–185.

[88] Liao M S, Zhang Q E. Dissociation of methane on different transition metals [J]. Journal of Molecular Catalysis A: Chemical, 1998, 136(2): 185–194.

[89] Liao M S, Zhang Q E. Electric field-induced shifts of vibrational frequencies of CO adsorbed on Ni, Pd, Pt, Cu, Ag and Au metal (100) surfaces. A theoretical comparative study [J]. Journal of the Chemical Society, Faraday Transactions, 1998, 94 (9): 1301–1308.

[90] Lu X, Xu X, Wang N Q, Zhang Q E, Ehara M, Nakatsuji H. Cluster modeling of metal oxides: how to cut out a cluster? [J]. Chemical Physics Letters, 1998, 291 (3–4): 445–452.

[91] Lu X, Xu X, Wang N Q, Zhang Q E. An ab initio study of N_2O decomposition on MgO catalyst [J]. Chinese Chemical Letters, 1998, 9 (6): 583–586.

[92] Wu W, Wu A A, Mo Y R, Lin M H, Zhang Q E. Efficient algorithm for the spin-free valence bond theoy.I. New strategy and primary expressions [J]. International Journal of Quantum Chemistry, 1998, 67(5): 287-297.

[93] Xu X, Nakatsuji H, Ehara M, Lu X, Wang N Q, Zhang Q E. Cluster modeling of metal oxides: the influence of the surrounding point charges on the embedded cluster [J]. Chemical Physics Letters, 1998, 292(3): 282-288.

[94] 宋凌春, 吴玮, 林梦海, 张乾二. 对称群标准正交不可约表示矩阵计算新方法的程序化 [J]. 厦门大学学报（自然科学版）, 1998, 37(2): 209-216.

[95] 曹泽星, 吴玮, 张乾二. Valence bond theoretical study for chemical reactivity [J]. Science in China, Ser. B, 1998, 41(6): 660-669.

[96] Cao Z X, Wu W, Zhang Q E. The hybrid DFT and molecular orbital study of structure and molecular bonding of FeO_4 and FeO_4^- [J]. Journal of Molecular Structure (Theochem), 1999, 489(2-3): 165-176.

[97] Cao Z X, Xian H, Wu W, Zhang Q E. Visual valence bond rules for chemical reactions[J]. Theoretical Chemistry Accounts, 1999, 101(5): 352-358.

[98] Cao Z X, Xian H, Wu W, Zhang Q E. An ab initio molecular orbital study of the electronic spectrum and dissociation features of Li_2F [J]. Chemical Physics, 1999, 243(1-2): 209-213.

[99] Liao M S, Zhang Q E. Application of an improved point-charge model to study the crystal Hg_2F_2 [J]. Journal of Solid State Chemistry, 1999, 146(1): 239-344.

[100] Lu X, Xu X, Wang N Q, Zhang Q E. Bonding of NO2 to the Au atom and Au(111) surface: A quantum chemical study [J]. Journal of Physical Chemistry A, 1999, 103(50): 10969-10974.

[101] Lu X, Xu X, Wang N Q, Zhang Q E. Convergence from clusters to

the bulk solid: Ab initio calculations of (MgO)$_x$ (x=2-16) clusters [J]. International Journal of Quantum Chemistry, 1999, 73 (4): 377-389.

[102] Lu X, Xu X, Wang N Q, Zhang Q E, Ehara M, Nakatsuji H. Heterolytic adsorption of H$_2$ on ZnO (1010) surface: An ab initio SPC cluster model study [J]. Journal of Physical Chemistry B, 1999, 103 (14): 2689-2695.

[103] Xu X, Lu X, Wang N Q, Zhang Q E, Ehara M, Nakatsuji H. CASSCF study of bonding in NiCO and FeCO [J]. International Journal of Quantum Chemistry, 1999, 72 (3): 221-231.

[104] Xu X, Nakatsuji H, Lu X, Ehara M, Cai Y, Wang N Q, Zhang Q E. Cluster modeling of metal oxides: case study of MgO and the CO MgO adsorption system. Theoretical Chemistry Accounts, 1999, 102 (1-6): 170-179.

[105] 莫亦荣, 林梦海, 吴玮, 张乾二, Schleyer, P.v.R. 轨道去除方法及其应用 [J]. 中国科学 B 辑, 1999, 29 (2): 148-154.

[106] 莫亦荣, 林梦海, 吴玮, 张乾二, Schleyer, P.v.R. Orbital deletion procedure and its applications [J]. Science in China Series B-Chemistry, 1999, 42 (3): 253-260.

[107] Chen M D, Huang R B, Zheng L S, Zhang Q E, Au C T. A theoretical study for the isomers of neutral, cationic and anionic phosphorus clusters P$_5$, P$_7$, P$_9$ [J]. Chemical Physics Letters, 2000, 325 (1-3): 22-28.

[108] Lu X, Xu X, Wang N Q, Zhang Q E. Chemisorption of CO at strongly basic sites of MgO solid: A theoretical study [J]. Journal of Physical Chemistry B, 2000, 104 (43): 10024-10031.

[109] Xian H, Cao Z X, Xu X, Lu X, Zhang Q E. Theoretical study of low-lying electronic states of CuO and CuO$^-$ [J]. Chemical Physics Letters, 2000, 326 (5-6): 485-493.

[110] 莫亦荣，林梦海，吴玮，张乾二. 块定域波函数方法及其应用[J]. 化学学报，2000，58（2）：218-221.

[111] Cao Z X, Zhang Q E, Peyerimhoff S. D. Theoretical characterization of photoisomerization channels of dimethylpyridines on the singlet and triplet potential energy surfaces[J]. Chemistry-a European Journal, 2001, 7（9）：1927-1935.

[112] Chen M D, Liu M L, Luo H B, Zhang Q E, Au C T. Geometric structures and structural stabilities of neutral sulfur clusters[J]. Journal of Molecular Structure (Theochem), 2001, 548：133-141.

[113] Lu X, Fu G, Wang N Q, Zhang Q E, Lin M C. A theoretical study of HN3 reaction with the C (100) -2 x 1 surface[J]. Chemical Physics Letters, 2001, 343（3-4）：212-218.

[114] Lu X, Lin M C, Xu X, Wang N Q, Zhang Q E. Diels-Alder addition of some 6-and 5-member ring aromatic compounds on the Si (001) -2×1 surface：dependence of the binding energy on the resonance energy of the aromatic compounds[J]. Science in China, Series B：Chemistry, 2001, 44（5）：473-477.

[115] Lu X, Lin M C, Xu X, Wang N Q, Zhang Q E. Theoretical study of [4+2] cycloadditions of some 6-and 5-member ring aromatic compounds on the Si (001) -2 x 1 surface：correlation between binding energy and resonance energy[J]. Physchemcomm, 2001, 13：3.

[116] 林梦海，王艺平，顾勇冰，张乾二. 纳米尺寸合金 Ti-Ni, Zr-Ni 结构与有机多烯分子的等瓣相似[J]. 厦门大学学报（自然科学版），2001，40（2）：381-386.

[117] 宋凌春，罗彦，董昆明，吴玮，莫亦荣，张乾二. 价键理论的对不变式方法——Ⅱ. 无自旋价键计算程序 Xiamen [J]. 中国科学 B 辑，2001，31（6）：553-560.

[118] 宋凌春，吴玮，曹泽星，张乾二. 价键理论中的组态相互作用[J]. 高等学校化学学报，2001，22（11）：1896-1897.

[119] Cao Z X, Wang Y J, Zhu J, Wu W, Zhang Q E. Static polarizabilities of copper cluster monocarbonyls Cu_nCO (n=2–13) and selectivity of CO adsorption on copper clusters [J]. Journal of Physical Chemistry B, 2002, 106 (37): 9649–9654.

[120] Cao Z X, Wu W, Zhang Q. E. Electronic structure of osmium dinitrides and dinitrogen molecule activation by the osmium atom [J]. Molecular Physics, 2002, 100 (4): 517–522.

[121] Lu X, Tian F, Feng Y B, Xu X, Wang N Q, Zhang Q E. Sidewall oxidation and complexation of carbon nanotubes by base-catalyzed cycloaddition of transition metal oxide: a theoretical prediction [J]. Nano Letters, 2002, 2 (11): 1325–1327.

[122] Lu X, Tian F, Wang N Q, Zhang Q E. Organicfunctionalization of the sidewalls of carbon nanotubes by Diels-Alder reactions: A theoretical prediction [J]. Organic Letters, 2002, 4 (24): 4313–4315.

[123] Lu X, Xu X, Wang N Q, Zhang Q E. A DFT study of the 1, 3-dipolar cycloadditions on the C (100) -2x1 surface [J]. Journal of Organic Chemistry, 2002, 67 (2): 515–520.

[124] Lu X, Xu X, Wang N Q, Zhang Q E, Lin M H. High charge flexibility of the surface dangling bonds on the Si (111) -7x7 surface and NH3 chemisorption: a DFT study [J]. Chemical Physics Letters, 2002, 335 (3–4): 364–370.

[125] Lu X, Zhang L L, Xu X, Wang N Q, Zhang Q E. Can the sidewalls of single-wall carbon nanotubes be ozonized? [J]. Journal of Physical Chemistry B, 2002, 106 (9): 2136–2139

[126] Mo Y R, Song L C, Wu W, Cao Z X, Zhang Q E. Electronic delocalization: a quantitative study from modern ab initio valence bond theory [J]. Journal of Theoretical & Computational Chemistry, 2002, 1 (1): 137–151.

[127] Tan K, Lin M H, Wang N Q, Zhang Q E. Interatomic potentials for

NiZr alloys from experimental and ab initio calculations [J]. Chemical Research in Chinese Universities, 2002, 18 (1): 38–41.

[128] Wu W, Song L C, Cao Z X, Zhang Q E, Shaik, S. Valence bond configuration interaction: A practical ab initio valence bond method that incorporates dynamic correlation [J]. Journal of Physical Chemistry A, 2002, 106 (11): 2721–2726.

[129] Zhang C J, Xu X, Wu H S, Zhang Q E. Geomerty optimization of Cn (n=2–30) with genetic algorithm [J]. Chemical Physics Letters, 2002, 364 (3–4): 213–219.

[130] 宋凌春, 鲁兰原, 吴玮, 曹泽星, 张乾二. 从头算 VB-MP2 组合方法 [J]. 高等学校化学学报, 2002, 23 (11): 2133–2136.

[131] Cao Z X, Wan H L, Zhang Q E. Density functional characterization of N2 dissociation on the step of ruthenium clusters [J]. Journal of Chemical Physics, 2003, 119 (17): 9178–9182.

[132] Cao Z X, Wu W, Zhang Q E. Bond length features of linear carbon chains of finite to infinite size: visual interpretation from Pauling bond orders [J]. International Journal of Quantum Chemistry, 2003, 94(3): 144–149.

[133] Cao Z X, Zhang Q E. Is the FeC_3^- cluster linear? Theoretical study of the equilibrium structure and bonding of FeC_3^- [J]. International Journal of Quantum Chemistry, 2003, 94 (3): 275–279.

[134] Cao Z X, Zhou Z H, Wan H L, Zhang Q E. Density functional calculations on the binding of dinitrogen to the FeFe cofactor in Fe-only nitrogenase: FeFeCo(μ_6N_2)as intermediate in nitrogen fixation[J]. Inorganic Chemistry, 2003, 42 (22): 6986–6988.

[135] Liao X L, Mo Y R, Wu W, Zhang Q E. Ab initio VB studies of the ground and low-lying excited states of BeH and BH [J]. Chinese Journal of Chemistry, 2003, 21 (8): 1005–1010.

[136] Lu X, Tian F, Wang N Q, Zhang Q E. Hydroboration and

hydrogenation of single-walled carbon nanotubes: A ONIOM2 study [J]. Abstracts of Papers of the American Chemical Society, 2003, 225, U513-514.

[137] Lu X, Tian F, Xu X, Wang N Q, Zhang Q E. A theoretical exploration of the 1,3-dipolar cycloadditions onto the sidewalls of (n, n) armchair single-wall carbon nanotubes [J]. Journal of American Chemical Society, 2003, 125 (34): 10459-10464.

[138] Lu X, Wang X L, Yuan Q H, Zhang Q E. Diradical mechanisms for the cycloaddition reactions of 1,3-butadiene, benzene, thiophene, ethylene, and acetylene on a Si (111) -7x7 surface [J]. Journal of American Chemical Society, 2003, 125 (26): 7923-7929.

[139] Lu X, Yuan Q H, Zhang Q E. Sidewall-epoxidation of single-walled carbon nanotubes: a theoretical prediction [J]. Organic Letters, 2003, 5 (19): 3527-3530.

[140] Mo Y R, Schleyer P V, Wu W, Zhang Q E, Gao J L. Importance of electronic delocalization on the C-N bond rotation in HCX (NH_2) (X = O, NH, CH_2, S, and Se). Journal of Physical Chemistry A, 2003, 107 (46): 10011-10018.

[141] Mo Y R, Wu W, Zhang Q E. Study of intramolecular electron transfer with a two-state model based on the orbital deletion procedure [J]. Journal of Chemical Physics, 2003, 119 (13): 6448-6456.

[142] Zhang C J, Cao Z X, Lin C D, Zhang Q E. Qualitatively graph-theoretical study on stability and formation of fullerenes and nanotubes [J]. Science in China Series B-Chemistry, 2003, 46 (6): 513-520.

[143] Zhu J, Cao Z X, Zhang Q E. Theoretical study on reactions of O_3^+ and N_2: novel routes to dinitrogen bond activation [J]. Chemical Physics Letters, 2003, 377 (1-2): 184-188.

[144] Lu X, Tian F, Zhang Q E. The [2+1] cycloadditions of dichlorocarbene, silylene, germylene, and oxycarbonylnitrene onto the

sidewall of armchair (5, 5) single-wall carbon nanotube [J]. Journal of Physical Chemistry B, 2003, 107: 8388-8391.

[145] Cao Z J, Lin M H, Zhang Q E, Mo Y R. Studies of solvation free energies of methylammoniums and irregular basicity ordering of methylamines in aqueous solution by a combined discrete-continuum model [J]. Journal of Physical Chemistry A, 2004, 108 (19): 4277-4282.

[146] Cao Z X, Zhang Q E. Effects of chain length and Au spin-orbit coupling on ^{3} ($\pi\pi^*$) emission from bridging Cn2-units: theoretical characterization of spin-forbidden radiative transitions in metal-capped one-dimensional carbon chains [H$_3$PAu(C≡C)$_n$AuPH$_3$] [J]. Chemistry-a European Journal, 2004, 10 (8): 1920-1925.

[147] Lu X, Zhu M P, Wang X L, Zhang Q E. Producing reactive species on Si (100), Ge (100), and Si (111) surfaces by attachments of diacetylenes [J]. Journal of Physical Chemistry B, 2004, 108 (14): 4478-4484.

[148] Mo Y R, Song L C, Wu W, Zhang Q E. Charge transfer in the electron donor-acceptor complex BH$_3$NH$_3$ [J]. Journal of American Chemical Society, 2004, 126 (12): 3974-3982.

[149] Mo Y R, Wu W, Song L C, Lin M H, Zhang Q E, Gao J L. The magnitude of hyperconjugation in ethane: A perspective from ab initio valence bond theory [J]. Angewandte Chemie International Edition, 2004, 43 (15): 1986-1990.

[150] Song L C, Wu W, Zhang Q E, Shaik, S. A practical valence bond method: a configuration interaction method approach with perturbation theoretic facility [J]. Journal of Computational Chemistry, 2004, 25 (4): 472-478.

[151] Song L C, Wu W, Zhang Q E, Shaik S. VBPCM: A valence bond method that incorporates a polarizable continuum model [J]. Journal of Physical Chemistry A, 2004, 108 (28): 6017-6024.

[152] Zhang C J, Cao Z X, Wum H S, Zhang Q E. Linear and nonlinear feature of electronic excitation energy in carbon chains HC_{2n}^+H and $HC_{2n}H$ [J]. International Journal of Quantum Chemistry, 2004, 98(3): 299-308.

[153] Zhang L L, Wu W, Mo Y R, Zhang Q E. Applications of graphic method to C_{20}, C_{60}, and achiral single-wall nanotubes [J]. International Journal of Quantum Chemistry, 2004, 98(1): 51-58.

[154] 曹志霁，莫亦荣，林梦海，张乾二. $XH-NH_3$（X=F, Cl, Br）质子传递的溶剂效应：簇模型，连续介质模型和离散-连续组合模型的比较 [J]. 化学学报，2004，62（18）：1683-1688.

[155] 曹志霁，王朝杰，谭凯，林梦海，张乾二. 用离散-连续模型计算 NH_2^-，NH_3 和 NH_4^+ 的溶剂化自由能 [J]. 高等学校化学学报，2004，25（1）：116-119.

[156] 柯宏伟，张乾二. $(BN)_n$ 富勒烯和单层 BN 纳米管的图形理论方法研究 [J]. 高等学校化学学报，2004，25（3）：543-546.

[157] 王娴，林梦海，张乾二. 过渡金属纯簇和混合簇的密度泛函研究：Nb_4，Co_4 和 Nb_2Co_2 [J]. 化学学报，2004，62（18）：1689-1694.

[158] 曾阔，张敬来，曹泽星，张乾二. $M^+-C_6H_6$ 复合物结构与成键性质的理论研究 [J]. 结构化学，2004，23（9）：1051-1055.

[159] Cao Z X, Zhang Q E. Computational analyses of singlet-singlet and singlet-triplet transitions in mononuclear gold-capped carbon-rich conjugated complexes [J]. Journal of Computational Chemistry, 2005, 26(12): 1214-1221.

[160] Cao Z X, Zhou Z H, Wan H L, Zhang Q E. Enzymatic and catalytic reduction of dinitrogen to ammonia: Density functional theory characterization of alternative molybdenum active sites [J]. International Journal of Quantum Chemistry, 2005, 103(3): 344-353.

[161] Song L C, Lin Y C, Wu W, Zhang Q E, Mo Y R. Steric strain versus hyperconjugative stabilization in ethane congeners [J]. Journal of

Physical Chemistry A, 2005, 109 (10): 2310-2316.

[162] Song L C, Mo Y R, Zhang Q E, Wu W. XMVB*: A program for ab initio nonorthogonal valence bond computations [J]. Journal of Computational Chemistry, 2005, 26 (5): 514-521.

[163] Tan K, Lin M H, Wang N Q, Zhang Q E. Reduction of nitric oxide over rutile-supported Cu surfaces: A quantum chemical study [J]. Chinese Journal of Chemistry, 2005, 23 (11): 1479-1482.

[164] Wang X, Cao Z X, Lu X, Lin M H, Zhang Q E. Structure and stability of binary transition-metal clusters (NbCo)$_{(n)}$ (n <= 5): A relativistic density-functional study [J]. Journal of Chemical Physics, 2005, 123 (6): 064315.

[165] Xu X F, Cao Z X, Zhang Q E. Theoretical study of photoinduced singlet and triplet excited states of 4-dimethylaminobenzonitrile and its derivatives [J]. Journal of Chemical Physics, 2005, 122 (19): 194.

[166] Cao Z X, Jin X, Zhou Z H, Zhang Q E. Protonation of metal-bound alpha-hydroxycarboxylate ligand and implication for the role of homocitrate in nitrogenase: Computational study of the oxy-bidentate chelate ring opening [J]. International Journal of Quantum Chemistry, 2006, 106 (9): 2161-2168.

[167] Chen M D, Li X B, Yang J, Zhang Q E, Au C T. A density functional study on beryllium-doped carbon dianion clusters C_nBe^{2-} (n=4-14) [J]. Journal of Physical Chemistry A, 2006, 110 (13): 4502-4508.

[168] Xu X F, Cao Z X, Zhang Q E. Computational characterization of low-lying states and intramolecular charge transfers in N-phenylpyrrole and the planar-rigidized fluorazene [J]. Journal of Physical Chemistry A.

[169] Huang T T, Tan K, Lin M H, Zhang Q E. CVD reactions of $TiCl_4$ with ammonia: a quantum chemical study [J]. Chinese Journal of Chemistry, 2007, 25 (7): 910-912.

[170] Xu X, Cao Z X, Zhang Q E. What definitively controls the photochemical activity of methylbenzonitriles and methylanisoles? Insights from theory [J]. Journal of Physical Chemistry A.

[171] Chen Z H, Zhang Q E, Wu W. A new algorithm for inactive orbital optimization in valence bond theory [J]. Science in China Series B-Chemistry, 2009, 52 (11): 1879-1884.

[172] Zhang X, Zhou G W, Tan K, Guo G C, Lin M H, Zhang Q E. Hyperpolarizabilities of chelidamic acid complexes M_m ($C_7H_3O_5N$) n (M=Cu, Ag): theoretical analysis [J]. Chinese Journal of Chemistry, 2009, 27 (11): 2113-2120.

[173] Qi J Y, Chen M D, Wu W, Zhang Q E, Au C. T. Parity alternation of interstellar molecules cyanopolyynes HC_nN (n=1-17) [J]. Chemical Physics, 2009, 364 (1-3): 31-38.

著（译）作

[174] M.B. 伏肯斯坦著. 张乾二, 韩德刚, 沈文建, 沈联芳等译. 分子的结构及物理性质 [M]. 北京：科学出版社，1960.

[175] 唐敖庆, 孙家钟, 江元生, 邓从豪, 刘若庄, 张乾二, 鄢国森, 古正, 戴树珊. 配位场理论方法 [M]. 北京：科学出版社，1979.

[176] Tang Au-chin, Sun-Chia-chung, Deng Zung-hau, Liu Jo-chuang, Chang Chain-er, Yan Guo-sen, Goo Zien, Tai Shu-san. Theoretical Method of the Ligand Field Theory [M]. 北京：科学出版社，1979.

[177] 张乾二, 林连堂, 王南钦著. 休克尔矩阵图形方法 [M]. 北京：科学出版社，1981.

[178] 张乾二等著. 多面体分子轨道 [M]. 北京：科学出版社，1987.

[179] 张乾二主编, 林连堂编著. 分子结构与化学键理论 [M]. 化学疑难辅导丛书. 福州：福建科学技术出版社，1989.

[180] 张乾二主编, 施彼得编著. 原子结构 [M]. 化学疑难辅导丛书.

福州：福建科学技术出版社，1989.

[181] 张乾二，王银桂编著. 角动量理论与原子结构 [M]. 南强丛书. 厦门：厦门大学出版社，1991.

[182] 厦门大学化学系物构组编，林梦海，林银钟执笔，张乾二审定. 结构化学 [M]. 北京：科学出版社，2004.

[183] 张乾二等著. 多面体分子轨道（第二版）[M]. 北京：科学出版社，2008.

[184] 张乾二. 张乾二院士论文选集 [M]. 北京：科学出版社，2008.

参考文献

[1] 蔡永哲. 蔡永哲诗词选［M］. 福州, 海峡文艺出版社，2004.

[2] 张述. 孟嘉诗文存稿［M］. 厦门, 厦门大学出版社，2009.

[3] 中共厦门市委党史研究室，集美校友总会，集美学校委员会. 集美学校校友名人录［M］. 北京：中共文献出版社，2009.

[4] 洪诗农. 中国名校丛书·厦门市集美中学［M］. 北京：人民教育出版社，1998.

[5] 王豪杰编. 南强记忆——老厦大的故事［M］. 厦门：厦门大学出版社，2009.

[6] 梁栋材. X射线晶体学基础［M］. 北京：科学出版社，1991.

[7][7] M. M. Woolfson（中科院生理所晶体组译）. X射线晶体学导论［M］. 北京：科学出版社，1981.

[8][8] H. E. Buckley. Crystal Growth［M］. US，Wiley Inc.，1951.

[9] 张克从，张乐潓. 晶体生长科学与技术［M］. 北京：科学出版社，1981.

[10] 中国科学院学部联合办公室. 中国科学院院士自述［M］. 上海：上海教育出版社，1996.

[11] 王钦敏主编. 西岸英才［M］. 福州：海峡文艺出版社，2005.

[12] 陈碧笙，陈毅明编. 陈嘉庚年谱［M］. 福州：福建人民出版社，1986.

[13] J. S. Griffith. The Irreducible Tensor Method for Molecular Symmetry Groups

[M]. New York, Dover Publications, 1962.

[14] Ruben Pauncz. The Symmetric Group in Quantum Chemistry [M]. New York, CRC Press, 2005.

[15] D. J. Cooper ed. Valence Bond Theory [M]. New York, Elsebier Science Press, 2001.

[16] 未力工主编. 厦门大学校史, 第二卷（1949-1991）[M]. 厦门：厦门大学出版社, 2006.

[17] 厦门大学化学化工学院. 任重道远、继往开来——纪念厦门大学化学学科创建90年暨化工系创办20年 [M]. 厦门：厦门大学出版社, 2011.

[18] 唐敖庆, 孙家钟, 江元生, 邓从豪, 刘若庄, 张乾二, 鄢国森, 古正, 戴树珊. 配位场理论方法 [M]. 北京：科学出版社, 1979.

[19]《卢嘉锡传》写作组. 卢嘉锡传 [M]. 北京：科学出版社, 1995.

[20] 乌力吉. 1963年在吉林大学开办的物质结构学术讨论班 [J]. 中国科技史, 2009, 30（2）：211-221.

[21] 物质结构学术讨论班（唐敖庆等）. 正八面体场中 d^n 组态的理论分析 [J]. 吉林大学自然科学学报, 1964（3）, 70-118.

[22] 物质结构学术讨论班（唐敖庆等）. 强场与弱场波函数的变换关系及其应用 [J]. 吉林大学自然科学学报, 1965（1）, 59-79.

[23] 物质结构学术讨论班（唐敖庆等）. d^4、d^6 组态八面体络合物能谱的全分析 [J]. 吉林大学自然科学学报, 1965（4）, 71-82.

[24] 物质结构学术讨论班（唐敖庆等）. 配位势场理论研究（上）[J]. 高校自然科学学报, 1965（4）, 333.

[25] 物质结构学术讨论班（唐敖庆等）. 配位势场理论研究（下）[J]. 高校自然科学学报, 1966（1）, 45.

[26] Research group on structure of matter. Studies on the ligand field theory Ⅰ. An improved weak field scheme [J]. Scientia Sinica (English Edition), 1966, 15（5）：610-644.

[27] 唐敖庆, 孙家钟, 江元生, 邓从豪, 刘若庄, 张乾二, 鄢国森, 古正, 戴树珊. 配位势场理论的研究 Ⅰ [J]. 吉林大学自然科学学报, 1975, 3：57-69.

[28] 第五届全国量子化学学术会议论文集 [J]. 厦门, 1993.

[29] 张乾二. 让科学的新进展更多地出现在中国[J]. 中国科学院院刊, 1998 (5), 397.

[30] 张乾二. 如果有来生, 我还当教师[J]. 前进论坛, 2001, 3: 10。

[31] 第二届海峡两岸理论化学与计算会议论文摘要[J]. 台北, 2008.

[32] 第五届海峡两岸理论化学与计算会议论文集[J]. 西安, 2012.

[33] World Scientific. J. Theoretical & Computational Chemistry, Special Issue[J]. 2008, 7.

[34]《结构化学》编委会. 结构化学（专刊）[J]. 2008, 8.

[35] 中国科学院福建物质结构研究所. 结构化学专刊[J]. 2008, 8.

[36] 张乾二等. 关于"共振论"的几点看法[N]. 文汇报, 1961-08-31.

[37] 卢嘉锡. 略谈有关共振论的一些问题[N]. 文汇报, 1961-11-28.

[38] 庆祝张乾二院士从教六十周年, 厦门大学报专刊, 793期[N]. 2008.

[39] 集美中学学生成绩档案, 初中56组, 高中22组.

[40] 厦门大学人事处, 张乾二个人档案.

[41] 厦门大学科研处所藏档案.

[42] 厦门大学档案馆所藏档案.

[43] 吉林大学档案馆. 1963年物质结构讨论班总结.

[44] 中国科学院福建物质结构研究所档案, 1987-1990.

[45] 中国科学院福建物质结构研究所. 中科院物构所建所三十年纪念册, 1990.

[46] 中国科学院福建物质结构研究所. 中科院物构所建所五十年纪念册, 2010.

后记

张乾二院士是著名的理论化学家，人生经历非常丰富。开始这次采集工程以来，本采集小组尽力搜集整理了与张院士相关的各类实物资料，并进行了较为系统全面的口述访谈，这些工作为本书的撰写奠定了雄厚的资料基础。希望通过对张院士的学术成长资料进行采集与研究，为科学史研究保存珍贵的史料；从侧面反映中国现当代物理化学、理论化学学科发展的历程；揭示科学人才成长的普遍规律。

本项目得以顺利完成，与下述机构和人员提供各种形式的帮助密不可分：

感谢中国科协、老科学家学术成长资料采集工程项目办公室支持本小组承担张乾二院士学术成长资料采集工作；王春法、张藜、吕瑞花等先生在项目进展过程中多次对于资料采集、研究报告的撰写等给予了宝贵的意见与建议；

感谢厦门大学化学化工学院的大力支持；厦门大学档案馆、人事处、科研处等部门为各项档案资料的查询与复制提供了诸多帮助；

感谢泉州崇武镇政府的积极配合，特别是镇党委李安安书记、镇文化站黄祖贤站长、汪达明校长积极协助联络相关人员，厦大辛炳尧老师的全程陪同，为我们在张院士家乡的采集、采访工作提供了很大便利；李敲生、蔡永哲、李振家先生均已八九十岁高龄，仍事无巨细地在访谈中回忆往事，很好地补充了张院士求学经历及家庭情况；

感谢集美中学档案室李烨老师提供了张院士就读初、高中时的成绩单、学生名册等珍贵资料；集美校友总会的卢俊钦、任镜波等老师提供大量《集美校友》过往期刊，方便我们查阅及数字化；

感谢中科院福建物质结构研究所档案馆提供的相关所史资料；黄锦顺、程文旦、罗遵度、张琳娜、苏根博、颜明山研究员、吴新涛院士、周慈云先生等各位老师的热情帮助，百忙之中接受我们的访谈，提供了许多很有价值的线索；卢绍芳、卢葛覃两位老师生动地讲述了张院士与卢嘉锡先生间的交往细节，并提供了很多珍贵的照片；福州大学李宋贤教授的热情接待与详细回忆。

感谢四川大学鄢国森教授，作为张院士多年的老友与同行，讲述了两人交往过程中许多往事，特别是对于上世纪60年代唐敖庆先生举办"物质结构学术讨论班"期间的细节作了生动细致的描述；

感谢厦门大学化学化工学院林连堂、王南钦、王银桂三位退休教授，数次接受我们的访谈，从师生关系、教学特色、科研情况等各个角度向我们介绍了张院士的情况；吴玮、曹泽星、吕鑫、莫亦荣等教授在访谈中对张院士的学术成就、学术作风等方面也进行了充分描述，并提供了诸多宝贵的实物资料；

尤其要感谢张院士的充分理解和支持，捐赠证书、手稿、信件等大量珍贵资料，积极配合我们的音视频采访工作，并提供了大量有价值的线索（如建议采访对象、采集方式、联络人员等）。在传记撰写过程中，张院士总是不断回忆历史事件，审阅修改传记及年表，指正不当表述之处。在我们写作遇到疑难时，几乎是随时向他征询，他更是竭尽所能地解答。采集小组到异地采集、采访、开会的过程中，还经常能收到张院士幽默诙谐的短信，时时能感到老先生的贴心与关怀。

在老科学家学术成长资料采集工程项目办公室的指导下，在厦门大学各部门的配合下，在张乾二先生和他的同行、同事、学生和家人的支持帮助下，我们终于完成了这次的采集工作。本书执笔者分别为：第一章至第五章黄宗实；第三章（部分）、第四章至第十一章林梦海；配图、摄影、等郭晓音。

虽然本采集组竭尽所能地提炼总结张院士的口述资料和学术观点，梳理撰写他的学术成长历程，经多位专家悉心指点，数易其稿，但由于能力有限，书中难免还存在错误和不足之处，期待得到大家的批评与指正。

老科学家学术成长资料采集工程丛书
已出版（76种）

《卷舒开合任天真：何泽慧传》　　《此生情怀寄树草：张宏达传》

《从红壤到黄土：朱显谟传》　　　《梦里麦田是金黄：庄巧生传》

《山水人生：陈梦熊传》　　　　　《大音希声：应崇福传》

《做一辈子研究生：林为干传》　　《寻找地层深处的光：田在艺传》

《剑指苍穹：陈士橹传》　　　　　《举重若重：徐光宪传》

《情系山河：张光斗传》　　　　　《魂牵心系原子梦：钱三强传》

《金霉素·牛棚·生物固氮：沈善炯传》《往事皆烟：朱尊权传》

《胸怀大气：陶诗言传》　　　　　《智者乐水：林秉南传》

《本然化成：谢毓元传》　　　　　《远望情怀：许学彦传》

《一个共产党员的数学人生：谷超豪传》《没有盲区的天空：王越传》

《含章可贞：秦含章传》　　　　　《行有则　知无涯：罗沛霖传》

《精业济群：彭司勋传》　　　　　《为了孩子的明天：张金哲传》

《肝胆相照：吴孟超传》　　　　　《梦想成真：张树政传》

《新青胜蓝惟所盼：陆婉珍传》　　《情系梁菽：卢良恕传》

《核动力道路上的垦荒牛：彭士禄传》《笺草释木六十年：王文采传》

《探赜索隐　止于至善：蔡启瑞传》《妙手生花：张涤生传》

《碧空丹心：李敏华传》　　　　　《硅芯筑梦：王守武传》

《仁术宏愿：盛志勇传》　　　　　《云卷云舒：黄士松传》

《踏遍青山矿业新：裴荣富传》　　《让核技术接地气：陈子元传》

《求索军事医学之路：程天民传》　《论文写在大地上：徐锦堂传》

《一心向学：陈清如传》　　　　　《钤记：张兴钤传》

《许身为国最难忘：陈能宽》　　　《寻找沃土：赵其国传》

《钢锁苍龙　霸贯九州：方秦汉传》《虚怀若谷：黄维垣传》

《一丝一世界：郁铭芳传》　　　　《乐在图书山水间：常印佛传》

《宏才大略：严东生传》　　　　　《碧水丹心：刘建康传》

《我的气象生涯：陈学溶百岁自述》　　《我的教育人生：申泮文百岁自述》
《赤子丹心 中华之光：王大珩传》　　《阡陌舞者：曾德超传》
《根深方叶茂：唐有祺传》　　　　　《妙手握奇珠：张丽珠传》
《大爱化作田间行：余松烈传》　　　《追求卓越：郭慕孙传》
《格致桃李伴公卿：沈克琦传》　　　《走向奥维耶多：谢学锦传》
《躬行出真知：王守觉传》　　　　　《绚丽多彩的光谱人生：黄本立传》
《草原之子：李博传》

《宏才大略 科学人生：严东生传》　　《探究河口 巡研海岸：陈吉余传》
《航空报国 杏坛追梦：范绪箕传》　　《胰岛素探秘者：张友尚传》
《聚变情怀终不改：李正武传》　　　《一个人与一个系科：于同隐传》
《真善合美：蒋锡夔传》　　　　　　《究脑穷源探细胞：陈宜张传》
《治水殆与禹同功：文伏波传》　　　《星剑光芒射斗牛：赵伊君传》
《用生命谱写蓝色梦想：张炳炎传》　《蓝天事业的垦荒人：屠基达传》
《远古生命的守望者：李星学传》